쾌도난마

조선
정치

下

쾌도난마 조선 정치 下

1쇄 인쇄 | 2012년 3월 12일
1쇄 발행 | 2012년 3월 20일

지은이 | 김병로
펴낸이 | 김운태
펴낸곳 | 도서출판 미래지향
출판등록 | 2011년 11월 18일
출판사신고번호 | 318-2011-000140

경영총괄 | 박정윤
편집 | 김운태
마케팅 | 김순태
디자인 | 피앤피디자인(www.ibook4u.co.kr)
인쇄 | 자윤프린팅

주소 | 서울시 영등포구 국회대로74길 20 1014호
이메일 | kimwt@miraejihyang.com
홈페이지 | http://www.miraejihyang.com
전화 | 02-780-4842
팩스 | 02-707-2475

ISBN 978-89-968493-1-5   03900
정가 14,500원

*이 도서의 국립중앙도서관 출판시도서목록(CIP)은 e-CIP홈페이지(http://www.nl.go.kr/ecip)와
국가자료공동목록시스템(http://www.nl.go.kr/kolisnet)에서 이용하실 수 있습니다.
(CIP제어번호: CIP2012000929)

쾌도난마

조선정치

김병로 지음

'글로발 스땐다드'에 병든 나라 下

도서출판

서 문

100년 만의 매국조약,
한미 자유무역협정의 폐기를 촉구하며

[오래된 의문]

난 학창 시절 매우 지루한 역사 교육을 받았다. 국사는 무색무취한, 생명력 없는 글자의 나열 같았다. 대학 진학 이후 각종 관련 서적을 읽으면서, 주류사학의 실증주의 관점이 역사를 '재미없고, 나와는 관계 없는 것'으로 만든 중대한 원인 중 하나라는 걸 알게 됐다. 그래서 나는 팩트 fact만 나열하고 평가는 주저하는 실증주의에 문제를 제기하고 싶었다.

예컨대, 내가 배운 고등학교 국정 국사 교과서는 다음과 같이 적고 있다.

「이성계는 위화도에서 회군하여 반대파인 최영 등의 세력을 제거하였다. 이를 계기로 이성계 일파는 정치적 실권을 장악하고, 새 왕조를 개창할 수 있는 기반을 마련하였으며, 명과의 관계를 호전시켜 나갔다.」

나는 "이성계가 위화도에서 회군을 했다"는 얄팍한 팩트의 서술에 그치는 것보단 '이성계는 왜 원나라는 쳤으면서 명나라에겐 꼬리 내렸을까?' 하는 그의 속내가 궁금했다. 그러나 역사학자들은 그 부분의 설명은 주저한다. 그런 것을 교과서에 서술하는 것은, 개인의 주관을 개입하여 역사를 왜곡할 우려가 있다는 이유다. 그것은 정치학이나 사회학의 영역이지 역사학의 영역은 아니라고 주장한다. 그러나 세상에 가치판단이 배제된 순도 100% 팩트라는 것이 존재할 수 있을까?

실증주의 사학에 대한 평가는 학자의 몫으로 돌려주고, 나는 일반인의 처지에선, 하나의 역사적 사실에 대한 평가는 다양하면 다양할수록 역사 발전에 도움이 된다고 믿는다. 좋은 놈과 나쁜 놈을 나름의 기준으로 구분하고 평가하고 논쟁해 줘야지, 덜렁 사건만, 팩트만 늘어놓은 것만이 역사인가? 가치평가가 있으면 좀 어떤가? 주관적이면 좀 어떤가?

[한반도 정치의 국제정치적 측면]

주변이 4대 강국북중일미으로 둘러싸인 오늘날은 물론, 한반도는 외세의 영향력으로부터 자유로웠던 시기가 거의 없었다고 해도 과언이 아니다. 고려 말 100여 년은 사실상 원나라 식민지였다. 갑신정변 후~청일전쟁 직전까지 10년간 조선을 통치한 사람은 청나라 군인 '원세개袁世凱, 위안스카이'였다. 해방 직후~정부 수립까지 3년간 남한을 통치한 사람은 미국 군인 '하지John Reed Hodge'였다. 한반도를 통치한 외국인 빼고, 한반도에서 벌어진 외국 간 전쟁 빼고, 한반도의 운명을 좌우한 열강 간 비밀조약 빼고……, 이것저것 빼고 한반도 역사 얘기를 한다는 건 좋게 말하면 민족적 자존심일지 몰라도, 나쁘게 말하면 역사 왜곡이다. 인조가 광해군의

'평화실리 외교'를 폐기하고 '숭명배청'이라는 잘못된 외교노선으로 선회하여 얼마나 많은 국민이 고통받았는지, 열강과 동시다발적 FTA를 체결한 고종과 조선이 왜 망했는지, 본문 곳곳에 상세하게 적었다. 특히 개항1876 이후 대한민국 역사는 외세를 빼고는 설명할 수 없다. 부끄러운 역사도 우리 역사다.

[이 글을 쓰게 된 직접적 동기]

2011년 11월 22일, 100여 년 만에 또다시 매국 조약이 비준됐다. 나는 열린우리당 시절부터 한미 자유무역협정FTA을 반대했고 지금도 반대한다. '국가적 창씨개명'을 요구하는 매국 조약이기 때문이다. 한미 FTA 반대 이유를 설명하는 과정에서 의외로 많은 분들이 '강화도조약1876'이 '한일 FTA'였다는 사실을 모르고 있음을 알았다. 조선시대는 지금과 무관하다고 생각하는 분들이 많았다. 일제가 조선에 '일본식 토지조사령과 회사령'을 이식한 것은 '식민지 수탈'이라 가르치고, 미국이 우리에게 '미국식 통상법'을 이식한 한미 FTA는 '글로벌 스탠다드'라 가르친다. 더 이상 묵과할 수 없다. 한미 FTA의 경제적 효과 운운하며 한미 FTA를 단순한 통상문제로 '협애화狹隘化'하는 시도는 본질을 호도하는 행위다. 한미 FTA는 단순한 통상 문제가 아니다. 한국의 근본 틀헌법, 법률, 제도, 문화, 관습, 사고방식을 미국식으로 개조시키는 '총체적 매국 조약'이다. 또한 한미 FTA를 두고 '쇄국 vs 개방'의 논쟁으로 몰아가는 시도 역시 본질 호도책이다. 우리나라는 이미 사우디아라비아산産 새우가 수입되는 세계 최고 수준의 개방국가이기 때문이다. 나는 이 책 하권 부분에서 한미 FTA는 단순한 통상 조건에 관한 문제가 아님을 역설하고자 했다. 그래서 나는 한미 FTA가 갖는 국제정치적 의미, 역사적 의미, 국내정치적 의미, 사회적 의미, 경제사적 의미를 '우리나라 최초의 FTA인 강화도조약'과 비교하여 집중 조명했다. 조선이 열강과 동시다발적 FTA를 체결한 후, 양극화, 내란, 쿠데타, 내전, 국제전쟁, 동시다발적 열강의 이권침탈을 거쳐 식민지로 전락한 과정을 속도감 있게 적었다. 1876년 한일 FTA강화도조약와 2011년 한미 FTA가 다르지 않으며, 1883년 김옥균-파크스 간 한영 FTA 재협상조영 신조약과 2010년 김종훈-론 커크 간 한미 FTA 재협상이 다르지 않다는 것을 알리기 위해 이 책을 썼다. 요컨대, 조선시대 정치가 오늘날 정치와 다르지 않음을 널리 알리기 위해 그리고 우리민주개혁 세력가 왜 실패했는지 역사 속에서 진지하게 반추하길 바라는 마음에서 이 글을 썼다.

[정치의 몰락]

나는 관념적 역사, 수험 준비를 위한 역사가 아닌, 정치의 일부로써 우리 역사의 속살을 들추어 보려 했다. 그날그날의 정치가 쌓여서 역사가 되는 것 아니겠는가? 그래서 우선 내 정치적 입장을 밝히는 것이 마땅하다고 생각한다. 난 10대 중반 이후부터 30년간 민주당 지지자다. 민주개혁 세력이 권력투쟁에 빠져 사분오열한 지난 10여 년간, 우리 정치 질서는 완전히 파괴됐고, 민생은 도탄에 빠졌으며, 국민은 희망을 잃었다. 국민의 50%는 정치를 외면하고, 나머지 50%조차 습자지만큼의 차이도 없는 한나라당, 열린우리당, 민주당 사이를 오락가락하며 널뛰기 지지를 하다, 결국 작년 서울시장 선거에서는 시민단체의 손을 들어 주는 일까지 발생했다. 1992년 이후 민주화된 문민 정권 20년 동안 국부國富는 현대판 양반 귀족인 재벌에게 집중되었고, '경쟁', '돈', '신용창조', '글로벌 스탠다드'가 온 나라를 지배하는 이데올로기가 되었다. 청년들의 꿈은 대기업 사원이고, 25~49세의 서울시민 40%는 미혼이며, 출산율은 내전국가보다 낮고, 비정규직은 1,000만이며, 가계부채는 1,000조를 넘었고, 총질만 없을 뿐이지 1년에 1만 5,000여 명의 국민이 스스로 세상과 등지는 사실상 '신자유주의 내전 국가'가 됐다. 정치가 의교주醫敎住 같은 기초적인 삶의 문제에 대해 전혀 대안을 제시하지 못하고 권력투쟁과 뜬구름 잡는 구호만 난무한다. 정치는 이미 몰락했다.

[반反MB이기만 하면 다인가]

지난 5년간 민주당은 역대 야당 사상 최악의 '사쿠라' 관제 야당이었던 '민한당'을 능가하는 한심한 모습을 보였다. 친노 세력들은 매국 조약인 한미 FTA 비준을 강 건너 불구경하듯 한다. 한미 FTA를 찬성하고, 비정규직법안을 합법화하고, 교육·의료·주택에도 시장 마인드를 도입하고, 뉴타운을 부르대고, 조중동에서 중앙일보는 빼자던 '유연한' 486들은 이제는 반反MB만을 부르짖으며 재집권을 주장한다. '깃발정체성'은 온데간데없고 '정치공학'만 나부낀다. 이 땅에 유의미한 정치집단으로서 개혁세력이 존재하는지도 이젠 회의적이다. 긴 방황을 끝내야 한다. 난 민주개혁 세력이 서민 대중의 지지를 받아 부활하기를 간절히 기대한다. 그러기 위해선 지난 과오에 대한 진실한 참회가 있어야 한다.

[민주개혁 세력에게 바라는 점]

이 땅에 중산층은 없다. 1%의 부자와 99%의 서민뿐이다. 민주개혁 세력이 지금처럼 서민·노동자·농민·도시빈민의 고단한 삶을 '자유경쟁의 틀' 속에 방치하고 외면한다면, 미래는 없다. 참여정부 5대 실정인 ▲ 대북송금 특검 ▲ 민주당 분당 ▲ 한나라당과 대연정 ▲ 비정규직 합법화 ▲ 한미 FTA 체결과 강정마을 해군기지 착공에 대해 공식 사과해야 한다. 이는 민주 세력이 부활하기 위한 최소한의 필요조건이다. 참회의 말을 아끼는 것은 미래에 대한 비전도 없다는 반증일 뿐이다. 그리고 정치적 자유와 경제적 정의를 기본 원칙으로 천명하고, 구체적 정책으로 ▲ 보편적 복지의료, 교육, 주거 영역에 있어 국가보장 5개년 계획 제시 ▲ 은행 국유화 ▲ 현대판 노예제 비정규직 폐기 ▲ 1:1 한미 FTA가 아닌 WTO 체제하에서의 다자간 무역 추진 ▲ 대륙북중러의 내수경제와 해양미일의 수출경제 동시 지향 ▲ 한미일 3각 동맹이 아닌 4대 강국 선린외교 지향 ▲ 조세개혁 ▲ 가계부채 경감 ▲ 재벌체제와 노동권의 상호 인정 ▲ 외교통상부 혁파 등을 내걸길 기대한다.

[이 책의 독자들]

난 정치의 궁극적인 목적은 '가난을 구제하는 것'이라 생각한다. '가난 구제는 나라도 못한다'는 말은 옛말이다. 정치가 '가난을 구제할 제도와 시스템'을 제시하지 못한다면, 그 정치, 그 국가는 존재 가치가 없다. 현실 정치에서 진정한 개혁을 꿈꾸는 정치인, 그리고 빈익빈 부익부의 가속기제인 신자유주의에 반대하면서 함께 사는 사회를 꿈꾸는 소시민적 정의감을 가진 평범한 국민들께서 이 책을 읽어 주셨으면 하는 바람이다. 또한 주입식 수험용 역사만 공부해 온 많은 분들이 이 책을 통해 우리 역사를 다양한 각도에서 바라보는 계기가 됐으면 한다. 특히 정치 참여를 외면하는 많은 청춘들이, 이 책을 통해 현실 정치와 역사는 불가분의 관계에 있고, 세상을 바꿀 수 있는 가장 빠른 길은 '정치'라는 것을 이해하는 계기가 된다면, 필자에겐 더할 나위 없는 기쁨일 것이다.

[글을 쓰면서 늘 염두에 둔 것]

나는 이것도 옳고 저것도 옳다는 식의, 얼치기 지식인의 기회주의적 화법은 동원하지 않으려 노력했다. 품위도 있으면서 쉽게 읽을 수 있는 글이 가장 이상적이겠지만, 능력 밖이다. 품위 있으나 읽히지 않는 글보다는, 죽죽 읽히는 글, 직관적으로 쉽게 이해할 수 있는 글, 양비론이 아닌 일단 승부를 내는 글을 항상 염두에 두고 집필했다. 교양과 재미 사이, 품위와 직관적 이해 사이에서 내내 고민했다.

[감사의 말씀]

정치학, 경제학, 사회학, 역사학, 법학, 국제정치학 등 각 분야 저자들의 저술에 음양으로 힘입은 바가 크다. 대부분 인용표기를 명확하게 했으나, 일일이 각주를 인용하지 못하고 참고문헌으로 모은 점에 대해 너그러운 이해를 부탁드린다.

젊은 신진기예 출판인 김운태 도서출판 미래지향 대표가 책을 만들어

주시느라 고생했다. 이 책은 도서출판 미래지향에서 출간하는 첫 번째 책이 되는 영광을 누렸다. 미래지향의 무궁한 번영을 기원한다. 마지막으로 이 책 본문에서 인용된 원서의 번역은 본 필자가 한 것이니, 독자께서는 오해 없으시기 바란다.

2012. 1. 10.

김병로 씀

차 례_하

서 문 100년 만의 매국조약, 한미 자유무역협정의 폐기를 촉구하며 · 4

제1장 세도정치와 서양 양아치들의 침략

정조 이산 유신을 하기엔 우유부단했던 성리학자 · 18

순조 이공 세도정치의 시작 & 안동 김씨의 나라 · 24

헌종 이환 얘를 왕이라고 할 수도 없고… · 35

철종 이원범 왕이라기보단 그냥 '원범이' 라고 하는 게… · 41

고종 이재황 마누라 치마폭을 벗어나지 못했던 공처가 · 45

흥선대원군 이하응 I 풍운아 · 55

흥선대원군 이하응 II 조선 최고의 보수 개혁가 · 59

흥선대원군 이하응 III 외세의 침략을 저지하다 · 73

병인양요와 신미양요 서양 양아치 3종 세트 · 82

민씨 정권 나이트 죽순이 민자영과 최악의 세도정권 · 94

제2장 자유무역 체제 도입

강화도조약 I 망국을 향한 급행열차, 한일 FTA · 104

강화도조약 II 당시 서구 열강 정세 · 113

강화도조약 III 강화도조약의 식민지 조항 · 127

강화도조약 IV 동시다발적 FTA, 조선을 쑥대밭으로 만들다 · 137

강화도조약 V 부자 나라가 되는 방법은? · 155

강화도조약 VI 한미 FTA 추진 세력의 한가한 인식 수준 · 167

제3장 양극화, 내란, 쿠데타, 내전 자유무역의 폐해

임오군란 Ⅰ 한일 FTA 조약으로 인한 일본의 침투 · 182

임오군란 Ⅱ 급박한 세계정세, 천하태평 조선 · 191

임오군란 Ⅲ 내란 : 한일 FTA 조약의 역풍 · 198

한영 신조약 김옥균, 영국과 FTA 재협상 – 바가지 뒤집어쓰다 · 214

갑신정변 Ⅰ 개화당을 이용한 일본의 간접 쿠데타 · 221

갑신정변 Ⅱ 개화당, 일본을 등에 업고 쿠데타를 결행하다 · 227

갑신정변 Ⅲ 소국이 대국을 이이제이 할 수는 없다 · 235

갑신정변 그 후…, 주역들의 행적 Ⅰ 망명지에서의 생활 · 248

갑신정변 그 후…, 주역들의 행적 Ⅱ 풍운아 김옥균, 암살당하다 · 254

원세개의 조선 통치 고종, 조선책략의 파탄과 인아거일로 선회 · 265

영국의 거문도 점령 한반도를 둘러싼 영국과 러시아의 충돌 · 274

제4장 자유무역에 의한 열강의 이권 침탈 망국

동학농민운동 조일 연합군에 의해 몰살당하다 · 288

갑오경장과 을미개혁 '글로벌 스탠다드'인가, 침략의 발판인가 · 293

아관파천 왕이 무슨 탈북자도 아니고… · 302

대한제국과 독립협회 과장된 평가 · 309

러일전쟁 일본의 조선 지배권 획득 · 315

을사늑약 영·미·일 3각 동맹의 산물 · 326

한일 강제 병합 러·일·영·불 4각 동맹의 산물 · 334

인물열전 Ⅰ 이하영과 알렌 · 340

인물열전 Ⅱ 이완용과 김종훈 · 345

참고문헌 · 357

차 례_상

서 문 100년 만의 매국조약, 한미 자유무역협정의 폐기를 촉구하며 · 4

제1장 건국

고려말의 상황 I 원나라의 식민지 · 18
고려말의 상황 II 럭셔리하고 엣지 있었던 해외파 혼혈인 고려왕들 · 29
고려말의 상황 III 누가 누구를 부원배라 욕할 수 있는가 · 38
태조 이성계 골수 친원파의 줄 갈아타기 · 54
정종 이방과 이방원의 바지사장 · 67
태종 이방원 I 결단의 정치인 · 70
태종 이방원 II 사대주의자 이방원과 동북아시아의 악의 축 정도전 · 75
태종 이방원 III 태평성대를 위한 악역 · 91

제2장 전성기

세종 이도 I 온실의 천재 학자 겸 사대주의자 · 102
세종 이도 II 쇄국의 시작 · 109
문종 이향 세종의 국화빵 · 116
단종 이홍위 못다 핀 꽃 한 송이 · 121
세조 이유 I 권력이 제일 좋았어요 · 128
세조 이유 II 한명회의 나라 · 136
예종 이황 세조의 업보 · 144
성종 이혈 I 훈구 권력의 절정기 · 150
성종 이혈 II 말도 많고 탈도 많은 사림의 등장 · 159

제3장 쇠락

연산군 이융 제멋대로 살다 간 연예인 · 170

중종 이역 I 원조 무.능.력. · 178

중종 이역 II 사림, 합리적 대화가 불가능했던 정치 세력 · 185

인종 이호 가장 짧은 재위 · 199

명종 이환 표독스러운 엄마의 쪼다 같은 아들 · 202

제4장 전쟁과 중화질서

선조 이균 I 무능력 + 질투 + 콤플렉스 + 변덕 · 212

선조 이균 II 조일전쟁, 도망치기 바쁜 지배 세력 · 220

선조 이균 III 너무나 닮은 조일전쟁과 한국전쟁 · 233

광해군 이혼 I 구국의 혼 · 244

광해군 이혼 II 평화를 사랑한 실리 외교 · 257

인조 이종 I 진.상. · 269

인조 이종 II 인구 900만 조선, 인구 60만 만주족에게 박살나다 · 281

효종 이호 17세기판 안보 장사, 북벌 · 295

현종 이연 3년상인가, 1년상인가 · 302

숙종 이순 당쟁의 절정 & 집권기간 2등 · 309

경종 이윤 엄마 장희빈의 유명세에 가린 아들 · 318

영조 이금 집권기간 1등 & 주.책. · 322

참고문헌 · 332

제 1 장

세도정치와 서양 양아치들의
침략

정조 이산(1752~1800)

유신維新을 하기엔
우유부단했던 성리학자

정조正祖. 사도세자의 아들이자 영조의 손자. 휘는 산.
향년 49세(1752~1800년). 재위 1776~1800년까지 25년.

지도자에게 필요한 것은 지식이 아니라 통찰력

역사에선 나라가 망하는 것이 진보인 경우가 있다. 조선 중기 이후가
그랬다. 조선은 임진왜란으로 망하고 다른 성씨가 정권을 잡았어야 했
다. 많은 사학자들도 그렇게 생각하고 있다. 자기 동족을 사고팔았던 나
라 조선이 500년간 '은근과 끈기'로 이어왔다고 자랑할 게 아니다. 다른
나라 왕조는 100~300년 주기로 교체가 됐는데, 조선만 늘어졌다.

정조. 문화방송에서 방영된 〈이산〉의 주인공이다. 국민드라마였다는
데, 나는 한 번도 못 보았다. 드라마에서 정조가 얼마나 개혁적으로 그려
졌는지는 모르겠지만, 결론적으로 정조는 개혁을 하기엔 너무 우유부단
했던 사람이었다. 결정적으로 그는 성리학자였다. 성리학자와 개혁, 개

념모순이다. 우리가 정조를 인정하는 것은, 그마나 정조만한 왕도 없었다는 '슬픈 반증'일 뿐이다. 내가 보기엔 좀 과장된 왕이다.

정치인이 학문을 좋아하면 십중팔구 보수적이 된다. 비판적 안목으로 책을 장악하기보다, 책에 세뇌당할 가능성이 크다. 그래서 정치인은 공부보다는 각계각층의 사람들과 만나고 어울리면서 그들의 절실한 고민을 들어야 한다. 그 고민을 해결할 방법을 책을 통해 얻어내야 하는 것이지, 거꾸로 책 속에서 진리를 찾겠다고 하면 보수적이 되는 것은 시간문제다. 책은 수단이지 목적이 아니다. 정치인에게 필요한 것은 '미래에 대한 통찰력'이지, 지식이 아니다.

정조는 박학다식했다. '말의 정치가'라 할 만큼 말도 많았다. 개혁의 지도 있었다. 부지런하고 검소했다. 그러나 거기까지였다. 그는 보수적 성리학자로, 조선보다 명나라를 더 사랑한 송시열을 떠받들었다. 개혁의 목표도, 선후도 없었다. 시대는 '혁명'을 원했지만, 그는 성리학적 유교 질서에 기초한 울트라 캡숑 점진적 개혁을 선택했다. 사실 이쯤되면 개혁이라고 하기에도 낯간지럽다. 그는 신하들을 가르치려고만 했다. 정치적 동지를 규합하는 것이 아니라, '초계문신제'를 통해 정치인을 '제자'로 삼았다. 정약용도, 자신의 사돈인 김조순도 초계문신이었다. 그러나 정조가 야심차게 실시한 초계문신제로 뽑힌 김조순은 정조 사후 세도정치의 길을 열었고, 정조 집권 100년 후 조선은 강대국과의 대책 없는 FTA 체결강화도조약로 망국의 길에 들어선다.

정조 등극 후, 노론당은 정조 살해 공작에 나섰다. 뭐 노론당에게 왕 하나 죽이는 것은 우습다. 정조의 엄마인 혜경궁 홍씨 집안도 빠지지 않았다. 대통령이 빤히 보는 앞에서 대통령 대신 '노론당 소속' 승지들이 명령서를 쓰기도 했다. 즉위 10년까지는 매년 역모 사건이 있었다. 이처럼 정조 집권 당시, 벽파의 주축인 노론당 애들은 막가파 수준이었다. 정조는 이들을 싹 죽이고 친위 쿠데타를 했어야 했다. 아니면 서구식 입헌정치를 하거나. 그러나 서구식 입헌정치는 상상이나 할 수 있었겠나. 우물 안에서 하늘만 쳐다보고 살았던 사람인데. 현실적으로 가능했던 것은, 싹 죽이고 새로 시작하는 것이었다. 그러나 그는 그럴 용기는 없었다.

정조의 의미 있는 정책 두 가지만 언급한다. ▲ 신해통공금난전권 폐지 ▲ 서얼 등용이다.

금난전권 폐지 - 유통시장에 자유시장경제체제 부분적 도입

금난전권禁亂㕮權이 뭔가? 왜 정조는 이를 폐지했단 말인가?

금난전권이란 말 그대로 난전을 금하는 권리이다. 이 당시 조선 유통업계는 크게 육의전六矣廛, 신전新廛, 난전亂廛으로 구분됐다. 육의전은 요즘으로 치면 재벌이고, 신전은 중소기업쯤 되는 것이고, 난전은 노점상이라고 생각하면 된다. 육의전과 신전 상인을 합하여 '시전상인'이라 한다.

시전상인은 국가가 필요로 하는 경비를 일부 부담하는 대신 그 대가로 상품의 독점 판매권을 부여받았다. 즉 유통시장을 장악한 것이다. 따라서 전국에서 서울로 들어오는 물품은 육의전이나 신전을 통하지 않고는 판매를 할 수 없었다. 유통시장 독점을 통해 시전상인들은 막대한 경제적 이익을 취했다. 시전상인의 독점판매권을 위반하는 업체나 노점상이 나타나면이게 난전이다, 정부는 구청 공무원들을 동원해 대대적 단속에 나섰다.

그러나 18세기 말 농업 생산력 증대에 따른 급격한 인구 팽창, 수공업 발달 등에 따라 노점상난전이 급격하게 늘어나 공무원만으로는 노점상 단속이 어려워지자, 시전상인들에게 난전의 단속권을 주었다. 이게 금난전권이다. 요즘으로 치면 전경련에게 노점상 단속권을 주었다고나 할까?

이 금난전권을 통한 독점적 유통권의 특권을 가진 시전상인들은 매해 수백만 냥의 정치자금을 집권 여당인 노론당에게 갖다 바쳤다. 정조는 이 금난전권을 폐지1791하여 유통시장에 자유시장체제를 도입하였다. 노론당의 정치자금줄을 끊으려는 정치적 목적 외에, 시전상인의 횡포로 인한 국민들의 원성도 이만저만이 아니었기 때문이었다. 결국 금난전권을 행사하는 특권 상인에 대한 도시빈민, 영세상인, 노점상의 저항이 결실을 본 것이다. 다만 육의전의 금난전권은 폐지하지 못 하는 반쪽짜리 정책이었다.

서얼 등용 – 천재의 시대

정조는 서얼을 등용하여 하급관리로 임명하기 시작했다. 왕들도 선조 이후엔 서얼이었다. 영조는 천인 무수리의 아들이고, 정조는 영조의 손자 아니던가? 그런데 지들은 쏙 빠지고, 백성들만 적서 구분한 엿 같은 나라가 바로 조선이었다.

정조가 서얼을 등용했다고 해서 바로 서얼들이 대접받은 것은 아니었다. 세상에 그런 게 어딨나. 수백 년 내려오던 관습이 하루아침에 바뀔 수 있겠나. 서얼을 등용하긴 했지만, 정계를 장악하고 있는 성리학자들의 특권을 깨기에는 역부족이었다. 등용된 서얼은 명문가 출신 극소수에 지나지 않았다. 진정한 신분차별 철폐는 이후 100년이 더 지나 갑오경장1894 때 일본의 손에 의해 이루어졌다. 우리가 한 것이 아니라 일본 제국주의가 없애줬다. 이걸 두고 잘했다고 할 수도 없고, 못했다고 할 수도 없고……. 참 난감하다.

정조가 야심차게 새 단장한 규장각은 왕권 강화를 위한 정조의 친위부대 양성기관이었다. 이 규장각 고위직엔 사대부 출신들을 앉히고, 중하위직엔 명문가의 서얼 출신들을 등용하였다. 이덕무, 박제가, 서이수 등이 그러했다. 정조는 천재의 시대였다. 서얼을 등용하자 재능 있는 천재들이 줄을 이었다. 정약용정도전과 더불어 조선 최고의 경세가, 박지원대학자이자 『열하일기』 등 베스트셀러 작가, 이가환성호 이익의 종손이자 이승훈의 외삼촌, 천재 수학자, 홍대용과학자 겸 거문고 연주자, 이덕무간서치: 책벌레, 박제가생활 개선 백과사전인 『북학의』 저술, 종두법 개발, 유득공중국까지 이름난 역사학자. 『발해고』에서 남북국시대 주장, 이벽정약용의 큰 형인 정약현의 처남, 이승훈정약용의 매형, 황사영정약현의 사위, 권철신 등 천재들이 한 시대를 풍미했다.

정조, 안동 김씨 김조순과 사돈 맺다

정조는 집권 내내 일곱 살 연상인, 피 한 방울 안 섞인 법적 할머니 정순왕후정조 할아버지 영조의 어린 부인와 대립했다. 정조가 사도세자 죽이기에 앞장선 정순왕후의 오빠 김귀주를 제거했기 때문이다. 한편, 정조는 직접 세자빈차기 대통령인 순조의 부인으로 안동 김씨인 김조순의 딸을 맞이하여 세도정치의 길을 열었다. 정조 역시 노론당 총재 심환지에 의해 독살됐다는 견해가 유력하다.

정조 집권 당시 유럽은 혁명의 시기였다. 프랑스 혁명이 발발한 것이다1776. 프랑스에서 일부 국민들이 왕루이 16세의 목을 베고 앞으로는 "왕이 아니라 국민이 나라의 주인이다" 하고 선언한다. 영국, 프로이센, 오스트리아, 러시아의 왕들은 식겁한다. 프랑스를 방치했다가 까딱 잘못하면 우리 모가지도 떨어지겠구나 하고 말이다.

이처럼 유럽은 급변하고, 청나라도 서양문물 전시장으로 급변하고 있었는데, 조선은 제2의 명나라를 자처하며 '몰입식 양반놀이'에 치중하고 있었다. 변화는 상상도 못 했다. 숙종, 경종, 영조, 정조를 거치면서 조선이 별다른 외침에 시달리지 않은 것은 이들이 국방력을 강화하고 국력을 키워서가 아니다. 이들 왕이 집권했던 시기의 세계 최강국 청나라는 강희제, 건륭제, 옹정제가 133년 집권했는데, 이들 황제가 문화군주였고 주변국에 대한 온건한 외교정책을 구사했기 때문이다. 어쩌다 청나라를 방문할 수 있었던 신진기예들이 청의 문물에 깜짝 놀라 그들을 받아들여야 한다고 주장하면, 노론당에선 빨갱이의 풍습에 물들었다며 난리를 쳤다. 노론당은 허무한 북벌론으로 국민을 협박하고, 신문물의 유입을 필사적으로 틀어막으면서 자신들의 특권 유지에 급급했다. 어떤가? 한나라당 조상답지 않은가?

순조 이공(1790~1834)

세도정치의 시작 & 안동 김씨의 나라

순조純祖. 정조의 외아들. 휘는 공.
향년 45세(1790~1834년). 재위 1800~1834년까지 35년.
35년간 한 일이 없다.

▌정순왕후, 심환지를 내세워 수렴청정하다

▌생물학적 근거가 있는지는 모르겠지만 아버지가 똘똘하면 아들이 멍청하고, 아들이 드세면 아버지는 얌전하고, 이렇게 엇갈리는 모양이다. 조선왕들은 특히 이런 엇갈림이 심했다. 안타까운 것은 똘똘하거나 드센 놈이 왕이 됐어야 하는데, 멍청하거나 물러터진 놈들이 왕이 되는 경우가 허다했다는 점이다.

정조가 죽고 그의 아들 열한 살 꼬마가 보위에 오르니, 순조다. 순조를 수렴할 후견인이 필요했다. 청와대에 여자가 셋. 정조의 부인 효의왕비순조의 계모, 정조의 엄마인 혜경궁 홍씨순조의 할머니, 그 다음 정조의 법적인 할머니 정순왕후. 혜경궁 홍씨는 남편인 사도세자가 대통령이 되지 못했으므로 수렴의 자격이 없었고, 정조의 작은 부인은 정치에 관심이 없었다. 정치에 관심이 많고 드셌던 정순이가 정권을 틀어쥔다.

당시 정계는 시파와 벽파로 나뉘었는데, 시파라고 해서 모두 벽파와 척을 진 것은 아니었다. 시파 중에서도 천주교와 관련이 없었던 김조순 같은 공서파攻西派, 서학을 공격하는 시파가 있는 반면, 천주교와 가까웠던 신서파信西派, 서학을 믿는 시파가 있었다. 신유박해의 타깃은 '신서파' 였다. 정순이는 벽파 정치인들을 병풍 삼아 자신의 친정인 경주 김씨를 등용한다. 그리고 집권하자마자 신유박해를 일으켜 천주교에 우호적이었던 신서파를 제거한다. 신유박해의 목적은 정치적 반대 세력인 신서파 제거와 신분제 유지에 있었다후술. 대형 정치인이라면 이렇게 최소한 1타 2피는 쳐야 하는 것이다신유박해를 잘했다는 것이 아니라, 정치 공학을 말하는 것이다.

그러나 정순이의 수렴은 그녀의 정치적 후견인이었던 심환지가 죽고 나서 급격하게 몰락하기 시작하고, 결국 수렴한 지 몇 년 안 돼 정순이의 죽음1805으로 끝난다.

정권은 대통령(순조)의 장인 김조순(안동 김씨)의 손으로

정순이가 죽은 후, 등장하는 새로운 선수가 바로 김조순이다. 앞서 정조 편에서 언급했듯, 순조는 아버지 정조에 의해 김조순의 딸과 혼인을 했다. 이 김조순이 바로 안동 김씨다. 정순이가 죽자, 현직 대통령순조의 장인인 김조순이 정권을 장악한다. 이제부터 김조순에 의해 세도정치 시대가 열린다.

김조순은 15세 사위를 대신해 정국을 이끌었다. 그는 처세의 달인이었다. 김조순이 세도정치를 한 것에 대한 비판은 논외, 일국의 대통령을 대신해서 정국을 장악하고 자기 정치를 하는 것은, 어쨌든 처신을 잘해야 할 수 있는 것이다.

일단 김조순은 '안동 김씨 + 반남 박씨 + 풍양 조씨' 연합 정권을 세운다. 자기 정권을 연착륙시킬 정치적 기반을 만든 것이다. '정치적 기반'이라는 것이 이렇게 중요하다. 그리고 비변사를 장악하여 인사권, 군사권을 확보했다. 의정부와 6조는 껍데기로 만들어 버렸다. 이때부터 비변사가 권력 최고의 핵심 통치기관이 된다.

이들은 모두 시파 정치인이었다. 그러나 이들은 순조의 친정을 막았다. 시파라고 좋을 것도, 벽파라고 나쁠 것도 아니었다. 다 '그놈이 그놈'이었다. 이 와중에서 순조는 친정을 해보려고 애썼으나, 시파 관료들의 반대로 좌절됐다. 1811년 김조순의 '집안정치'가 본격적으로 시작됐고, 장인 김조순의 전횡에 순조는 화병이 나기 시작했다.

순조의 아들 효명세자, 실권자인 외할아버지 김조순에 맞서다

순조에겐 효명세자라는 아들이 있었다. 효명세자1808~1830는 아버지와 달리 할아버지 정조를 닮았고, 그러나 정조와 달리 성격도 급했다. 결론은 정조보다 나았다는 뜻이다. 순조는 효명세자가 19세가 되자 그에게 대리청정을 시켜 왕권을 회복하려 했다. 효명세자는 외할아버지 김조순이 틀어쥐고 있는 정국을 뒤집고 친위 세력을 양성하려고 했다. 그런 세자가 1830년, 23세의 나이에 갑자기 죽는다.

효명세자는 외할아버지 김조순을 섬으로 유배 보내고, 나머지는 모두 죽여 없앤 후 새로 시작했어야 했다. 그러나 효명세자도 그 정도 깡은 없었던 모양이다. 패륜이라고? 아비가 아들을 죽이고, 형이 동생을 죽이고,

숙부가 조카를 죽이고, 조카가 숙부를 죽이고, 장인이 사위를 죽이고, 장인이 사위 대신 대통령 노릇하는 것은 괜찮고, 손자가 외조부를 귀양 보내는 것은 패륜인가? 웃기는 소리다. 북한 김정일의 아들 김정남은 "아버지가 북한을 망쳤다"고 떠들고 다니지 않는가?

예나 지금이나, 왕조국가에서 왕족은 정적일 뿐이다. 중요한 것은 어떤 것이 백성 다수의 이익을 위하는 길이었느냐 하는 것이다.

세도정치 – 정치의 자기 파멸

세도정치勢道政治가 뭔가. 가문정치다. 집안정치. 즉 한 집안에서 '공적인 경쟁 없이' 국가 권력을 독점하는 것을 말한다. 정치가 발전한다는 것은 여러 가지 의미가 있지만, 공무담임권의 측면에서 본다면 피선거권이 점차 확대되는 것을 뜻한다. 그러나 어찌된 것이 조선은 피선거권이 끊임없이 축소돼 갔다. 세도정치는 1,000년 전 신라 골품제로의 퇴행을 뜻한다. 신라시대는 엄격한 골품제도로 인해 성골이나 진골이 아닌 자는 '차관보'까지밖에 승진할 수 없었다. 안동 김씨가 아니면 차관도 할 수 없었으니 결국 신라시대로 역주행한 것이다. 요컨대 세도정치란 공적 영역이 사적 혈연집단에 의해 점령된 정치의 자기 파멸이자, 정치의 붕괴를 의미한다. 1800년대에 800년대의 정치제도를 운영하는데 나라가 유지될 수 있겠나?

가문의 사익을 위해 끝없이 분열했던 사림

분열의 역사를 보자. 훈구파를 몰아낸 사림파는 분열을 시작한다. 우선 동인당과 서인당으로 분당한 후, 동인당은 남인당과 북인당으로 분당하고, 서인당은 노론당과 소론당으로 분당한다. 이들 네 개의 당 중에서 그마나 가장 진보적이었던 북인당은 광해군 정권 몰락으로 정계에서 영원히 사라진다. 그 다음으로 진보적이었던 남인당은 숙종 시절 갑술환국으로 정계에서 거의 사라진다.

이제 남은 건 수구당인 서인노론당과 서인소론당뿐이다. 서인노론당은 영조 시절 사도세자의 죽음으로 소론당을 누르고 독재권력을 확고하게 구축한다. 이제 서인노론당도 자체 분열할 차례다. 어떻게? 집안을 중심으로. 서인노론당에서도 특정 가문이 권력을 독점하는 것, 그것이 바로 세도정치다. 난 조선이 계속 유지됐다면, 과연 어디까지 분열했을지 궁금하다. 아마 안동 김씨 내에서도 '무슨무슨파'로 분열하지 않았을까?

물론 이들이 정책적 차이나 백성들의 삶과 관련하여 분당한 적은 단 한 번도 없다. 고려대 사학과 강만길 명예교수의 견해를 보자.

당쟁이란 어디까지나 당파의 이익을 앞세운 권력투쟁이었다. 당파 사이의 대립은 대부분 지방색이나 문벌적, 개인적 이해 문제를 바탕으로 한 정권쟁탈전이었을 뿐 공익성 있는 정책적 대립이 원인이 된 것은 아니었다. 당쟁으로 정권이 바뀔 때마다 가혹한 정치적 보복은 따랐을지언정, **외교정책이나 무역정책의 변화가 있을 리 없었고, 토지정책이나 조세제도 혹은 도로 사정 하나에도 변화가 올 리 없었다.** 강만길著, 『고쳐 쓴 한국근대사』, 23p, 창비刊.

그런데 세도정치는 이러한 당쟁조차도 없어지는 것을 의미한다. 의미 있는 반대 세력 하나 없는 나라. 남은 것이라곤 백성의 '은근과 끈기' 밖에 없는 나라. 백성들의 신고辛苦가 눈물겹다. 그나마 순조 때의 세도정치는 양반이었다. 순조를 이은 헌종과 철종에 이르러서는 얼마나 개판이었는지, 지들도 쪽팔렸는지, 국사책에도 이들 두 왕에 대한 언급이 없다.

조선 카스트 제도의 근간을 흔든 천주교
– 하느님 아래 인간은 평등하다

애초 천주교는 종교가 아닌 학문으로 수용됐다. 그래서 서학西學이라고도 했다. 천주교가 제시한 아젠다는 'simple but powerful'했다. "인간은 평등하다." 천주교는 중인 계급과 백성들 사이에서 급속하게 퍼졌다. 이는 신분질서를 뒤흔드는 것이다. 성리학적 유교질서에 대한 정면 도전이자 국가체제 부정이다. 국가보안법 위반이다.

조선이 어떤 나라인가? 카스트 국가 아니던가? 체제 전복 세력이 아니고서는 어떻게 "인간은 평등하다"라는 황당한(?) 주장을 할 수 있나? 있을 수 없는 주장이다. 양반의 피가 다르고, 양인의 피가 다르고, 쌍놈의 피가 다르고, 백정의 피가 다르다. 그게 집권층, 아니 조선 백성 전체의 생각이었다. 천주교는 19세기판 좌경용공사상이자 체제 부정이었다. 당연히 집권 세력은 천주교를 틀어막아야 했다.

신유박해와 황사영 백서 사건

인간 취급 못 받던 서북지방평안도 + 함경도 사람들에게 천주교는 한 줄기 빛이었다. 기독교가 서북지방에서 특히 강하게 전파되었고, 이들이 해방 후에 월남해서 지금 우리 사회의 '강남 원로 목사'로서 주류 대접받게 것도 불과 몇십 년 안 된 얘기다. 정순왕후는 집권하자 천주교와 서학을 사실상 묵인했던 정조의 정책을 뒤집고, 신유박해1801를 일으킨다.

이처럼 우리 역사에서는 성격이 다른 정권이 들어서면 앞선 정권이 이루었던 정책을 손바닥 뒤집듯 뒤집은 예가 허다하다. 그래서 현실 정치인은 "한나라당이 집권해도 나라 안 망한다"는 한가한 소리를 해서는 안 된다. 나라야 안 망하겠지. 그러나 핵심적인 외교, 통상, 사회 정책이 뒤집어지고, 그 과정에서 백성은 이루 말할 수 없는 고통에 빠지게 된다. 우리 역사에서 여러 번 경험했고, 지금도 우리 국민은 그 고통의 한복판에 있지 않은가?

다시 돌아와서, 정순이는 신유박해를 통해 신분제 붕괴를 틀어막고 양반 중심의 카스트 지배체제를 유지한다. 신유박해는 종교탄압이자, 반대 세력에 대한 정치적 숙청이자, 정조 정권의 부정이라는 복합적 성격을 띠었다. 신유박해로 이승훈, 이가환, 정약종, 주문모, 강완숙 등이 처형되고 정약전, 정약용 등 수많은 사람들이 유배를 당했다. 시대의 천재들을 몰살시킨 것이다.

간략하게 언급하고 넘어갈 것이 '황사영 백서 사건'이다. 황사영은 경상도 창녕 사람으로 정약용의 조카사위정약용의 맏형 정약현의 사위였다. 황사영은 고시에 수석 합격하여 청와대에서 정조를 알현할 정도의 수재였다. 그러나 그는 19세기판 좌경용공사상인 천주교에 깊게 빠졌다.

황사영은 정순왕후가 신유박해를 가하자, 북경에 있는 프랑스인 주교에게 조선에서의 신앙의 자유 보장과 조선의 청나라 병합을 요구하는 서신을 보내려다가 발각됐다. 이게 그 유명한 '황사영 백서帛書 비단에 쓴 글 사건'1801. 9이다. 쉽게 말하자면, 황사영은 종교의 자유를 얻기 위해 조선을 청나라에 병합시켜야 한다고 주장한 것이다. 나아가 조선왕은 청나라 공주와 혼인시켜 청나라에서 임명하고, 서양 군대가 무력으로 조선왕을 협박해서라도 선교사를 받아들이도록 해달라고 주장했다.

서인노론당이 아니면 별다른 이유 없이 모두 죽여야 했던 정순왕후. 서인노론당만 아니라면 어떤 외세의 지배도 감수하겠다는 황사영. 둘은 극과 극으로 나뉘었다. 극과 극은 통한다고 했던가. 그러니 어떤 놈이 정권을 잡아도 백성들의 삶은 달라질 게 없었다.

조선의 미켈란젤로, 정약용

정약용은 정도전 이후 역대 최고의 경세학자였다. 정부조직, 지방행정 개편, 법률 개혁, 토지제도 개혁, 농사기술, 의학 등 그의 관심이 미치지 않은 곳이 없었다. 근래 참여정부 486들은 물론 MB 정부의 젊은 정치인들까지도 자신들의 신자유주의정책을 두고 실학이니, 실사구시니, 실용이니 하면서 조선 후기 실학사상에 제대로 똥칠을 했다. 실학은 이들이 말하는 것처럼 실용이니 실사구시니 하는 얄팍한 현실도피적 단어로 설명될 수 있는 게 아니다. 정치·경제·사회적 문제 해결을 위해, 486들이 말하는 실용정책과 비교할 수 없이 훨씬 큰 스케일의 발본적 해결책을 제시한 게 바로 실학이다. 간단하게 살펴보고 가자.

우선 실학자들은 중국 역사와 문화에 몰입하는 성리학자들과 달리 우리 역사·문화·지리·풍습에 관심을 갖기 시작했다. 이수봉, 안정복, 이규경 등이 그랬다. 이는 조선시대판 '글로발 스땐다드'인 중화사상에서 벗어나 민족주의적 자각을 하기 시작했다는 의미다.

둘째, 정약용은 토지의 개인 소유제를 폐지하여 국유제로 할 것과 경자유전耕者有田 원칙 확립을 주장했다. 토지를 국유로 하자니, 뭐 전경련 입장에서 보면 완전 '빨갱이'에 해당했던 사람이다.

셋째, 정약용은 신분제 폐지를 주장했다. 요즘 같으면 '재벌 해체'를 주장한 셈이다. 그 외에도 정약용은 삼정문란 해결을 위한 조세제도의 획기적 개편, 정부조직과 지방행정의 개편, 국방력 강화, 백성의 지지에 기반한 왕의 독재권력 강화를 주장했다.

넷째, 실학자들은 천문학, 자연과학, 기술 분야에 지대한 관심을 가졌다. 이게 실학이다. 특히 토지 문제에 대해 실학자들은 갑신정변 세력은 물론 동학혁명 세력보다 진보적이었다. 갑신정변 주도 세력들은 '지주제 유지'를 주장했고 동학혁명 세력은 분작分作 요즘으로 치면 동반성장을 요구하는 데 그친 반면, 실학자들은 나아가 '토지국유제'를 주장한 것이다.

한미 FTA 타결 및 비준을 일컬어, 실사구시니, 실용이니, 진정한 실학이니 하는 말은, 정약용이 들으면 관 뚜껑 열고 나올 일이다. "이런 미친 놈들이 누구랑 비교를 하는 거야!" 역사학자들은 정약용을 비롯한 실학자들의 실학사상마저도 혁명적이라기보단 개량주의에 불과했다고 비판한다. 그러나 난 요즘 정치인들이 정약용 정도의 '개량주의적' 사고라도 했으면 좋겠다.

정약용은 위로 형 셋, 정약현, 정약전, 정약종이 있었다. 황사영은 정약용의 큰형 정약현의 사위였으니 정약용에겐 조카사위였다. 정약용은 신해박해 이후 천주교와의 관계를 끊고 '사상 전향'을 했지만, 최초의 세례를 받은 이승훈은 그의 매형이었고, 셋째 형 약종은 최초의 천주교 교리 연구회장, 진산 사건으로 최초로 순교한 윤지충은 외사촌 형이었다. 그러니 진정으로 천주교로부터 자유로웠을 수는 없었을 것이다. 사상과 학문의 자유가 없었던 세상. 사상적 멸균 국가 조선. 그리고 보니 사상전향 제도는 참 뿌리가 깊다. 지금이라고 다를까.

홍경래의 난 - 서북 차별금지 + 세도정치 철폐 요구

1811년 홍경래가 관서농민전쟁홍경래의 난을 일으킨다. 조선시대 내내 평안도와 함경도 놈은 인간 취급도 못 받았다. 황해도와 강원도도 반쯤은 버린 자식이었다. 결국 폭발했다. 명분은 서북지방 차별 철폐와 안동 김씨 세도정치 철폐, 두 가지였다. 왕조 타파가 아닌 안동 김씨 타파였고, 토지개혁 등에 대한 구체적인 청사진을 제시하지 못해 혁명이 되지 못하고 난에 그치고 말았다. 여기에 홍경래의 이데올로기였던 우군칙의 우유부단으로 거사에 실패하고 만다. 늘 강조하지만, 그래서 정치인에게는 결단할 수 있는 감각과 정치철학이 가장 중요한 것이다.

홍경래의 난 당시 홍경래에게 투항한 김익순이 자신의 조부인 줄 모르고 과거에서 김익순을 "100번 죽어 마땅하다"는 글을 써서 장원을 차지한 자가 바로 김병연김삿갓이었다. 이후로 그는 평생 방랑했다.

지역차별 역사는 근래의 것이라고 하는 사람들도 있지만, 그렇지 않다. 한반도에서 지역차별은 늘 존재했다.

삼국시대에는 지역차별이 없지 않았느냐고 말하는 사람도 있다. 그러나 삼국시대의 삼국은 지역차별보다 더 심한 '적대 국가'였다. 그 시절엔 지금과는 비교할 수도 없을 정도로 군사적 충돌이 빈번했다. 고구려의 고국원왕, 백제의 개로왕, 성왕 등 3명의 왕이 상대국과의 전쟁에서 피살되지 않았던가? 그 시절은 지역차별을 논할 수 있는 시대가 아니다. 오늘날 북한과 남한의 관계를 두고 지역차별을 논하지는 않지 않는가?

그나마도 좁아터진 땅덩어리에서, 조선 초부터 서북지방 떼고, 정여립의 난 이후 호남지방 떼고, 이인좌의 난 이후 영남지방 떼고, 대체 어디서 인재가 나올 수 있겠는가? 지역차별은 국력을 갉아먹는 짓이다. 조선이 500년 내내 반도 끄트머리에 처박혀 대륙으로 뻗어나갈 생각을 하지 못한 것도 이 때문이다. 정약용은 "평안도, 함경도 사람들도 버린 자요, 황해도와 개성, 강화도 사람들도 버린 자요, 강원도와 호남 사람들도 반쯤 버린 자"라고 통탄했다.

순조는 34년 동안 아무것도 못 하고 안동 김씨에게 짓눌려 지냈다. 그는 유약했고 자폐증과 불면증을 앓다가 외아들 효명세자마저 가슴에 묻고 그렇게 갔다. 효명세자의 아들이자 순조의 손자인 여덟 살 꼬마 '이환'이 보위에 오른다. 헌종이다.

헌종 이환(1827~1849)

얘를 왕이라고 할 수도 없고…

헌종憲宗. 순조의 손자. 순조의 아들인 효명세자(익종)와
조대비(후일 대원군과 협의하여 고종을 왕으로 만듦) 사이의 아들.
향년 23세(1827~1849년). 재위 1834~1849년까지 15년.

안동 김씨 + 풍양 조씨 연합 정권

헌종과 그를 이은 철종은 왕이라 하기도 낯간지럽다. 이들은 있어도
그만 없어도 그만이었다. 그 답답한 궁궐에서 뭘 하겠는가? 여색질밖에
할 게 없었다. 그렇게 여색을 밝히던 헌종은 자식도 없이 23세에 요절
했다.

초딩 1학년에 대통령이 된 헌종은 연 날리고 제기 차기 바쁘다. 헌종
의 할머니순조의 부인인 순원왕후가 수렴을 시작한다. 순원이는 바로 김조
순의 딸이다. 정권은 사실상 순원이의 친정오빠 김좌근과, 며느리 집안
인 풍양 조씨의 조병구가 틀어쥔다. 헌종의 입장에서 보면, 친할머니 집
안안동 김씨과 엄마 집안풍양 조씨이 정권을 잡은 것이다.

문벌가의 조건과 기막힌 처세술

안동 김씨, 풍양 조씨, 여흥 민씨 등 세도가문과는 다른 뉘앙스를 가진 것이 바로 '문벌가門閥家'이다. 여기의 문벌은 공부를 의미하는 것이 아니라, '집안'을 의미한다. 문벌가는 대대로 벼슬이 끊이지 않아야 하고, 대제학이 많이 배출되며, 간신이나 역적이 없는 집안을 뜻한다. 따라서 조광조, 이황, 이이 등 한 사람의 특출한 인물이 배출됐다고 해서 문벌가로 꼽진 않는다. DJ나 노무현이 대통령 한 번 했다고 해서 그들이 우리 사회의 주류가 될 수 없었듯 말이다. 이러한 대표적인 문벌가로 연안 이씨, 광산 김씨, 달성 서씨를 꼽는다.

문벌가의 처신을 보자. 우리나라에서 소위 '뼈대 있는 집안'이라고 하려면 이 정도는 해야 하니, 유심히 읽고 새기기 바란다. ㅋ.

문벌가는 몇 가지 특성이 있었다. 첫째는 철저히 권력 지향적이고, 둘째는 개혁을 외면한 보수성향을 띠며, 셋째는 실리적으로 영달을 추구한다. 오늘의 안목에서 볼 때 이들 가운데 뛰어난 학자나 정치가가 있었던 것도 아니고, 모순에 찬 현실 개혁을 제창한 개혁사상가도 없다. 반면, 언제나 현실 정치정세에 민감하여 권세 있는 당색과 밀접한 연관을 맺고 자신들의 자리를 지킨다. 적대 당색도 부드럽고 온건하게 대함으로써 적개심을 불러일으키지 않는다. **그렇다고 척족이 되거나 세도를 잡고서 지탄받을 만한 권세를 부리지도 않았다.** 이이화著, 「한국사 이야기15」, 134p, 한길사刊.

캬! 이 얼마나 기막힌 처신인가? 나는 죽었다 깨나도 못 한다. 내가 국회에서 만난 '고위 공무원들'의 처신은 출신지역 불문하고 대개 위와 같았다. 일류대학 졸업하고, 고시까지 합격하고, 공직생활 30년 가까이 선두 주자를 달려온 사람들이니 얼마나 머리가 좋겠는가? 그런 사람들이 나같이 별 볼일 없는 사람에게도 45도 각도로 허리를 숙인다. 당색이 다른 여야 모든 국회의원과 친하게 지내면서도, 모든 국회의원들로 하여금 "저 사람은 내 사람이다"는 착각을 갖게 처신한다.

잡기에 능하진 않지만 외면하지도 않는다. 성실하고 진지하다. 엘리트적이면서도 소탈하다. 험담은 절대 입 밖에 내지 않는다. 칭찬도 딱 적절한 수준까지만 한다. 과한 칭찬은 아마추어다. 고시에 합격해 사무관이 되면서부터, "존경하는 ×××의원님"으로 시작하는 장관 답변서를 작성하는 일부터 배웠을 것이다. 선배 공무원으로부터 수많은 노하우를 전수받았을 것이다. 그들에게는 수십 년 공직 생활을 거치면서 체득한 처세 노하우가 응축돼 있음을 직감할 수 있다.

특정 정책에 대한 대책을 요구하면, 즉시 '보고서'를 보낸다. 그 내용도 창의적이거나 개혁적인 것과는 전혀 거리가 멀지만, 기막히게 안정적이고 신뢰감이 있다. 그들이 시키는 대로 하면 적어도 분란이 발생할 소지는 적다. 나같이 삐딱한 놈 눈엔 개혁을 저지시키려는 "보고하는 자가 보고받는 자를 지배한다"는, "노무현이 아니라 권영길이 대통령이 돼도 문제없다"는 그들의 보수성이 한눈에 보이지만, 대부분의 사람들에게 그들은 '엑설런트'한 엘리트 관료들이다. 이래서 참여정부가 공무원들 손바닥에서 놀아났구나 싶다. 심상정은 대한민국을 관료와 재벌이 지배하는 '관벌국가'라 하지 않았던가. 탁월한 네이밍이라 하지 않을 수 없다.

중국의 아편전쟁 – 역사상 가장 더러운 전쟁

헌종이 대통령 자리 앉아 있던 시절, 중국에서는 일이 터진다. 1840년 아편전쟁이 터지고, 1842년 아편전쟁의 뒤처리를 위해 영·청간 난징조약南京條約이 체결된다. 아편전쟁이 무엇인가? 영국은 청나라와의 무역에서 번번이 손해를 봤다. 청나라의 우수한 옷감 제조기술을 당할 도리가 없었고, 또한 청나라는 '공행公行'이라는 보호무역을 통해 러시아, 동남아, 일본 등과 교역을 했기 때문에 영국의 청나라 시장 공략에는 한계가 있을 수밖에 없었다.

이때 청나라와의 무역역조를 시정하기 위해 영국이 고안한 것이 바로 육체노동에 종사하는 중국 하층민들에게 마약을 불법으로 파는 것이었다. 그렇게 영국은 청나라에 마약을 팔았고, 이에 따라 화폐구실을 하던 은의 대량 유출로 디플레이션이 발생하여 국가 재정과 경제가 파탄에 이르자 청나라가 강력 반발했다. 이에 대해 영국이 "그래? 그럼 쿨하게 맞짱뜨자~"고 해서 발생한, 역사상 전무후무한 개 같은, 더러운 전쟁이 바로 아편전쟁이다.

북한이 마약거래 하고 위조지폐 만든다는 확실하지도 않은 증거를 조작하여 북한체제를 위협하는 애들이 누군가? 미국이다. 미국이 이럴 때마다 미국 옆에 껌처럼 붙어 미국의 '꼬붕' 노릇하면서, 개평 뜯어내는 대표적인 양아치들이 누군가? 바로 영국 놈들이다. 무슨 얼어 죽을 신사의 나라라고 하는지 모르겠다. 이 개 같은 영국 놈들은 무역적자를 메꾸기 위해 마약을 팔아먹는 야만을 저질렀고, 이에 대한 청나라의 반발은 정당한 것임에도 불구하고 오히려 전쟁을 일으켜 청나라를 '강제 개방' 시키고 만다. 인간으로 치면 히로뽕 먹이고 '강간'한 것이나 다름없다.

아편전쟁으로 청나라는 '사실상' 끝났다. 영국은 '자유무역'을 원했다. 청나라는 '보호무역'을 원했다. 입장차가 좁혀지지 않자 전쟁으로 개방시킨 것이 아편전쟁이다. 이처럼 '침략'과 '자유무역'은 동전의 양면이다. '자유무역'의 역사는 '침략의 역사'와 정확하게 일치한다. 일본의 저명한 중국 사학자 코지마 신지 교수의 글을 보자.

영국 측에서는 1833년에 동인도회사의 대중국 무역독점권이 폐지되어, 사무역 상인과 국내의 산업자본은 **중국시장의 전면 개방 즉 '자유무역'을 중국 측에 강요하기 위하여 자국 정부에 압력을 넣었다.** 1839년 도광제는 소수파였던 엄금파의 임칙서를 흠차대신으로 발탁하여 광주에 파견하고 아편의 근절을 맡도록 했다. **임칙서는 단호한 태도와 수단으로 외국 상인에게 아편의 제출과 다음부터는 아편을 일절 가져오지 않겠다는 서약서의 제출을 명하고, 몰수한 약 2만 상자의 아편을 호문 해안에서 폐기처분시켰다.** (이에 대해) 영국의 파머스턴 내각은 '손실의 보상'과 이 사건을 이용하여 '대중무역을 안정된 기초 위에 두는 데 필요한 제 조건의 획득'에 나서기 시작하여 1839년 10월 중국과의 개전을 결정하였다. 다음 해 4월 의회는 **아편을 빌미로 삼은 추악한 전쟁에 반대하던 국교도, 퀘이커교도와 콥든, 글랫스턴 등 진보파의 반대를 9표 차로 부결시키고 20척의 함선 4천여 명의 원정군을 파견하기로 승인하**였다. 小島晋治, 丸山松幸 共著, 박원호譯, 『중국근현대사』, 20p, 지식산업사刊.

아편 수출을 위해 영국과 경쟁한 더러운 나라, 미국

미국은 어떤가? 영국이 청나라에게 아편무역을 강요할 때, 터키산 아편을 중국에 팔아 영국과 마약 판매 경쟁을 하던 나라가 바로 '고매하신 미국님'이셨다. 그런 나라가 북한에게 마약 밀매국이니 어쩌니, 가소롭다. 그러나 서양의 대표적 중국사 연구자인 존 페어뱅크나 조너선 스펜스는 아편전쟁을 '자애로운 전쟁benevolent war'으로 평가한다. 아편전쟁이 근대 최악의 국제범죄였다는 것은 인정하면서도, 이를 계기로 동양이 근대화되기 시작했다는 것이다. 오늘날 우리나라의 식민지 근대화론자들도 이러한 미국, 일본 주류학계의 영향에 크게 경도되어 있다. '글로벌 스탠다드'의 위력은 이렇게 대단한 것이다.

헌종의 몸이 비리비리하다는 것을 알게 된 순원이과 안동 김씨당은 부랴부랴 차기 대통령에 앉힐 놈을 물색하기 시작했다.

철종 이원범(1831~1863)

왕이라기보단
그냥 '원범이' 라고 하는 게…

철종哲宗. 강화도에 유배된 사도세자의 아들 은언군(정조의 이복동생)의 셋째 손자.
휘는 원범. 향년 33세(1831~1863년). 재위 1849~1863년까지 14년.
나무하다가 청와대로 끌려와서 대통령 자리에 앉혀진 인물.

▌골품제의 부활 – 안동 김씨의 나라

▌이미 조선은 명실상부한 안동 김씨의 나라다. 김조순 → 김좌근김홍근,
김수근, 김문근 형제 → **김병기**김병학, 김병국, 김병시, 김병덕 형제로 이어지면서 세도정
치는 절정으로 치달았다.

헌종이 죽자, 안동 김씨당 총재 김수근은 강화도 나뭇꾼 이원범을 왕
으로 낙점한다. 철종이다. 철종의 철哲자는 맑을 철, 총명할 철자다. 최고
의 학문인 철학哲學도 이 철자를 쓴다. 내가 좋아하는 글자인데 엉뚱한 놈
에다 갖다 붙였다. 그러나 뭐, 어떤 놈이면 어떤가. 무식하다고 나쁠 것
도 없다. 나무하다가 붙잡혀 와 19세의 나이에 대통령이 된 원범이는, 평
생 '몰입식 여색질' 에 집중하다 33세에 죽고 만다. 5명의 아들을 두었으

나 모두 어릴 때 죽어서 후사도 없었다. 세도정치는 절정에 이른다. 역사가 발전하면서 신라의 골품제, 고려의 귀족, 조선의 양반 등으로 집권 인재 풀이 확대됐는데, 조선 후기에는 아예 신라시대로 역주행했다. 안동 김씨가 다 해먹었다.

안동 김씨, 왕은 멍청할수록 좋다 – 극에 달한 삼정문란三政紊亂

일자무식 원범을 찾아내 왕위에 앉힌 후, 안동 김씨는 번호표 나눠 주며 벼슬 장사에 나섰다. 막장이었다. 삼정문란은 극에 달했다. 삼정이란 전정, 군정, 환정환곡제도를 말한다.

이 중 전정은 토지에 부과된 종합부동산세를 뜻한다. 세도 정권은 농사를 안 짓는 땅이나 자연재해를 입은 토지에 대해서도 세금을 매겼고, 반대로 왕실 귀족 소유의 궁방전은 과세대상에서 제외했다. 조세의 '역진성'을 강화한 것이다.

군정은 국방세를 말한다. 조선시대 양반은 '양반불역론'을 논거로 군대를 가지 않았고, 국방세도 내지 않았다. 양반도 아니고 천민도 아닌, 양인良人만이 국방세를 부담했는데양역, 세원이 부족해지자, 별 미친 짓을 다 했다. 국사책에서 배운 백골징포, 황구첨정, 인징, 족징 등이 그것이다.

환곡은 오늘날 '미소금융' 또는 '햇살론'을 뜻한다. 즉 서민금융정책 중 하나다. 흉년이 든 해나 봄에 곡식을 빌려 주고 풍년이 든 해나 가을에 이자를 붙여 거두어들이는 제도를 말한다. 문제는 이 곡식은 50%만 대출하게 됐으나半留半分 반류반분 규정을 어기고 과잉대출, '빚 권하는 대출'을 하여, 관료들이 이자를 편취했다. 또한 대출할 때는 규격보다 작은 말을 사용하고, 상환 받을 때는 규격보다 큰 말을 사용했다. 쉽게 말해 대출금리는 비싸고, 예금금리는 쌌다는 뜻이다. 이런 방식을 통해, 서민에게 저리로 대출하여 빈민을 구제한다는 본래 뜻과 달리, 높은 이자로 서민을 쥐어 짜내어 정부의 재정 확보책으로 변질됐다.

오늘날은 다른가? 가계대출은 1000조 원을 넘어섰고, 정부는 대출받아 아파트 사라고 권하지 않는가? 지금 이 순간에도 무슨무슨 캐피탈에서 돈 빌려가라는 문자가 오지 않는가? 서민들이 뼈 빠지게 고생해서 낸 이자가 은행의 수익으로 들어가고, 그것이 배당으로 고스란히 현대판 양반인 재벌귀족과 외국인 투자자에게 빠져 나가지 않는가?

삼정문란이 극에 달하자 철종 말년에 전국은 헤아릴 수도 없이 많은 민란에 휩싸이지만, 이를 조직화할 만한 '지도자'가 없었다. 지도자, 명분정책, 이념, 세력 없는 민란은 찻잔 속 태풍에 그칠 수밖에 없다. 이 중에서도 가장 중요한 건 '지도자'의 존재 여부다. 2008년 촛불이 MB 정권의 항복을 받아내는 데 실패한 것도, 야당 지도자의 공백기였기 때문이다. 야권 통합이 지지부진한 것도, MB가 이렇게 피죽을 쑤는데도 정권을 유지하고 있는 것도, 모두 야권에 뚜렷한 지도자가 없기 때문이다.

▌마땅한 반체제 세력도 없었던 나라, 남은 건 은근과 끈기

역사에서는 나라의 역량을 모으는 정치체제를 어떻게 수립하느냐에 따라, 또는 누가 '지도자'가 되느냐에 따라, 50년 동안 변화가 0일 수도, 100일 수도 있다. 1950년의 대한민국과 2000년의 대한민국은 그야말로 드라마틱한 차이를 보인다. 그러나 1500년의 조선이나 1850년의 조선이나 거기서 거기다. 조선은 아무리 좋게 봐도 1623년 인조반정으로 끝난 나라였다.

나라 꼴이 이런데도 마땅한 반체제 세력도 없고, 뒤집겠다는 결기를 가진 놈 하나 없었다. 남은 건 그놈의 '은근과 끈기' 뿐이다.

중국을 보라. 진나라는 진승, 오광의 난으로 망했다. 신나라는 적미적의 난으로 망했다. 후한은 황건적의 난으로 망했다. 당나라는 황소의 난으로, 원나라는 홍건적의 난으로, 명나라는 이자성의 난으로, 청나라는 태평천국의 난과 백련교도의 난으로 망했다. 모두 '농민의 난'이었다. 서양에선 1776년 미국의 독립을 '주권재민과 민족자결을 선언한 역사상 최초의 공화제를 실현한' 혁명이라고 떠들어대지만, 중국은 이미 기원전 209년에 진승과 오광이, "왕후장상의 씨가 어찌 따로 있다는 말인가?"는 구호를 내세우고 혁명을 했다. 중국은 위대한 나라다.

종주국인 중국은 1850년을 전후하여 매해 수천 명씩 금광이 발견된 미국 캘리포니아로 이주했다. 그리고 1860년 북경조약을 맺고 열강에 의해 갈기갈기 찢어지고 있었다. 1850년대에는 러시아, 영국, 프랑스는 조선의 동해바다를 드나들며 동해안을 측량했다. 얼굴도 모르는 놈들이 제 앞마당을 드나들고 있는데, 조선은 태평하다.

고종 이재황(1852~1919)

마누라 치마폭을
벗어나지 못했던 공처가

고종高宗. 휘는 재황. 향년 68세(1852~1919년).
격동의 시기 1863~1907년까지 무려 44년 집권(집권기간 3등).
1897년 조선이 대한제국으로 바뀌니, 한쪽 다리는 조선에,
다른 한쪽다리는 대한제국에 걸친 근대와 현대의 경계인.

식민사관 – 조선은 외부요인에 의해 발전했다(정체성론, 타율성론)

학문적인 이야기를 조금만 하자. 일제시대의 역사학계는 식민사관뿐
이었다. 식민사관은 '정체성론'과 '타율성론'을 핵심으로 한다. 정체성
론이란 한국 역사는 중세 봉건제 사회로 발전하지 못하고 고대 일본의
노예제 사회 수준에 머물러 있었다고 보는 견해이다. 타율성론이란 조선
역사는 내부 요인보다는 몽고, 중국, 일본, 미국 같은 외부 요인에 의한
충격으로 발전했다는 주장이다.

일본 사학자들은 정체성론과 타율성론에 입각해 한국사를 연구하면서
일본에 의한 한국 지배가 '한국 근대화'에 기여했다고 주장한다. 이러한
일제의 주장에 편승한 두계 이병도는 한국 사학계의 태두가 되었으며 해

방 후 서울대 교수, 교과부장관, 학술원 회장 등을 역임했다. 이병도는 이완용의 조카뻘로 알려졌으나 정확한 혈연관계는 후손들이 모두 함구로 일관하여 알 길이 없다. 이병도의 친손자가 참여정부 시절 서울대학교 총장을 역임한 이장무 씨다. 이장무 총장의 친동생이 MB 정권에서 국립박물관장을 거쳐 문화재청장을 지낸 이건무 청장이다.

어떻게 친일파의 후손이 어쩌고저쩌고, 아마추어같이 흥분할 것 없다. 세상은 그런 거다. 이장무도 경기고, 서울대 나오고 미국에서 기계공학 박사학위를 한 수재다. 그도 '알고 보면' 얼마나 똑똑하고, 인간성 좋고, 유능하고, 착한 아들, 착한 남편이겠나. 공식적으로 연좌제가 폐지된 지 30년이 됐는데, 그를 친일이라는 연좌의 틀로 묶어 놓을 수도 없는 노릇 아닌가. 그리고 무엇보다도 이장무를 일제시대처럼 정부가 총장으로 임명한 것도 아니다. 박통이나 전두환 때처럼 대통령이 임명한 것도 아니다. 참여정부 시절, 우리나라의 최고의 수재들이 모인 서울대학교에서, 그것도 교수님들이 자유롭게 직선 투표해서 뽑은 총장이다.

이장무를 변호하려는 게 아니다. 내가 속한 사회의 인식 수준이 이 정도밖에 안 된다는 것을 인정해야 한다. 그래야 마음이 편해진다. 우리 사학계는 아직도 '두계 선생님' 운운하는 그의 제자들이 주류를 차지하고 있다.

내재적 발전론 – 내재적 발전이 일제에 의해 좌절됐다

해방 이후 한국 역사학계는 일제이병도의 식민사관에 대항하여 '내재적 발전론또는 자본주의 맹아론, 또는 식민지 수탈론'을 내세운다. 그 내용은 이렇다. 조선은 17~19세기에 이미 근대사회로 이행하기 위한 자본주의의 싹이 텃으며, 개항기에 이에 상응하는 정치 개혁이 수반된 결과 1897년 대한제국이 성립했으나, 일제의 침략으로 근대화가 좌절되고 말았다는 것이다.

요컨대 조선은 내재적으로 발전할 수 있었는데내재적 발전론, 일제에 의해 수탈당하는 바람에식민지 수탈론, 근대로의 이행이 저지되었다는 주장이다. 이 견해가 현재 사학계의 주류라고 알려져 있으나 과연, 진실로, 식민사관이 아닌 이 견해가 주류 입장이라고 할 수 있는지 나는 확신할 수 없다. 하여튼 내재적 발전론과 식민지 수탈론은 표리가 되어 우리 민족의 항일 투쟁을 옹호하는 역사학계의 이데올로기가 되었다.

이 내재적 발전론의 입장에서 한걸음 더 나아가 고종을 재평가하려는 작업이 근래에 활발하다. 고종은 '자주적 계몽군주'였고, '근대 지향적'이었으며, 대한제국의 광무개혁을 통해 '민국정치民國政治'를 실현하려 했으나, 일제에 의해 좌절됐다는 요지다. 사학계의 원로 서울대학교 국사학과 이태진 명예교수가 선봉에 섰다. 그러나 다수의 내재적 발전론자들은 이태진 교수의 고종에 대한 평가에 동의하지 않는다. 그의 고종에 대한 평가는 '오바'라는 것이다.

식민지 근대화론
– 조선은 강화도조약과 일본에 대한 개방으로 근대화됐다

한편, 근래 이병도와 조선사편수회의 '식민사관'을 이어받은 견해가 등장하고 있다. 물론 자신들은 식민사관을 승계했다고 말하진 않는다. 내가 보기에 그렇다는 것이다. 서울대 낙성대 연구소장을 지낸 뉴라이트 안병직을 필두로, 이영훈정신대 발언으로 곤욕을 치루었던 서울대 경제학과 교수, 김재호전남대 교수 등이 주장하는 견해, 즉 '식민지 근대화론'이 그것이다. 이들은 근래 수량경제학적 논증을 통해 내재적 발전론에 도발적인 문제를 제기하고 있다. 그리고 욕도 무지하게 얻어먹고 있다.

이들은 근대화의 가장 핵심적인 내용이 '경제성장'인데, 당시 조선은 이를 가능케 하는 자본축적과 제도를 갖추는 데 실패했다고 주장한다. 당시 조선은 내재적 발전은 고사하고 내재적 파탄 상태였으며, 선진 자본주의로 가기 위한 필수 조건인 개방체제는 일본과의 각종 조약에 의해 비로소 마련됐다고 주장한다. 주로 경제사학계에서 주장되고 있으며, 뉴라이트 계열과 한기총이 이들의 근거지이다.

이들은 고종에 대해서도 근대화 비전이 없었던 왕정 부패의 상징이었을 뿐 계몽군주, 입헌군주라고 보는 것은 지나친 '오바'라고 주장한다.

역사학계의 내재적 발전론 vs 경제사학계의 식민지 근대화론의 논쟁

식민지 근대화론자들은 내재적 발전론에 대하여 이렇게 비판한다.

① 내재적 발전론자들은 "일제가 침략하지 않았더라면……"이라는 전제를 달아, '있는 그대로'의 역사가 아니라, '있어야 할' 가상의 역사를 주장한다.

② 내재적 발전론자들은 일제시대의 식민사관을 극복하려는 논리를 만들다 보니, 객관적 실증보다는 주관의 과잉에 치우친다.

쉽게 말하자면, '조선은 한심한 나라'였는데도 일제시대를 부정하려다 보니, 내재적 발전론자들은 조선을 너무 좋게 포장하려고만 한다는 것이다. 민족주의에 지나치게 매몰되어 역사를 객관적으로 보지 못하고 억지로 우리역사를 좋게만 평가하려 한다는 것이다.

이에 대해 내재적 발전론자들은 식민지 근대화론에 대해 다음과 같이 반박한다.

① 식민지 근대화론자들은 지나치게 경제적 통계에만 근거하여 서구와 일제 식민사관의 잣대로 우리 역사를 재단한다. 이는 결국 일제의 식민사관에 이용당하는 것과 동일한 결론을 초래할 뿐이다.

② 식민지 근대화론자들은 일제시대의 폭력성과 수탈성은 무시한 채, 더없이 공정하고 객관적인 듯한 외피를 입힌 '통계 수치'를 근거로, 그 야만의 시대를 '근대화의 전신前身'으로 포장하려 한다.

이들의 논쟁을 조금만 더 살펴보자이는 이해를 돕기 위해 필자가 각색한 표현이니 오해는 마시라. 이태진 교수는, 그의 글을 읽어 보면 알겠지만, 매우 격조 있고 품위 있는 어휘를 구사하시는 분이다.

이태진 교수 등 일부 사학계의 주장 :

왜 당신들 식민지 근대화론자들은 조선 후기와 고종의 대한제국을 깔아뭉개려고 하나? 우리는 고종이 다 잘했다고 주장하는 게 아니다. 다만 고종에 대한 부정적 평가가 크다 보니 그 시대에 대한 연구가 소외돼 있고, 이를 바로잡기 위한 수단으로 다시 한 번 살펴보자는 의미다. 고종이 그렇게밖에 할 수 없었던 불가피성을 이해하려고 해야지, 서양의 경험과 잣대로 대한제국을 비난하는 것이 옳은 것인가? 백 보를 양보해서 당시 조선이 근대화의 기반이 없었다고 해도 그것이 식민지화를 정당화하는 근거가 될 수 있나?

안병직, 이영훈, 김재호 등 식민지 근대화론자 :

왜 당신들 내재적 발전론자들은 자꾸 '일제가 침략하지 않았다면' 이라는 가 보지 않은 길을 상정하여 역사를 해석하려 하는가? 우리도 일제 식민지 근대화가 문명적이었다고 주장하려는 게 결코 아니다. 근대가 어디 문명의 얼굴만 있나? 야만도 있는 것이다.

다만 우리의 주장은 경제성장이 식민지 시대에 개시됐다는 것이다. 왜 자꾸 이를 부정하려 하나? 고종의 대한제국의 처참한 실상을 일부러 안 보는 것인가, 못 보는 것인가? 식민지 역사가 쪽팔리지만, 그렇다고 부정할 수는 없는 것 아닌가? 있는 그대로 가르쳐야 하지 않나? 아이들에게 자부심을 키워준다는 차원에서 긍정적인 면만 강조하는 것은 이제 그만두어야 한다.

이태진 교수 :

우리는 '가 보지 않은 길'을 얘기하는 것이 아니라, '이미 들어선 길'을 일제에 의해 무력으로 밀려났을 뿐이다.

누구 말이 옳다고 쉽게 단정 짓기 어려울 정도로 논쟁과 반박이 이어진다. 한국 사학계와 식민지 근대화론자들 사이의 논쟁은 '비판'을 넘어 상대방에 대한 '비난'에 이를 정도로 그 논쟁이 뜨겁다. 사학계는 식민지 근대화론자들을 "경제사 전공인 탓에 정치사나 문화사에 대한 이해가 부족하여 충분한 역사서술 능력이 없다"고 비난하고 있으며, 반대로 식민지 근대화론자들은 "사학계는 근대 과학의 이론을 갖추고 있지 못해 한국 근현대사를 서술할 능력이 없다"고 반박하고 있다. 우리는 학자가 아니므로 이 정도에 그친다더 관심 있는 분은 「고종황제 역사 청문회」를 참고하기 바란다.

역사는 경제만으로 구성되지 않는다

결론적으로 나는, 만족스럽진 않지만, 기본적으로 내재적 발전론의 입장이 옳다고 본다. 나는 지금까지 수없이 조선을 '개 같은 나라'라고 말했다. 그러나 그것이 식민지 근대화론이 옳다는 의미는 아니다. 이유는 다음과 같다.

식민지 근대화론이 주장하듯, 내재적 발전론이 우리 역사를 무리하게 긍정적으로 포장하려는 경향을 띠는 것도 사실이다. 그러나 자국 역사에 대해 주관의 과잉이 없는 나라는 없다. 다 그렇게 포장하는 것이다. 일본은 안 그런가? 중국은? 미국은? 영국은? 다 마찬가지다. 다 주관의 과잉이다. 인류 역사상 가장 개 같은 전쟁이었던 아편전쟁을 '자애로운 전쟁'으로 평가하는 미국의 저명한 중국사학자 존 페어뱅크의 천연덕스러움을 보라. 역사적 사실에 10%의 긍정적인 면과 90%의 부정적인 면이 있으면, 10%의 긍정적인 면만 서술하고 끝내는 것이다. 세상에 어떻게 모든 사실을 다 까발리고 사나?

나아가 한 나라의 역사를, 식민지 근대화론이 주장하듯, 경제학의 통계 의존적 연구방법만으로 그 본질을 통찰하기에는 턱없이 미흡하다. 역사에 어디 경제만 있나? 정치적 측면, 문화적 측면이 훨씬 더 중요하다. 설령 백 보를 양보하여, 일제에 의해 자본주의의 기초가 제도화됐다고 하더라도, 그것만으로 식민지 근대화론을 주장하는 것은 한참 '오바'다. 국권상실이라는 전대미문의 대가를 생각한다면 더더욱 그렇다. 식민지 근대화론자들의 주장에도 일부 찬동할 만한 견해가 있으나, 그건 그야말로 일부일 뿐이다.

무엇보다도 식민지 근대화론은 객관을 빙자했지만 결과적으로 일본의 의도에 말리는 주장이다. 일본의 침략은 2012년 오늘날에도 아직 영향을 미치고 있기 때문이다.

하나 더. 통계수치는 작성자의 의도에 따라 얼마든지 조작될 수 있음은 인류의 시작과 더불어 진행된 오랜 상식이다. 그것도 일제 총독부가 발표한 통계자료라면 더 이상 말해서 무엇하랴.

고종이 계몽군주였다는 주장에는 동의하지 않는다

그러나 고종이 계몽군주였다는 이태진 교수의 주장엔 찬동하지 않는다. 고종은 그냥 어리버리한 놈이었다. 결단의 시기에 스스로 결단하지 못하고 "어떻게 할까?" 하고 늘 마누라에게 물어봐야만 하는, 프랑스 남자 같았던 왕이다. 모든 면에서 우유부단하고 양다리를 걸쳤으니, 그의 좋은 면만을 포착하여 계몽군주였다고 주장할 수도 있겠지만, 난 그렇게 보지 않는다. 그는 한말 격동기를 감당해야 할 왕으로서는 '깜냥 미달'이었다. 그것도 한참 모자랐다. 내재적 발전론을 고종의 대한제국 시대까지 연장해서 조선의 '정치제도적 근대성'을 포착하려는 이태진 교수의 노력은 존경할 만하다. 그러나 나에겐 와 닿지 않는다.

21세기판 분서갱유에 몰입하는 대학들

내재적 발전론의 입장에서도, 식민지 근대화론의 입장을 수구꼴통이라고 깔아뭉갤 것만이 아니다. 사실 그들의 글을 읽어 보면, 매우 논리적이고 치밀하다. 뉴라이트 할아버지들 같을 거라고 생각하면 대단한 착오다. 근래 이들은 수량경제학에 기초해서 정치精緻한 고증을 통해 역사학계를 긴장시키고 있다. 역사학계의 분발이 필요하다.

그런데 역사를 공부하는 사람들의 숫자가 너무 적다. 밥벌이가 돼야 인재들이 몰릴 텐데, 우리나라에서 누가 역사 나부랭이를 공부하려 하겠는가? 지금도 대학 총장이라는 자들이 학과 구조조정을 통해 취업 안 되는 '문사철文學, 史學, 哲學'을 없애는 '신자유주의식 분서갱유'를 하고 있지 않은가? MB 정부의 기재부장관 박재완은 "청년 실업률이 높은 것은 대학의 문사철 과잉공급 탓"이라는 무식한 말을 하고 있지 않나? 우리 사회가 21세기판 성리학인 미국식 신자유주의의 막장에 이르러 그 천박성을 고스란히 보여주고 있는 장면이다.

근현대사는 더더욱 없다. 1970년대까지 한글의 세계적인 권위자는 일본 사람이었다. 지금은 안 그럴까? 우리나라의 현대사를 공부하게 위해 미국인인 브루스 커밍스 밑으로 들어가야 하는 현실이다. 그래서 아직도 식민사관을 극복하지 못하고 있는 게 아닐까.

우주 최강 울트라 스펙터클 이벤트의 연속

이제 마지막 조선왕이자 대한제국의 황제 고종 이재황만 남았다. 주지하다시피 이 시대는 격동의 시대였다. 한 편으로 끝내기엔 너무 많은 사건이 터졌다. 대충 추려 본다면, 대원군 섭정1863, 병인양요1866, 신미양요1871, 민씨 세도정권1873, 강화도조약1876, 임오군란1882, 한미조약1882, 한영신조약1883, 조러조약1884, 갑신정변1884, 동학전쟁1894, 청일전쟁1894, 갑오경장1894, 을미사면1895, 아관파천1896, 독립협회1896, 대한제국1897, 러일전쟁1904, 을사늑약1905, 한일 강제 병합1910 등이 그것이다.

쉽게 말하자면 내란, 쿠데타, 광주민주화운동, IMF 식민체제, 한미 FTA, 전쟁 같은 대형 스펙터클 이벤트가 2~3년마다 빵빵 터졌다고 보면 된다. 이제부터는 위에서 언급한 '굵직한 사건' 순으로 적어 볼 생각이다.

흥선대원군 이하응(1820~1898) I

풍운아

흥선대원군. 석파石坡 이하응. 사도세자의 양증손자(혈통상 16촌).
향년 79세. 1863~1873까지 약 10년 집권.
김동인의 소설 『운현궁의 봄』 주인공. 조선 최고의 보수 개혁가.

▌진정한 의미의 조선 최고 보수 개혁가 이하응

▌ 왕이 아니었음에도 이하응을 언급하는 것은, 그가 조선 최고의 보수
개혁가였기 때문이다. 보수가 보수라고 자임하려면 최소한 이하응 정도
는 하고 보수라고 해야 한다. 우리나라의 '자칭' 보수인 조중동과 한나라
당을 보수라고 하기 민망한 이유도, 조선 후기 노론 세력을 보수라고 하
기 민망한 이유도, 이하응을 보면 알게 될 것이다. 조중동과 한나라당은
이하응이 노론과 어떻게 달랐는지를 새겨야 한다. 민주당에게도 바란다.
좌파라 불리는 민주당은 보수의 상징이었던 '이하응' 만큼만이라도 하길
바란다.

세도정치란 노론당 중에서도 퍼스트 레이디 집안이 정권을 틀어쥐는

것을 말한다. 대통령이 중요한 게 아니라, 퍼스트 레이디가 어느 집안이냐가 중요했다. 대통령 wife 집안이 안동 김씨냐, 풍양 조씨냐, 여흥 민씨냐의 차이였을 뿐이다.

안동 김씨에 눌린 조대비趙大妃, 철종 사망으로 기회를 잡다

조대비풍양 조씨의 남편 효명세자순조의 아들는 일찍 죽는 바람에 대통령이 되질 못했다. 그 후 조대비는 자신의 아들 헌종이 집권하자 비로소 기를 펴보려고 했으나, 자신의 시엄마헌종의 할머니였던 순원왕후안동 김씨 때문에, 안동 김씨 세도정치 끄트머리에 한 자락 걸치는 것으로 만족해야 했다. 그래도 조대비는 아들이 대통령이고, 집안도 정권에 한 자락이라도 걸쳤으니, 그런대로 괜찮은 세월이었다.

그러나 아들 헌종이 죽자 조대비는 정신이 없었다. 그 와중에 시엄마헌종의 할머니인 순원왕후안동 김씨는 재빨리 옥새를 치마폭에 감추고, 안동 김씨와 상의하여 강화도 나무꾼 철종을 대통령에 앉혔다. 그리고 그들은 철종의 부인으로 안동 김씨당 부총재 김문근의 딸을 들어앉히고 세도정치를 이어갔다. 며느리가 시엄마와 며느리 간 권력 쟁탈전에서 시엄마에게 밀린 것이다. 따라서 권력에서 소외된 조대비는 철종 때 시엄마 순원이와 안동 김씨에 눌려 절치부심의 세월을 보내야 했다. 잘나가던 자기 인생이 버퍼링 댈 줄이야 누가 알았던가.

그런 조대비에게 드디어 기회가 왔다. 철종이 죽은 것이다. 철종이 죽자, 청와대의 최고 어른이 바로 조대비였다. 또 안동 김씨에게 눌려 살 수 없었다. 조대비는 자신의 시엄마 순원이가 했던 것처럼 재빨리 옥새를 감추고, 일면식도 없는 흥선대원군의 아들 이재황을 자신의 양아들로 삼아, 신임 대통령으로 앉힌다. 이제부터 풍양 조씨의 나라를 만들 셈이다.

노회한 정치인 이하응의 등장, 역사상 최초로 대통령 아버지가 수렴

그러나 이하응이 누군가. 산전수전 공중전을 다 겪은 노회하고 과감한 정치인이 아니던가? 이하응은 안동 김씨에 적대적인 조대비를 구슬려 자신의 아들 열두 살 이재황을 대통령 자리에 앉히는 데 성공한다. 정치판에서 적의 적은 동지 아니던가? 이때 이하응과 조대비를 연결해 준 사람이 바로 이호준이다. 이호준의 사위는 조성하였는데, 조성하는 조대비의 친조카로 청와대에 출입을 하던 터였다. 이호준의 양아들이 바로 이완용이다. 이호준의 첩으로부터 태어난 친아들이 이윤용이고, 정실로부터 아들을 얻지 못하자, 이완용을 아들로 들였다. 이하응은 첩으로부터 얻은 자기 딸을 이호준의 아들 이윤용에게 시집을 보냈다. 결국 이완용의 형수가 이하응의 딸이니, 이하응과 이완용은 사돈인 셈이다.

아들 이재황이 대통령이 되는 순간, 정권은 아버지 이하응이 틀어쥔다. 44세. 물론 형식상 조대비가 수렴을 하게 되나 실질은 대원군이다. 그나마 조대비의 형식적 수렴도 2년이 못가서 끝나고 만다. 1866년 정권을 사실상 대원군이 쥔다. 이때부터 1873년 고종이 친정을 시작하기 전까지 7년간을 역사상 최초로 '현직 대통령 아버지'가 수렴을 하게 된다.

이하응, 양반과는 기질이 맞지 않는다 – 식겁한 안동 김씨

안동 김씨는 식겁한다. 이하응은 다른 노론당 귀족 정치인이나 양반들과 달리, 평생을 서민들과 현장에서 구른 사람이다. 노무현처럼 소탈하면서 추상같기는 호랑이 같은 사람이다. 이하응이 비록 왕족 출신이기는 하지만 기질이 서민적이고 소신이 뚜렷한 데다 결기도 있는 사람이었다. 양반들과는 체질상 코드가 맞지 않았다. 어찌 두렵지 않겠는가? 그 내공이 어디에 미칠지, 그 파란이 얼마일지 가늠이 안 된다. 안동 김씨는 촉각을 곤두세운다. 조대비는 김홍근, 김수근, 김병학, 김병국을 쳐 죽이라고 지시하나, 의외로 대원군은 조대비를 달랜다. 안동 김씨는 그게 더 불안하다.

이하응이 정권을 잡기 전까지 개처럼, 건달처럼, 한량처럼 살았다는 얘기는 너무 유명하다. 이때 안동 김씨 중 이하응을 인간 대접해준 사람이 딱 하나 있었으니, 바로 김병국이다. 김병국은 이하응에게 가끔 식량과 땔감을 공급했고, 재황고종이가 놀러오면 세뱃돈이라도 쥐어주고 했다. 그런데 오 마이 갓. 천하건달 이하응이 정권을 틀어쥘 줄, 그 아들 재황이가 졸지에 왕이 될 줄 누가 알았던가? 이처럼 우리나라는 누가 언제 어디로 튈지 모른다. 특히 고위직으로 가면 갈수록 더욱 그렇다. 관료와 재벌이 처신을 신중히 하면서 야당 정치인과도 척을 지지 않고 적당한 관계를 유지하는 것도 이런 연유에서다.

이하응은 조용히 김병국을 불러 '돈을 토해 놓으시라'고 한다. 옛정을 생각해 목숨만은 보전해 주겠다는 뜻이다. 김병국은 그 은혜에 눈물을 흘린다.

흥선대원군 이하응(1820~1898) II

조선 최고의 보수 개혁가

이하응에 대한 구구한 평가

한말과 일제시대의 역사에 대하여는 아직 정설定說이 없고 중구난방이
다. 전공자도 드문 데다가 주장하는 사람마다 그 견해가 구구하다. 그러
나 거칠게나마 커다란 흐름을 대충 살펴본다면, 식민지 근대화론자들은
강화도조약한일 FTA 조약 1876 → 갑신정변1884 → 갑오경장1894과 을미개혁
1895 → 독립협회1896 → 일제시대1910로 보는 데 긍정적이다. 이에 비해 내
재적 발전론자들은 천주교 → 동학농민전쟁1894 → 고종의 대한제국1897
에 대해 긍정적이다.

그런데 대원군에 대한 평가만큼은 일치하여 좋지 않게 평가하는 것 같
다. 특히 일제 식민사관이나 식민지 근대화론자들은 대원군이 쇄국으로

나라를 몰아 망국에 이르게 했다는 논리인데, 나는 정말 찬동할 수 없다. 대원군 이하응은 조선 역사상 전무후무한 최고의 보수 개혁가였다. 그의 눈부신 개혁 성과를 보자.

세도정치의 대행기관, 비변사 혁파

첫째, 그는 세도정치의 기구인 비변사를 혁파했다. 비변사備邊司는 삼포왜란 이후, 변방邊을 대비備하기 위해 설립한 기구司인데, 이게 변질돼서 세도정치 시기에 이르러는, 군사권 + 조세권 + 인사권까지 장악하게 됐다. 돈과 군사권과 인사권을 쥐었으면 다 쥔 것 아닌가? 반면 의정부는 유명무실하게 됐다. 세도가문들은 이 비변사를 장악하고, 왕과 독대하여 자신들의 의중을 국정에 반영시켰다.

이하응은 이 비변사를 혁파하여 의정부에 통합시켜 폐지해 버렸다. 그리고 의정부를 장악하여 권력을 일원화했다. 캬~. 이게 쉬울거 같나? 60년 넘게 진행된 권력기구를 개편도 아니고 없애 버린다는 것이 결코 쉬운 게 아니다. 대원군은 1863년 12월에 정권을 쥐자 두 달 만에 해치웠다. 이하응이니까 할 수 있었던 일이다.

참여정부가 자신의 업적으로 내세운 것 중 하나가 바로 검찰 개혁이었다. 나라의 주권이 유린된 매국조약한미 FTA이 비준됐는데, 정작 가장 큰 책임을 져야 할 참여정부의 2인자였던 분들은 한미 FTA에 대해선 가타부타 말이 없고, 집권하면 검찰을 개혁해야 한다고 주장하고 있다. 참여정부 업적에 대한 자기부정이자, 무능력에 대한 자기고백에 지나지 않는다.

권력기관은 '장악' 해야 한다

뭐, 좋다. 그렇다면 검찰 개혁 '방법' 이 뭔가? 2011년 12월 18일자 〈오마이뉴스〉 보도에 따르면 이들은 검찰 개혁 방안으로 ▲ 수사권, 기소권 분리 ▲ 검찰 권력 감시기관 설치 ▲ 법무부 및 법무행정 독립 등을 제시했다고 한다. 그러나 저런 유치한 방식으로 검찰이 개혁된다면 개나 소나 다 검찰 개혁할 수 있다.

▲ 수사권, 기소권을 분리한다는 말은 경찰에게 수사권을 주겠다는 말인데, 한마디로 순진한 발상이다. 검찰이 개라면, 경찰은 개도 못된다. 개의 개다. 경찰에게 독립 수사권을 부여하면, 그 경찰이 오직 국민을 위해, 오직 '국민바라기' 하면서 오직 국민 인권의 최후 보루로서 수사권을 행사할 것 같은가? 조현오가 "국민 여러분, 감사합니다" 할 것 같은가? 절대 그렇지 않다. 경찰에게 수사권 부여하면 경찰 권력만 비대해질 뿐이고, 경찰 권력이 비대해져서 국민에게 좋을 건 개코도 없다. 그동안은 검찰의 통제라도 있었지, 이마저도 사라지면 아마 광화문에 한미 FTA 반대 시위하는 애국자들에게 무더기로 영장이 청구될 거다. 경찰은 이미 경찰법3조, 경찰관직무집행법2조 1호에 의해 범죄 수사권한을 보유하고 있다. 마치 경찰이 수사권이 없는 것처럼 혹세무민하고 있는데, 그게 아니다. 경찰은 '수사권 독립론' 으로 포장하고 있지만, 사실 그들의 주장은 검찰의 지휘 감독에서 벗어나 '독자적 지휘 감독권' 을 행사하겠다는 뜻이다. 생각해 보라. 경찰 같은 거대 권력기관이, 검찰의 지휘 감독에서 벗어나 독자적인 권한을 행사하는 게 국민에게 무슨 이득이 있나? 경찰은 지금처럼 검찰이 확고하게 '지휘 감독' 해야 한다. 그게 힘없고 빽 없는 국민을 위하는 길이다.

▲ 고위공직자비리조사처? 반대한다. 대검 중수부 폐지? 반대한다. 고비처 신설하고 대검 중수부 폐지해서 검찰이 개혁될 것 같으면, 벌써 개혁됐다. 고비처장은 대통령이 임명하는 공무원 아닌가? 고비처 수사관은 현직 검사 아닌가? 고비처 검사들의 독직 행위는 누가 수사할 건가? 어차피 옥상옥屋上屋, 돌려막기일 뿐이다.

▲ 검사 출신 아닌 사람을 법무장관으로? 이쯤 되면 이들이 정말 과거 사례에 대해 연구도 해 보고, 요모조모 생각도 해 보고 발표한 게 아니라, 그동안 나왔던 대책들 적당히 짜깁기해서 발표한 것이라고밖에 볼 수 없다. 다 해 보지 않았나? 참여정부 때 강금실도 임명해 봤고, YS 때 안우만, 노태우 때 이정우도 임명해 보지 않았나? 다 실패했다. 그 길을 왜 또 가려 하는가? 조국을 법무장관으로? 그냥 웃고 말겠다. 사실 위의 대안이라고 제시한 것들이 1970년대부터 계속 주장됐던 얘기들이다. 전혀 새로울 게 없다.

결론을 말하겠다. 검·경은 독립 대상이 아니다. 권력기관은 철저하게 장악하고 활용해야 할 대상이다. 검찰을 독립시키고 자유화시킨다고 해서, 검찰이 갖고 있는 막강한 법률기량, 독점기소권, 막강한 인적·물적 수사 역량, 막강한 정보력을 국민을 위해 활용한다는 보장이 없다. 권력 통제를 통해 검찰권, 경찰권 '남용을 방지' 하는 것이 국민의 인권을 보장하는 길이지, 이들을 독립시키는 게 국민을 위하는 길이 아니다. 그리고 검찰 개혁이 서민 생활과 무슨 관계가 있나? 검찰 때문에 못살겠다고 하는 서민 있나? 돈거래 하는 정치인, 재벌이나 불편하지 서민이 검찰 때문에 불편한 게 뭐 있나? 검찰 개혁에 야당이 역량을 쏟을 만큼 이 아젠다가 우리 사회의 절실한 우선순위인가? 난 아니라고 본다.

검찰이 개혁 대상이라고 말하는 것은, 대학에서 젊은 학생들을 가르치는 법학 교수님이나 백면서생들이 하는 말이지, 대권을 염두한다는 현실 정치인이 할 말이 아니다.

한 마디만 더 붙인다. 정말 제1순위로 혁파해야 할 곳은 검찰이 아니라, 외교통상부다. 특히 부미배附美輩의 산실, 북미국! 개혁이라고 내세우려면 그 정도는 해야 개혁이지, 권력의 개에 불과한 검사 나부랭이 붙잡고. 에효. 정권 잡았으면 고려 말 공민왕이나 이하응 정도는 해야 하지 않겠나?

고위 공직 대대적 물갈이

둘째, 이하응은 무신을 우대하고 이빨만 까대는 문신을 깔아뭉갰다. 특히 60년 세도 안동 김씨당을 정계에서 제거했다. 김좌근, 김흥근, 김수근, 김문근, 김병기, 김병시의 벼슬을 뗐다. 안동 김씨당은 살기 위해 엄청난 양의 정치자금을 이하응에게 갖다 바쳤다. 그렇게 목숨은 부지했다. 안동 김씨가 납작 엎드리자, 장안의 모든 사대부들도 납작 엎드렸다. 이하응은 의무는 없고, 권리만 누리는 양반 놈들과는 '체질적'으로 코드가 맞지 않았다. 차라리 그는 솔직한 양인이나 천민을 더 좋아했다. 그리고 문신을 권력 기반으로 삼지도 않았다.

무신을 병조판서국방장관에 임명하기 시작했고, 각종 군영대장 직제에서 문신을 배제했다. 이하응은 무신 친위 세력인 이경하를 전진 배치했다. 한직만 돌던 이경하를 발탁하여 총융사수방사령관, 병조판서국방장관, 금위대장경찰청장 등 요직에 기용했다. 『매천야록』에 따르면 이하응은, "경하는 다른 장점은 없는데 사람을 잘 죽여 쓸 만하다"고 했다고 한다. 그만큼 그는 이하응의 집행자로서 충실했다. 이경하의 아들은 친러파 정치인 이범진이고, 이범진의 아들이 바로 헤이그 밀사 사건1907에 파견된 이위종이다. 이처럼 이하응은 국가에 전혀 도움 안 되는 이빨만 까대는 양반을 깔아뭉개고, 무신을 우대했다.

▌ 지역감정 타파, 사색당파 등용,
그리고 조선 역사상 최초 서북인 등용

▌ 셋째, 지역감정을 혁파하기 위해 인재를 고루 등용했다. 이하응은 인조반정 이후 조선을 거덜 낸 서인노론당을 깔아뭉갰다. 그들에게 억울하게 죽어간 남인당, 북인당 정치인, 무려 400명을 신원伸寃했다. 그리고 남인당과 북인당 출신들을 요직에 기용했다. 지역감정은 왜 생기는가? 간단하다. 요직을 특정지역 출신이 독점하고, 특정지역에 경제개발 혜택이 집중되기 때문이다. 그렇다면 지역감정의 극복 방안은? 간단하다. 인재를 고루 등용하고, 국토의 균형 있는 개발에 집중하면 해결되는 것이다. 이하응은 이를 실천했다.

그는 조선 역사상 최초로 1866년에 평안도에서 과거시험을 치루고, 평양사람 선우업을 발탁하여 동부승지대통령 비서관로 삼았다. 서북인 발탁은 조선 개국 이래 처음이었다. 개성에서도 과거를 치루어, 개성 출신 왕정양을 병조참의국방부 차관보로 발탁했다. 왕씨의 등용은 500년 만에 처음이었다. 서북인들이 이하응에 의해 500년 만에 처음으로 사람 대접을 받은 것이다. 얼마나 눈물 났겠나.

예전 같으면 "아니되옵니다" 하고 벌떼같이 일어섰을 노론당 놈들은 납작 엎드렸다. 일관성이라도 있으려면 "아니되옵니다"라도 외쳐야 하는

데, 이 인간들은 속성상 힘 앞에서는 비굴해지는 놈들이다. 이하응의 추상같은 서슬에 누구 하나 나서지 못했다. 이게 우리나라 '자칭 보수'들이다. 이이화의 평가를 보자.

> 대원군은 신분과 당파를 가리지 않고 한 가지 재주만 있으면 발탁하여 우스개를 잘하는 사람, 무술에 뛰어난 사람, 힘이 센 사람, 손재주가 있는 사람, 노름을 잘하는 사람, 노래를 잘하는 사람에게도, 그에 맞는 적당한 벼슬을 주었다. 흥선대원군은 입만 벌리면 문자를 늘어놓으며 유식한 체하는 지식인들을 싫어하고 솔직 담백한 사람을 좋아하였다. 이
>
> 이이화著, 『한국사 이야기17』, 39p, 한길사刊.

1997년 DJ가 집권하자, 30년 만에 호남 출신 서울지검장이 배출됐고, 30년 만에 호남 출신 검찰총장이 배출됐다. 호남이 이 정도면 충청, 강원, 경기, 제주는 더하다. 그런데 500년 동안 배제당한 서북인들의 한은 어땠을까. 조선이 개 같은 나라였다는 것은 이런 걸 두고 하는 말이다.

귀족 특권 근거지, 서원書院 혁파
– 용역깡패 동원하여 귀족을 찍어 누르다

넷째, 서원을 혁파特히 萬洞墓했다. 서원은 사설 교육기관이었다. 오늘날로 치면 사립대학이라고 할까. 그런데 이들 서원은 토지면세, 병역면제 등의 혜택이 있었다. 그래서 돈푼만 있으면 서원을 세웠고, 돈푼만 있으면 서원 유생으로 등록하고 앉아서 이빨만 까댔다. 유생들은 이 서원을 이용해서 지방 권력을 장악하고, 탈세하고, 병역을 기피했다. 자신들이

모시는 서원의 제사 때가 되면 엄청난 액수의 금액을 지방 수령에게 할당했고, 지방 수령이 이를 거부하면, 서원과 연계된 정당이 나서서 수령의 모가지를 날렸다. 서원에 대한 백성의 원성은 하늘을 찔렀다. 임시정부 대통령을 지낸 독립운동가 박은식의 서원에 대한 평가를 보자.

> **별의별 자들이 다 모여 입으로는 예의염치를 말하면서도 분쟁을 일삼았고, 고상함을 사칭하여 명리를 팔았으며, 조상의 음덕을 빙자하여 횡포를 감행**했다. 이로 말미암아 서원은 본래의 사명이 몰각되어 **당론 연출장**으로 변했고, **각 가문이 각기의 주장만을 고집하는 소굴**이 되었으며, **무위도식하는 자들의 집합소**라고 보는 것이 옳았다. 특히 화양동 송씨 서원송시열이 만든 만동묘를 지칭함과 같은 곳은 막강한 세력이 있어, 원장에 임명되면 그 영광이 판서가 된 것 못지아니하여 **백성들이 두려워하는 표적**이 되었다. 박은식著, 『한국통사』, 78p, 범우사刊.

대원군은 철거반원을 동원하여 이들 서원을 철거하였다. 이에 백성들은 열렬하게 환호하였으나, 유생들은 "도리가 땅에 떨어졌다"면서 할복이라도 할 기세로, 수천 명이 청와대 앞에 모여 반정부 시위를 벌였다. 이하응은 이빨만 까대는 놈들을 체질적으로도 싫어했지만, 한편 이놈들의 '기회주의적 속성'은 누구보다도 잘 알고 있었다. 대원군은 이경하, 백골단, 철거 용역을 동원해서 유생들을 육모방망이로 눈 하나 깜짝하지 않고 아주 그냥~ 박살낸다. 백성들은 환호했다. 우리 역사에서 '백골단'이 집권 주류 세력을 박살낸 것은 이하응이 처음이자 마지막이었다.

대원군, "공자가 살아와도 용서치 않겠다."
– 대원군과 같은 용기를 가진 정치인이 있는가?

특히 대원군은, 송시열이 망한 지 200년도 더 되는 명나라 의종 황제를 모시기 위해 세웠다는 만동묘를 혁파하면서 "진실로 백성에게 해가 된다면 공자가 살아와도 결단코 들어줄 수 없다"고 기염을 토했다. 성리학 국가에서 공자가 살아와도 용서할 수 없다는 것은 체제 부정이다. 요즘 말로 치면 국가보안사범이고 빨갱이인 것이다.

지금 그럴 수 있을까? 성리학 국가에서 공자가 살아와도 용서할 수 없다는 이하응의 기개를 가진 정치인이 있는가? 각 구청 사무실에서 공짜 사무실 얻어 쓰면서, 좀비 인생을 살고 있는 관변 단체 할아버지들, 어버이연합, '자유'자 들어가는 이상한 단체들 싹 없애고, 그 예산을 독거노인이나 조손祖孫가정으로 돌리겠다고 하면서 이에 반발하는 수구 세력을 향해, "미국 아니라 맥아더가 살아와도 용서치 않겠다"고 할 정치인이 있나? 1,000개가 넘은 서원을 47개로 정리한 것은 이하응이니까 한 것이다. 지금 정치인들 중엔 죽었다 깨나도 할 사람 없다. 이때 백성들의 대원군에 대한 인기는 요즘 '아이유' 하고 비슷했다고 보면 된다.

죽음도 불사할 듯하던 유생 놈들은, 전경들에게 몇 대 얻어터지곤 바로 찌그러졌다. 이게 우리나라 자칭 보수라는 놈들의 속성이다. 힘 앞에선 바로 찌그러지는 거. 이랬던 놈들이 대원군이 실각하고 민비 정권이 들어서자, 1874년 만동묘를 다시 세운다. 명나라가 망한 지 250년이 지났는데도 명나라를 지극 정성으로 섬기는 우리 조상님들의 사례에 비추어 볼 때, 아마 미국이 망해도 한반도에선 300년은 더 가지 않을까 싶다.

양반도 군대 가라 – 호포제 실시

다섯째, 호포제를 실시한다. 선조 편에서도 말했지만, 조선의 국방의무는 양인만이 부담했다. 양반은 국방의무를 부담하지 않았고, 그것을 당연하게 생각한 게 그 당시 조선 사회 주류 세력의 인식이었다양반불역론. 양반도 아니고 천민도 아닌, 양인만이 국방의무를 부담하였기 때문에 이를 양역良役이라고 한다는 것도 말했다.

그런데 조선 후기로 갈수록 양반이 70% 이상이 되어, 천민을 제외하면 20~30%의 양인이 국방세를 모두 부담하는, 즉 20~30%가 70~80%를 떠받드는 황당한 문제가 생긴다. 조선 정부는 세금을 낼 사람이 부족하니까, 죽은 사람백골징포, 어린 아이황구첨정, 도망친 사람의 이웃인징, 도망친 사람의 친척족징에게 세금을 부과하는 패악질을 저지른다. 영조 때 부모 중 한쪽만 노비라도 그 자식은 모두 노비가 되는 종모종부법從母從父法을 종모법從母法으로 개정한 것도, 양인을 늘려 세원을 확보하기 위함이었다. 왕이나 관료들이 거창하게 노비의 신분 해방이나 인권을 위한 것이 아니었다.

이런 상황에서 이하응이 '혁명적' 결단을 내린 것이 바로 호포제戶布制다. 한마디로 말해서 국방세를 양인만 낼 것이 아니라, 양반이든 양인이든 가릴 것 없이 집집마다戶 똑같이 1포씩布 내라는 것制이다. 즉 '양반도 군대 가라' 는 말이다. 양반들은 격렬하게 반발한다. 양반 보고 군대 가라니? 이런 쌍놈이 있나? 이는 반상의 구별을 무력화하는 것으로 성리학적 질서가 무너지는 것이다. 도리가 땅에 무너지는 것이다. 성리학적 질서의 부정은 체제 부정이다. 하지만 대원군은 양반 새끼들이 뭐라고 하거나 말거나 찍어 누른다. 백성은 환호한다. 이때의 이하응의 인기는 2002

년 월드컵에서 4강에 올랐을 때 한국 축구 대표팀 인기하고 비슷하다고 생각하면 된다. 호포제의 실시로 국방력은 대폭 강화됐고, 이것이 프랑스와 미국의 침략을 저지하는 기반이 됐다.

서양 보수의 기본은 '군대 가고' '세금 내는 것'이다. 그래서 독일 헌법학을 계수한 우리 헌법에서도 고전적인 국민의 의무로 바로 '납세의 의무'와 '국방의 의무'를 열거한다. 그러나 우리의 역사는 전통적으로 양반은 군대도 안 갔고, 세금도 덜 내거나 안 냈다. 그래서 국민개병제가 실시된 지 수십 년이 지났어도, 고위 공직자의 병역기피가 끊이지 않고, 정당한 세금 납부자가 드문 것은 이런 우리 역사적 전통이 반영된 것이다.

기타 - 국방력 강화(세계 열강 프랑스, 미국 격파), 삼정문란 개혁

여섯째, 외적의 침입에 국체를 보전하고, 노론당 놈들이 거들떠 보지도 않았던 국방력을 강화했다. 우선 프랑스의 침입을 박살냈다병인양요. 미국의 침입에 대해서도 분연히 맞섰으나 박살이 났지만, 결과적으로 어쨌든 미국에게 한 치의 땅도 허용하지 않았다신미양요. 조선에 이런 지도자가 누가 있었나? 이하응은 프랑스 놈이든, 일본 놈이든, 미국 놈이든, 상식에 반하여 침략하는 외세에 강력하게 저항하고 응징하였다.

일곱째, 삼정문란을 개선했다. 상공업을 장려하면서도 매점매석하는 인간들에게는 철퇴를 가했다. 각종 법전을 편찬했으며 그 외에도 수많은 업적이 있으나, 이 정도에 그친다. 남들은 40~50년 집권해도 못 했던 일을 단 10년 집권하면서 다 해치웠다. 이하응은 이빨만 까대지 않고 실제 행동으로 보여줬다.

사실 대원군의 개혁은 오늘날 개혁 세력이라고 자부하는 정치 세력도

하기 어려운 역사상 전무후무한 눈부신 개혁이었다. 오늘날 좌파라고 불리는 민주개혁 세력이, 대원군만큼의 개혁의지가 있는가?

정치에서 도덕적 순결주의는 필요 없다

정치에서 도덕적 순결성, 법률만능주의만큼 위험하고 유해한 것도 없다. 정치적 훈련이 덜 돼 있다는 반증이다. 인간사의 갈등은 당사자 간 타협으로 해결하는 것이 가장 좋다. '나쁜 타협'이 '좋은 판결'보다 낫다. 그게 정치다. 정치가 실패했을 때, 그 자리에 법이 들어선다. 그러나 정치를 법의 문제로 환원시키는 것은 문제의 발본적 해결이 아니라, 갈등과 상처를 폭력의 정당한 독점자인 국가가 일시적으로 찍어 누르는 미봉일 뿐이다.

대북 송금 특검을 실시한 참여정부가 결정적 사례다. 정상회담을 실정법의 잣대로 재단한 것은 동서고금의 역사를 막론하고 처음이자 마지막일 거다. 이런 법 논리라면 고도의 통치 작용, 즉 해방 이후 남북을 오간 수많은 정치특사들은 모두 국가보안법이나 간첩죄로 의율(擬律) 해야 한다. 동구권과 수교 과정에서 빨갱이 국가에 뒷돈을 준 노태우 정권 관료들은 모두 다 감옥에 있어야 한다. 그동안 있었던 미국과의 정상회담 일정, 정상 간 오간 대화 내용과 의제를 특검하면 아마 대한민국 국민들은 뒤로 자빠질 거다. 정치에서 법률만능주의, 도덕적 순결주의는 더 이상 필요 없다.

참여정부의 대북 송금 특검으로 남북관계는 정체됐고, 그 후 YS식 냉탕과 온탕을 거듭하면서 4년 10개월이라는 황금 같은 시간을 허송했다. 그리고 대통령 선거를 겨우 두 달을 남겨놓고 '면피성' 정상회담을 했지만

2007. 10. 4, 그나마도 정권재창출 실패로 도루묵이 되고 말았다. 사소한 실정법 앞에 민족의 미래가 무릎 꿇은 통탄할 일이 바로 '대북 송금 특검'이었다.

정치는 결과로 평가받는 것 – 날치기도, 정적 제거도, 여론 조작도, 사술詐術도, 욕먹는 것도 정치행위다

법과 도덕의 잣대로 국가가 운영되는 게 아니다. 그렇게 간단하게 나라가 운영될 것 같으면, 대법원장을 대통령에 겸직시키면 된다. 세상을 살면서 모든 것을 느낀 그대로, 감정 그대로, 솔직하게, 대놓고 얘기하는 것이 바람직한 것으로 평가된다면, 그 세상이 얼마나 야만적일지 상상 안 되나? 내 말은 뇌물 받으라는 말이 아니다. 정치는 결과로 평가 받는 것이다. 국리민복을 위한 일이라면 날치기, 정적 제거, 여론 조작, 사술, 욕 먹는 것도 해야 한다. 그게 정치행위다. 그게 싫으면 정치하지 말아야 한다. 한나라당은 늘 하지 않는가? 그러니까 그들이 늘 35%는 먹고 들어가는 것이다.

왜 우리는 못 하나? 더 이상 도덕적 순결주의는 필요없다. 당내 민주주의니, 절차적 민주주의니 운운하면서 도덕 선생님 같은 소리할 거면 나서지 마라. 법과 정치를 적절하게 운용할 줄 아는 노회함, 가차 없는 결단을 통해 수단 방법 가리지 않고 목적을 달성하고야 마는 결기가 필요하지, 도덕은 필요없다. 법도 도덕도 정치에선 목적 달성을 위한 수단 중 하나일 뿐이다. 현존 최고의 원로 정치학자 최장집, 세계 최고의 정치공학자 마키아벨리, 로마 정치 전문가 시오노 나나미의 주장을 잇따라 인용한다.

정당을 강조하면 정치인의 사리사욕과 부도덕성, 파당성 등을 이야기하면서 부정적으로 보는 경우가 많다. 그러나 **이익, 당파성, 권력추구 등의 요구는 모두 정치의 세계를 구성하는 중심 질료들이라는 사실**을 강조하고 싶다. **이런 요소들을 존재해서는 안 되는 부도덕한 것으로 규정하는 한, 민주주의는 현실에 기반을 둘 수 없는 공허한 것이 되고 결과적으로 인간적인 토대를 가질 수 없게 된다.** 정치에 대한 도덕주의적 접근은 현실을 보지 못하게 할 뿐만 아니라 그것이 의도한 것과 달리 부정적인 결과를 낳을 수 있다. 최장집著, 「어떤 민주주의인가」, 28p, 후마니타스刊.

우리가 현실에서 살아가고 있는 방식은 이상적인 생활방식과 너무나도 거리가 멀다. 이상적인 사회를 추구하기 위해 현실을 소홀히 하는 사람은 자기 목숨을 보존하기는커녕 파멸을 초래하고 만다. 모든 일에 있어서 오로지 선한 것만 추구하려는 사람은 악인의 틈에서 비참한 꼴을 당하고 말 것이다. 따라서 **자기 지위를 보존하려는 군주는 선하지 않은 수단도 배워야 하고, 경우에 따라서 그 수단을 사용하거나 사용하지 않을 줄도 알아야** 한다. 마키아벨리著, 이동진譯, 「군주론」, 54p, 해누리刊.

정치는 어디까지나 결과로 평가된다. 동기가 아무리 선의로 가득찼다 해도 그 결과가 국가나 시민에게 불리하게 나와 있으면 그것은 악정이다. 반대로 동기는 불순해도 결과가 좋으면 선정이라고 판단할 수밖에 없다. 이것이 공인과 개인을 평가하는 기준의 차이이다. 시오노 나나미著, 한상례譯, 「또 하나의 로마인 이야기」, 62p, 부앤리브로刊.

흥선대원군 이하응(1820~1898) Ⅲ

외세의 침략을 저지하다

▌조선의 일관된 쇄국정책과 인조반정으로 인한 쇄국정책의 재확인

대원군 이하응 하면, 가장 먼저 떠올리는 것이 쇄국정책일 것이다. 이는 정말 터무니없는 것이다. 식민사관의 '대원군 죽이기'라고밖에 볼 수 없다. 진보진영에서조차 쇄국정책으로 나라가 망했다고 주장하는 사람들이 태반인데, 곤란하다.

조선은 명나라와의 제한된 범위에서의 조공무역과 일본과의 제한된 범위에서의 왜관무역을 제외하곤 철저하게 쇄국으로 일관했다. 대원군이 쇄국을 한 것이 아니라, 이미 조선 초기부터 쇄국을 했다. 정평 있는 역사 교과서를 살펴봐도 '고려의 대외무역'은 있어도, '조선의 대외무역'이라는 서술은 없다.

조선은 이미 세종 원년 이방원이 대마도를 정벌하여 일본과 교역을 끊는다1419. 이후 대마도주의 사과가 있어 교역을 허락했는데, 일본과 교역만 하면 우리는 늘 손해를 봤다. 즉 우리 쌀과 면포의 일본 유출이 속절없이 증가하자, 세종은 일본이 조선에 1년 동안 파견할 수 있는 세견선의 상한과 미곡 거래량세사미두의 상한선을 각각 50척과 200섬으로 제한했다계해약조 1443.

이러한 조선의 제한 무역 조치에 반발하여 일본은 중종 때 삼포왜란을 일으켰다1510. 이에 중종은 더욱 강한 쇄국으로 대응한다. 즉 중종은 세종이 정한 세견선과 쌀 거래량의 상한선을 다시 절반으로 줄이고25척, 100섬, 쇄국으로 일관한다임신약조 1512. 조선의 일관된 쇄국무역 때문에 1555년 을묘왜변이 일어나고, 1592년 임진왜란이 시작된다. 요컨대, 조선은 대마도 정벌1419 → 계해약조1443 → 삼포왜란1510 → 임신약조1512 → 을묘왜변1555 → 임진왜란1592을 거치면서 쇄국정책으로 일관했다. 양란을 치른 조선은 1623년 인조반정으로 '쇄국의 길'을 재확인한다. 쇄국을 저지할 수 있었던 조선의 마지막 기회는 소현세자가 등극하는 것이었는데, 소현세자의 독살1645로 물거품이 되었다.

대원군은 쇄국을 한 게 아니라, 외세의 부당한 침략에 저항했을 뿐

대원군은 쇄국을 한 것이 아니라 외세의 침입에 대해 정당한 전쟁을 했을 뿐이다. 해적선을 이끌고 사전 예고도 없이 남의 나라 영해로 침범하는 것도 모자라 약탈과 강간을 일삼은 놈들을 그냥 두는 것이 옳은가? 왕의 조상 묘를 파헤치고, 좋게 가라고 해도 말도 안 듣고, 약탈을 감행한 해적선을 물리친 것이 어찌 쇄국인가? 터무니없다. 베르사유 궁이 약탈당하면 프랑스가 가만히 있겠는가? 자금성이 약탈당하면 청나라가 그냥 있었겠는가? 일본 천황의 묘가 약탈당했다면 일본이 가만히 있었겠는가?

조선은 인조반정과 세도정치로 망한 것

말은 바로 하자. 사림이나 훈구나 썩은 것은 매한가지다. 그러나 사림과 그 후손인 서인노론당은 무능력하기까지 했다. 사림파들이 그렇게 썩었다고 씹어대던 훈구파 정치인 신숙주만큼의 일본 전문가, 동북아 전문가도 전무했다. 그 당시 조선에는 국제정세를 제대로 아는 인간이 단 한 명도 없었다. 정말 단 한 명도 없었다. 쇄국한 지 450년이 넘었는데, 무슨 국제정세를 논하는 사람이 있었겠나. 후술할 것이지만, 대원군보다 서른 한살이나 젊은 김옥균과 같은 당대 최고 엘리트조차도 국제 역학관계나 제국의 침탈 의도는 전혀 눈치까지 못한 채 일본에 전적으로 의존하지 않았나? 그 당시 가장 선진적이라던 개화파들이 성냥을 보고 놀라던 시절이었다.

쇄국은 조선 초기부터 시작된 일관된 정책이었고, 인조반정으로 재확인됐다. 대원군이 집권할 당시는 이미 최소한 쇄국 250년째였다. 조선 망국은 대원군의 쇄국정책 탓이 아니라, 국제전문가 하나 키울 생각 없이, 개 같은 성리학 붙잡고 카스트 제도를 유지하며 동족을 개돼지 취급하면서, 끝없는 재물 욕심과 권력욕에 도끼 자루 썩는 줄 모르고 보낸 안동 김씨와 여흥 민씨 세도정권 100년의 세월이 조선을 망하게 한 것이다. 이들 서인노론당의 후손은 한일 강제 병합 이후 고스란히 친일파로 변신하고, 해방 후엔 고스란히 친미파로 변신한다.

다시 말하지만 조선은 대권군의 쇄국으로 망한 게 아니다. 가문의 이익에 혈안이 된 세도정치로 망한 것이다. 대원군이 쇄국해서 조선이 망했다는 말은 일본 애들이 조선을 개방시키기 위해 지어낸 동화 차원의 얘기다.

우리나라 '자칭' 보수 세력들은
왜 이하응에게 쇄국의 혐의를 씌우는가?

서인당인조반정 1623 → 세도정치1801 → 친일한일 FTA 1876 → 매국1910 → 친미1945로 이어지는 '대한민국의 주류 세력현재 한나라당 + 조중동'은, 이하응에게 쇄국의 혐의를 뒤집어 씌워야만 자신들의 친명親明 세도정치, 친일 매국정치에 대한 면죄부를 얻을 수 있기 때문이다. '이하응이 쇄국해서 말아먹은 조선'을, 자신들이 친일·친미해서 그나마 오늘날 이만큼이라도 먹고살게 된 것 아니냐고 항변하는 것이 대한민국 주류 세력, 일본 주류 세력, 미국 주류 세력의 공통된 인식 아닌가? 그렇다. 석파 이하응은 쇄국이란 범죄로 '근대화 지체'의 혐의를 '혼자' 뒤집어써야 했다. 이완용은 '매국'이란 이름으로 친일파의 모든 책임을 '혼자' 안고가야 했다. 그리고 원조 친일파 '김옥균'을 띄워야 했다. 대한민국 주류 세력의 입장에선, 조선 망국의 책임은 이하응에게, 친일 매국의 책임은 이완용에게 덤터기 씌워서 이 두 사람만 매장하면, 일단 그런대로, smooth하게, 우리 역사는 연결되는 것이다.

이하응이 개방했으면 조선이 선진국 됐을 것 같은가?

노무현 대통령은 2006년 "대통령이 되기 전까지 대원군의 쇄국이 우리나라를 망하게 하는 데 얼마만큼 영향을 미쳤는지 잘 몰랐다. 과단성 있는 쇄국정치가 통쾌하게만 보였지, 그것이 우리를 망치는 데 얼마만큼 기여했는지, 정치를 한참 할 때까지 그 점에 대해서 판단이 잘 없었다"고 고백한 바 있다2006. 6. 12. 인터넷 포털사이트 대표들과의 만남

그러나 이하응이 외세의 부당한 침입에 대해 저항 안 하고, 즉 병인양 요1866, 신미양요1871 때 그대로 개방하여 한불 FTA 조약 체결하고, 한미 FTA 체결했다면 선진국 됐을 것 같나? 천만의 말씀이다. 조선은 그때 이미 프랑스나 미국의 식민지가 됐을 것이다. 120% 확신한다. 실제 후술할 한일 FTA강화도조약 체결로 조선은 일본의 식민지가 됐다. "왜 좀 더 일찍 식민지가 돼 근대화할 기회를 놓쳤느냐?"고 주장한다면이게 사실상 식민지 근 대화론자들의 주장이다, 그건 할 말 없다. 나는 대책 없이 개방하여 나라를 골로 보낸 민씨 정권보다는, 오히려 외세를 물리치고 기회를 엿보려던 이하응 의 정책이 100배는 나았다고 본다.

이하응이 쇄국하는 사이 일본은 선先 개방 한 덕분에 패권국가가 됐다 고 주장하는 얼치기 개방론자들이 있는데, 그렇다면 일본보다 15년 먼저 개방한 중국은 왜 식민지가 됐나? 개방이 그렇게 좋다면 중국은 왜, 중국 개방남경조약 1842~중화인민공화국 성립1949까지의 100년 넘는 기간 동안 극심한 내란과 혼란에 빠졌나? 우리가 걱정할 일은 아니지만, 그 110년 동안 영문도 모른 채 살육당한 셀 수도 없는 수천만 중국 백성은 뭔가? 어차피 백성은 역사의 수레바퀴에 짓밟혀 상처받고 죽어야 할 비루한 운 명을 가진 집단이니 어쩔 수 없다는 건가?

이하응이 잘못한 일이라면 명성황후로 알려진 민비를 며느리로 들인 것이다. 외척 세력의 발호를 막으려는 취지는 아주 적절했으나, 고르고

고른 것이 하필 가장 권력욕심이 강한 민자영 양이었다. 민자영 양은 후술한다. 현대사를 전공한 성공회대 한홍구 교수의 말을 들어 보자.

> 노무현 대통령을 비롯한 한미 FTA 추진론자들이 입에 달고 다니는 "개방하고 교류한 나라는 망한 나라도 있고 흥한 나라도 있지만, 개방 안한 나라 중에는 흥한 나라가 없다"는 말에 나도 전적으로 공감한다. **문을 걸어 잠그면 잘될 수는 없다. 그러나 금방 들어먹지는 않는다. 개방하고 교류한 나라 중에는 망한 나라도 있고 흥한 나라도 있지만, 지금 우리가 걱정하는 것은 이렇게 열면 금방 쫄딱 망한다는 점이다** (…) **요컨대, 대원군 한 사람에게 쇄국이라는 이름으로 독박을 씌워도 될 만큼 역사란게 간단치 않다는 것이다. 대원군의 쇄국정책이 잘한 거냐고 묻는다면, 지금처럼 대책없이 문 열어주는 것보다는 백번 잘한 일이라고 말하고 싶은 것은 내가 심술이 나서일까?** <small>한홍구著, 「대한민국사4」, 40~42p 요약, 한겨레출판刊.</small>

▌대원군 실각은 경복궁 재건 때문이 아니라 양반 특권 폐지 때문

난 경복궁 재건도 잘못한 일이 아니라고 본다. MB도 청계천을 복원하는데, 임진왜란 때 없어진 궁을 250년도 더 지나서 재건한다는 게 무슨 잘못인가? 중국의 자금성, 일본의 궁성, 인도의 타지마할은 더했으면 더했지 못하지 않다.

이하응이 실각한 결정적 원인은, "양반도 군대 가라"는 호포제 실시와, 양반 특권 근거지 '서원 철폐' 때문이다. 경복궁 재건은 구실로 갖다 붙인 것이라고 본다. 호포제와 서원 철폐로 양반들의 격한 반발을 샀고, 이들 정치적 반대 세력의 정치 공작에 의해 경복궁 화재 사건이 발생했다. 그에 따라 궁궐 건축 비용이 더욱 증가됐고, 이를 메꾸기 위해 원납전과 당백전을 추가 발행한 것이 결과적으로 민심을 이반케 한 것이다.

이하응의 천주교 탄압

이하응은 천주교를 탄압했다. 그러나 이도 대책 없이 무식하게 밀어붙인 것이 아니라, 나름대로 계산하에 선택한 노선이었다. 이하응이 천주교를 틀어막은 것은, 정권을 유지하기 위한 최후의 보루였다. 호포제까지 실시하고, 서원까지 철폐한 마당에 조상 제사도 안 지내겠다고 하면 아마 일반 백성들의 지지도 얻지 못했을 것이다. 양반 수구 세력이 이하응에게 등을 돌렸는데 백성마저 등을 돌린다면 이하응의 정치적 생존은 불가능했다. 양반이든 백성이든 자신의 정치적 지지기반 하나는 있어야 정권 유지도 가능한 것 아니겠는가? 이하응의 한계는 조선의 한계였지, 이하응 개인의 문제가 아니었다는 것이다. 이하응의 천주교 통제를 야만적 행위인 양 묘사하는 것도 웃기는 일이다. 서양은 종교탄압 안 한 줄 아나? 서양의 종교탄압은 상상을 초월했다. 종교적 관용은 개코도 없었고, 늘 전쟁 수준이었다. 조선이 천주교를 수용한다 함은 그리고 천주교를 수용하는 것은 개방을 의미하는 것인데, 이하응은 대책 없는 개방보다는 '선 부국강병, 후 교류'를 선택했다. 박은식의 『한국통사』와 김동인의 소설 『운현궁의 봄』을 잇따라 인용한다.

대원군은 용맹과감하여 혁신을 단행함에 있어서 옛일에 구애받지 않고 남의 말에 좌우되지 않았으며, **권위를 배제하고, 문벌을 타파했으며, 군포를 개혁하고, 서원을 철폐**하는 등의 일에 탁월한 추진력을 가지고 있었으며, 오랜 관습도 손을 대기만 하면 깨는, 실로 **정치상 대혁명가였**다. 대원군은 **외척을 배제하고 당쟁을 소멸**시켰으며, 사람을 쓸 때 오로지 개인의 능력만을 보고 문벌과 당파를 불문하니 행정이 하나가 되고 권력이 통일되었다. 박은식著, 『한국통사』, 76p, 범우사刊.

이날이 조선 근대의 괴걸이요, 유사 이래 어떤 제왕이든 감히 잡아 보지 못하였던 절대적 권리를 손에 잡고 이 팔도 삼백여 주를 호령하며, 밖으로는 불란서, 미국, 청국을 내리누르고, 안으로는 자기의 백성의 복지를 위하여 그의 일생을 바친, 흥선 대원왕 이하응이 별세한 날이다. **조선 오백 년 역사에 있어서 조선을 사랑할 줄 알고, 왕가와 서민, 정치가와 백성, 윗사람과 아랫사람의 지위를 참으로 이해한 단 한 사람**인 우리의 위인 이하응이 그 일생을 마친 날이다. 김동인作, 『운현궁의 봄』, 40p, 문학사상사刊.

미국 남북전쟁에서 북부 보호무역 세력의 승리
– "나는 보호무역, 너는 자유무역"

이하응이 정권을 쥘 무렵 미국은 링컨이 집권한다. 그리고 1861~1865년 미국은 링컨 행정부하에서 내전을 벌인다. 남북전쟁이라고 불리는 '밥그릇 싸움'이다. 제조업이 막 발전하고 있는 지역인 북부지역과, 유색인 노예를 이용한 광범위한 농장이 발달한 남부지역이, 무역정책을 두고 충돌하다가 대화와 타협이 안 되니까 전쟁까지 간 것이다.

북부는 자국 제조업을 보호하기 위해선 '보호무역'을 통해 값싼 영국 상품이 밀려오는 것을 막아야 한다고 주장했다. 이에 대해 남부에서는 북부를 위한 보호무역 때문에 미국인들이 공산품을 너무 비싸게 사용하고 있다고 반발하면서, 영국과의 '자유무역FTA'을 주장했다. 그리고 보호무역을 주장한 북부가 승리한다. 후술하겠지만, 이 보호무역을 기반으로, 미국은 세계 제1의 제조업 국가가 된다. 이처럼 자유무역은 전쟁의 역사이고 침략의 역사이다.

링컨이 흑인 노예를 해방시켰다는 것은 전쟁에서 승리하기 위한 선무 공작의 하나였다. 왜 우리나라도 최전방에서 북한에 대고 "남한에서는 하루에 세 끼씩 고깃국 먹고 사니 니들도 무기 버리고 남한으로 넘어와라"라고 떠들지 않나. 남부 농장의 노동력 기반을 무너뜨리기 위한 것이었다.

병인양요(1866)와 신미양요(1871)

서양 양아치 3종 세트
신부＋깡패＋해적선

서양 세력과의 만남

우리는 오늘날 서양에 대한 과도한 환상을 갖고 있다. 그러나 첫 만남은 그렇지 않았다. 서양 세력에 대한 서울대학교 외교학과 김용구 명예교수 글을 보자.

19세기 후반 조선이 서양 세력의 공권력과 처음 만나게 된 것은 신부, 깡패, 그리고 해적들의 행위를 거쳐서 이루어졌다. 이러한 현상은 전 세계적 현상이었으나 조선은 이와 같은 현상이 세계적으로 확산되는 최후의 단계에서 이들과 만나게 된다. 서로 '야만인'이라고 간주하는 행위자들의 만남이었다. 따라서 이들의 만남은 매우 극단적이고 과격한 형

태로 나타났다. 이 불행한 시작이 한국 외교사의 방향을 이미 결정하여 버렸다. 김용구著, 『세계외교사』, 395p, 서울대학교출판부刊.

▌중국 정세 – 영, 불, 러, 독, 미의 반半식민지

▌이 당시 중국 정세는, 영국과의 아편전쟁1840, 그리고 영불 연합군과의 애로우전쟁1858으로 반半식민지로 전락했다. 이 두 전쟁은 야만적인 조작 전쟁이었다. 게다가 안으로는 태평천국의 난까지 겹쳐서 그야말로 아수라장이었다. 청나라는 서구 열강과 남경조약1842, 망하조약1844, 황포조약 1844, 천진조약1858, 아이훈 조약1858, 북경조약1860 등 동시다발적 FTA를 맺으면서 영국, 미국, 프랑스, 러시아에 의해 이권을 강탈당했다.

러시아는 구미제국에 비해 뒤늦게 이권 경쟁에 뛰어들어 서양과 중국을 중재한다는 '말품' 만으로, 중국과 아이훈 조약과 북경 조약을 맺어, 흑룡강 동북 지역의 독일과 프랑스를 합한 면적보다 넓은 광활한 영토를 얻어냈다오늘날 연해주 지역. 이 연해주 지역이 두만강과 맞닿아 있어, 러시아는 조선 진출을 위한 발판을 마련한 것이고, 이하응은 러시아의 의도에 긴장하지 않을 수 없었다. 당시 러시아는 1904년 일본에 의해 박살나기 전까지는 그야말로 실체가 드러나지 않은 공포의 대상이었다.

▌병인양요(1866) – 이하응, 프랑스 침략에 맞짱뜨다

▌이하응은 집권 초기, 이러한 러시아 남하에 대비하려면 프랑스, 영국과 동맹을 맺는 것이 좋을 것이라는 프랑스 선교사들의 말을 듣고 천주교에 관대했다. 그러나 선교사들이 프랑스의 약속을 끌어내지 못하고, 이하응 집안에 천주교도들이 출입한다는 소문이 돌자, 동맹을 주선하지 못한

8명의 프랑스 신부를 비롯, 8천여 명의 신자를 죽인다병인박해.

1866년 병인박해가 있자, 중국 주둔 프랑스의 군대가 보복을 구실로, 서해안으로 기어들어와 강화도에서 조선군과 전투를 벌였다. 이때 조선군은 프랑스 군대를 박살냈는데, 이게 병인양요다1866. 프랑스가 병인양요를 일으킨 이유는 표면적으론 천주교 박해에 대한 보복이지만, 사실상 조선 개방, 즉 '자유무역FTA 체결'에 있었다. 강화도를 점령한 프랑스는 한강을 봉쇄, 한 달 넘게 서울을 공포에 떨게 했다. 한강이 봉쇄되자 물품 공급이 막혀 물가가 폭등하고, 서울 양반들은 빛의 속도로 피난을 가는 바람에 서울이 텅 비었을 정도였다. 그러나 전열을 정비한 조선군의 결사항전으로 프랑스군을 격퇴하자 조선 백성들은 열광했고 대원군은 자신감을 얻었다. 병인양요는 두 달 만에 끝났지만, 초창기 강화도를 무단 점령한 프랑스 놈들이 강화도 외규장각에 보관돼 있던 귀중도서와 은괴를 약탈해 갔다. 돌려받지 못하고 있다가 2011년 5월에야 외규장각 의궤 297권을 대여 형식으로 반환 받았다. 145년 만의 일이다.

잠시 당시 파리로 가보자. 당시 프랑스는 나폴레옹 3세가 집권하고 있었다. 나폴레옹 3세는 나폴레옹 1세와 프랑스 제국의 영광을 재현하겠다는 신념으로, 모험주의적 팽창정책으로 일관한다. 그리하여 인도차이나를 침공하고, 중국을 침공하고, 중국 주둔 함대장 로즈는 조선까지 침공한다병인양요. '가톨릭 신부', '해군 장교', '프랑스의 영광'이, 이 시절 프랑스 동북아정책의 근간이었다. 그런데 병인양요로 조선군에게 박살나자, 프랑스의 위신은 실추되었다.

대책 없는 외세 추종

천주교가 탄압받게 된 원인은 그의 교리가 유교질서에 위배되는 면도 있었지만, 그보단 천주교 세력들이 외세를 끌어들여 선교의 자유를 얻으려고 했기 때문이다. 우리나라 사람들은 꼭 남의 나라를 끌어들여서 문제를 해결하려고 한다. 외국 군대를 끌어들여 조선 정부를 뒤집고 선교의 자유를 얻으면 행복해지나? 병인양요 때도 프랑스 함대의 길잡이로 프랑스 신부 리델과 조선인 천주교도 3명이 활약했다.

이 리델이라는 새끼는 1871년 신미양요 때도 길잡이 노릇을 한다. 서양은 이들 신부와 목사를 앞세워, 개방을 강요하고, 간첩행위를 일상적으로 저질렀다. 개방 초기, '상주 외교사절' 이라는 서양식 개념을 몰랐던 아시아 식민지들에게 외교관 역할을 갈음할 사람들은 신부와 목사 밖에 없었고, 이들 신부와 목사들은 신의 섭리를 빙자하며 간첩 행위를 서슴지 않았다. 서양사학계의 태두 서강대학교 차하순 명예교수와 경제학자 에릭 라이너트의 글을 잇따라 보자.

16세기 말부터 예수회 선교사가 아프리카와 아시아에 진출한 것은 그리스도교 개종운동을 위해서였다. **그들은 흔히 제국주의적 침략을 반대했지만, 선교활동이 실제로는 제국주의를 종교적으로 합리화하는 결과를 가져왔다.** 선교사는 제국주의자와 식민지인 사이의 교량역할을 하여 의사소통을 도왔으며 본국 관리에게 필요한 정보를 제공하는 경우가 많았다. 그러므로 그들은 **자신의 본래 의도가 어떻든 간에 그와 상관없이 식민지에 서양식 사고방식과 가치관을 이식**한 셈이었다. 차하순著, 「서양사총론2」, 954p, 탐구당刊.

그 당시(1880년대를 의미) 서양 선교사들이 최악의 빈곤 상태에 있는 아프리카 상황을 개선하는데 기여했지만, **그들의 가장 중요한 공헌은 바로 내세에서의 극락을 약속하며 식민지인의 현실의 불만을 진정시키는 일이었다.** ERIK S. REINERT著, 『HOW RICH COUNTRIES GOT RICH and WHY POOR COUNTRIES STAY POOR』, 62p 요약, PublicAffairs刊.

1900년대 초, 미국 대통령을 지낸 윌리엄 태프트는 어느 선교단체의 모임에 참석해서 기독교 선교의 역할에 대해 "선교사 여러분은 기독교 문명을 동양에 전파하는 개척자들입니다. 여러분은 단지 신부나 목사일 뿐 아니라 정치가들statesmen입니다. 아니, 정치가이어야만 합니다" 하고 연설하면서 선교사들의 활동을 통한 외교정책 실행을 강조했다. 박태균著, 『우방과 제국 한미관계의 두 신화』, 33p, 창비刊. 이러한 경향은 오늘날 우리나라의 개신교 목사의 정치적 수구성을 보면 과히 놀랄 일은 아닐 것이다.

미국 해적선, 제너럴셔먼호 평양 무단 침입

이보다 앞선 1866년 8월에 '제너럴셔먼호' 사건이 터진다. 미국인 프레스턴 소유의 상선 셔먼호가 영국의 메도스Meadows社와 결탁하여, 개신교 선교사 토머스와 19명의 말레이시아인 및 중국인을 태우고 대동강을 거슬러 올라와 평양 경내까지 무단침입한 사건을 말한다. 제너럴셔먼호 사건에 대한 김용구, 이헌주의 명쾌한 결론을 보자.

특기할 만한 일은, 금은金銀 감식가인 메도스社의 중국인 직원을 동승시킨 일이다. 이들이 조선에 온 목적을 통상이라고 했지만, 실제로는 평양

근처 왕릉의 도굴이라고 판단된다. 이러한 상황증거 이외에도 외국 선박이 내하에 깊숙이 잠입한 사실 하나만으로도 해적선이라고 단정할 수 있다. (…) **이것을 이른바 제너럴셔먼호 사건이라고 부르지만, 실은 미국의 한 상선이 저지른 해적 행위였다.** 김용구著, 『세계관의 충돌과 한말외교사』, 106p, 문학과지성사刊.

제너럴셔먼호 사건은 한탕주의에 젖은 약탈적 무역상인이 중무장한 채 대동강에 나타나 행패를 부리다 분노한 평양 군민들에 의해 섬멸된 우발적 사건이었다. **미국 정부는 슈펠트 보고서를 통해 셔먼호 사건의 성격을 잘 알면서도 애써 이를 외면했다.** 1878년 조선과의 수호조약 체결을 추진한 상원의원 사전트는 이 사건을 부끄러운 일로 회상한다고 언급한 바 있다. 이헌주著, 『개화기의 지방 사람들』, 28p, 어진이刊.

조선인의 유원지의柔遠之義를 배반한 미美 해적선 제너럴셔먼호

조선은 전통적으로 멀리서 오는 사람에게 너그럽게 대한다는 유원지의柔遠之義정책을 쓰고 있었다. 이때 평양 사람들이 제너럴셔먼호 해적들에게 얼마나 융숭한 대접을 했는지, 그럼에도 불구하고 해적들은 강간을 일삼고 얼마나 악랄한 짓을 했는지, 오죽했으면 개방론자인 평양감사 박규수박지원의 손자가 격침 명령을 내렸는지는 위 이헌주의 글을 참고하시라. 남의 나라 영토를 무단침입하고 사태의 평화적 해결을 원하는 원주민의 호의를 배신한 채, 칼 들고 꼬장부리다 용감한 평양시민에 의해 진압된 것이 제너럴셔먼호 사건이다. 평양 사람들이 목숨을 아끼지 않고 몸을 던졌던 이유는 500년 만에 처음 인간 대접해준 대원군 이하응에 대한 보답이었다.

정치는 이하응처럼 해야 한다. 백성들의 거친 손을 잡아주고, 백성들의 고단한 눈물을 위무해 주는 것이 정치지, 책상머리에 앉아서 정책 연구하는 것이 정치가 아니다이것은 관료의 일이다. 이하응처럼 해야, 그래야 나라의 역량을 모을 수 있는 것이다.

몇 년 전인가, 한나라당 대표 강재섭이 국회 대표연설에서 "제너럴셔먼호를 거부했던 망국의 역사를 되풀이 하지 말고, 빨리 한미 FTA 비준하자"는 요지의 연설을 듣고, 픽 웃고 말았다. 강재섭은 제너럴셔먼호가 해적선이었다는 사실을 몰랐던 모양이다. 여당 당대표면 대한민국 권력서열 2~3위쯤 된다고 봐야 한다. 그 사람의 인식 수준이 저 정도다.

천인공노할 남연군묘 도굴 사건
– 서양 외교관 + 장사꾼 + 신부의 합동작전

1868년 천인공노할 사건이 터진다. 바로 이하응의 아버지 남연군묘 도굴 사건이다1868. 미국, 독일, 프랑스 양아치들이 박정희, 김대중, 노무현 묘를 도굴하다 발각됐다고 생각해 보라. 무덤에 있는 비석 하나만 쓰러져 있어도 가슴이 무너져 내리는 게 우리 정서다. 그런데 아무리 돈에 환장을 해도 그렇지, 이건 정말 개돼지만도 못한 새끼들이나 하는 짓이다. 이 사건의 주범 젠킨스는 상하이 미국 총영사관의 통역관이었다. 다른 주범 오페르트는 독일 출신 장사꾼이었고, 또 다른 주범 페롱은 프랑스 신부였다.

이들은 중국인 선원 100여 명, 필리핀 선원 20여 명, 유럽인 10여 명 등 총 140여 명이라는 막대한 인원을 동원하였다. 일본에서 필요한 장비를 구입해서 충남 예산에 있는 남연군묘를 도굴하려다 미수에 그치고 달아났다. 이 사건으로 조선 정국은 발칵 뒤집힌다. 요즘 일어났대도 큰 사건일 텐데, 성리학적 유교국가에서 얼마나 충격이 컸겠는가? 서울대 외교학과 김용구 명예교수의 설명을 보자.

> **남연군묘 도굴 사건은 일확천금을 꿈꾸는 깡패, 이들 깡패를 부추키는 돈줄들, 그리고 타락한 신부들이 합세하여 일으킨 전대미문의 추악한 사건**이다. 19세기 유럽 사회가 비유럽 지역으로 팽창하는 초기 단계에서는 비공권력적 세력들인 신부, 깡패, 해적 그리고 장사꾼들의 협잡이 횡행하였다. **이런 협잡 중 공권력이 차후에 추인하는 경우가 허다하였는데, 그럴 경우 이들을 서양 교과서에서는 조약이라고 부른다.** 도굴 사건은 이런 초기 현상을 극명하게 나타내 주는 것이었다. 김용구著, 『세계관의 충돌과 한말외교사』, 129p, 문학과지성사刊.

▌신미양요 – 이하응, 미국의 침략에 맞짱뜨다

1871년, 5년 전 제너럴셔먼호의 소실 사건을 응징한다는 '터무니없는' 이유로 미국은 조선 침략을 단행한다. 신미양요1871다. 국제관계는 이렇다. 강자强者의 말이 곧 법이요, 정의인 게 국제정치다. 약육강식의 자연상태가 바로 국제관계다. 제너럴셔먼호 사건을 빙자했지만, 미국의 실제 목적은 조선 개방, 즉 '자유무역FTA 체결'에 있었다. 후에 강화도조약편에서 언급하겠지만 이처럼 제국은 조작된 사건으로 전쟁을 도발하고 자유무역을 강요하는 것이 그 당시 제국의 전형적 침략 방식이었다.

이번에도 프랑스의 신부 리델이 길잡이로 나선다. 일본 나가사키에 정박하고 있던 미국의 로저스 제독은 기함 콜로라도함을 선두로, 군함 5척과 해병 1,300여 명을 이끌고 서해바다로 기어 들어와 조선을 침략한다. 2010년 침몰한 천안함에 탑승한 승조원이 100명가량으로 알려졌는데, 140여 년 전에 1,300명의 병력이면 그야말로 대병력인 것이다. 요즘으로 치면 항공모함이 뜬 대규모 침공인 것이다.

강화도 전투에서 한국군 어재연이 미군 침략에 맞서 맹활약하다 전사하고, 조선군은 미국군에게 박살난다. 1871년 6월 10일부터 시작된 신미양요에서 미 해군과의 단 48시간 전투에서 사살된 조선인은 무려 350명. 1871년 7월 17일자 〈뉴욕타임즈〉에는 "야만인에 대해 신속하고 효과적인 응징, 우리 선원에 대한 모욕은 복수되다"는 기사가 떴다.

주중 미국공사, "조선군은 용감했다"
– 많은 조선인들은 마치 '토끼처럼 사살' 되었다

주중 미국공사 로우는 조선인들은 세계 어느 민족보다도 강력한 용맹성을 갖고 전투에 임했다고 기록했다. 이 전투에 참가한 슐레이 대령은 "조선군은 용감했다. 그들은 항복 같은 것은 아예 몰랐다. 무기를 잃은 자들은 돌과 흙을 집어 던졌다"고 증언했다.

조선은 미국의 강제 개항요구를 거부하면서 지구전에 돌입하자, 미군은 "어휴, 징그러운 놈들" 하면서 돌아갈 수밖에 없었다. 조선은 이 전쟁에서 패했지만, 미국도 조선과의 FTA 체결이라는 본래 목적을 달성하지 못했다. 미국은 조선의 강경한 태도에 깜짝 놀랐다. 병인양요 때나 신미양요 때나, 입만 열면 충忠이 어쩌고 이빨 까던 양반새끼들은 이번에도 '빛의 속도로' 도망쳤다. 전쟁 나면 도망가는 것은 우리나라 양반의 확고

한 전통이다. 난 미래에도 마찬가지라고 본다.

어쨌든 지금으로선 상상할 수도 없는 일이지만, 한국도 한때는 미국의 침략에 맞서 분연히 들고 일어났던 때가 있었다. 이하응이 그 주역이었다. 1871년 미국의 조선 침략에 대한 서울대학교 외교학과 김용구 명예교수의 평가를 보자. 김용구는, 이 사건은 '침략'이지 결코 '전쟁'이 아니라는 점을 특히 강조한다.

해적선 제너럴셔먼호의 소실 사건을 응징한다고 미국 정부는 조선 침략을 단행한다. 1871년 6월 10일부터 시작된 미 해군의 '48시간의 전투'의 결과로 사살된 조선인은 350명 전후에 이르고 있다. 이 전투는 '19세기 동안 미국이 동양 국가에 대한 군사 작전 중 가장 큰 규모'였으며, **조선인의 죽음은 1899년 필리핀 반란 사건 이전에 미국인이 동양인을 살육한 행위 중 가장 많은 숫자였다.** 이 전투에 참가한 대부분의 미국 장병들은 남북전쟁의 경험을 갖고 있었으나 그때에는 그들이 총질의 맛을 알기에는 너무나 어렸다. 이제 강화도에서 그들은 총질의 기회를 얻으려고 혈안이 되어 있었으며, **많은 조선인들은 마치 '토끼처럼 사살'되었다. 이런 살육 행위를 당시 〈뉴욕헤럴드〉는 "이교도와 치른 우리의 조그만 전쟁"이라고 미화하였다.** 이 불행한 사건으로 조선-미국의 수호 조약 체결은 10년을 더 지체하게 되었다. 조선은 약탈 제국주의의 침탈로 서양 국제 사회와 평화롭게 조우할 수 없었다. 김용구著, 『세계관의 충돌과 한말외교사』, 129~130p, 문학과지성사刊.

미국 보호무역 세력의 서진정책

당시 미국 정세를 보자. 1861~1869년 미국은 링컨 행정부와 존슨 행정부를 거치면서, 내전남북전쟁을 통해 '자유무역 세력'을 찍어 눌렀다. 그리고 보호무역에 의한 공업화정책 노선을 선택했다. 또한 미국은 1869년 대륙 간 철도를 완성시켜 캘리포니아와 태평양을 거쳐 '서진西進정책'의 발판을 마련했다. 이때부터 자국은 개방하지 않으면서, 상대국을 개방시키는 미국의 돈벌이 외교는 하나의 전통으로 굳어진다. 그래서 미국이 잘사는 것이다. 자국 시장은 개방 안 하고, 다른 나라는 자유무역이라는 논리로 개방시키고, 거부하면 전쟁으로 개방시키고 공사관을 설치하여 내정에 개입하는 것.

미국 외교의 근간 – 미국의 예외성

미국 외교의 근간은 바로 '미국의 예외성'과 '미국적인 것'이다. 서진정책을 입안한 미 국무장관 윌리엄 스워드William Seward의 이름을 따서 '스워드 독트린'이라고도 한다. 이게 뭔가? 쉽게 말하자면 미국만이미국의 예외성, 힘으로 뭉갤 권리미국적인 것가 있다는 뜻이다. 그 권리는 누가 주었나? 신으로부터 부여받았다는 것이다. 이게 미국의 논리다. 대단히 단순 무식한 깡패 논리지만, 이게 아직도 세계를 지배하는 논리다.

오늘날도 마찬가지다. 부시 행정부의 외교정책을, 기독교 근본주의, 군사주의, 미국 우월주의, 미국 우월주의의 연장선상에서 미국 예외주의라고 하지 않던가? 테러조직이나 깡패국가가 미국과 국제사회의 안보에 위협이 된다고 판단된다면 선제공격을 통해 이들을 파괴한다고 하지 않았던가? 이게 미국적인 것이고 미국의 예외성이다. "나는 보호무역 하겠지만, 너는 자유무역 해라_{관세 내려라}" 하고 말하는 것도 미국의 예외성이다.

하여튼 당시 존슨 행정부, 그랜트 행정부는 이러한 스워드 독트린이라는 배경하에서 조선 침략을 추진했다. 이렇게 미국에 침략당한 역사적 경험 때문에, 지금도 일본에 정박하고 있는 미 항공모함이 서해안으로 기어들어오면 북한이 식겁한다. 당연하지 않겠나? 게다가 지금은 동족인 대한민국까지 미국에 가담하고 있지 않은가? 북한의 공포는 더욱 큰 것이다.

민씨 정권(민당閔黨)

나이트 죽순이 민자영과
최악의 세도정권

우유부단한 고종과 고종의 정치 고문 민자영(민비)

1873년 면암 최익현의 상소로 이하응은 실각하고, 22세 고종 이재황이 친정을 시작한다. 귀가 얇고 우유부단했던 이재황은 마누라 민자영 양을 비서실장 삼아 마누라의 지시와 자문을 받으면서 정국을 운영한다. 민자영 양은 전국의 민씨 형제들을 다 긁어모은 후, 안동 김씨당의 뒤를 이어 민씨당閔黨을 창당, 당 총재로서 벼슬장사에 나섰다.

민자영. 여흥 민씨. 1851년 경기도 여주 출생. 1866년 사실상 대통령 이하응1820년생에 의해 대통령 이재황 군1852년생의 부인으로 낙점되었다. 이하응은 외척의 발호를 발본하겠다는 의지로, 안동 김씨 김병문의 딸과의 정혼을 파기하고, 한미한 집안의 처녀 민자영 양을 며느리로 들였다.

그러나 이것이 제 발등을 찍는 꼴이 되고 말았다. 천하의 영악하고 권력욕이 강한 여자가 바로 민자영 양이었다. 명성황후로 흔히 알려져 있으나, 나는 자영이 또는 민 양이라고 할 것이다.

고종의 할머니도 여흥 민씨, 고종의 엄마도 여흥 민씨, 고종의 마누라도 여흥 민씨

이하응의 부인, 즉 고종 이재황 군의 엄마는 여흥 민씨_{부대부인}였다. 그런데 며느리 민자영 양도 여흥 민씨다. 웃긴 건 고종의 외삼촌_{즉 이하응의 처남}이 민승호였는데, 이 민승호가 민자영의 양오빠로 입양이 된 것이다. 양자_{養子}는 술자리에서 의형제 맺는 것과는 차원이 다르다. 양자 입적은 법적인 혈연관계를 창설하는 '무거운' 행위다.

정리해 보면, 민자영 양의 양오빠가 민승호, 민승호의 친누나가 고종의 엄마인 부대부인이다. 그렇다면 민자영 양과 부대부인은 자매가 된다. 결국 고종 이재황은 이모와 혼인을 한 꼴이다. 더 웃긴 건 이하응의 엄마도 여흥 민씨였다는 것이다. 그러니 3대에 걸쳐 여흥 민씨 며느리를 들인 셈이다. 나로서는 이해할 수 없는 부분이다. 여기서 끝이 아니다. 고종의 아들 이척_{훗날 순종}도 여흥 민씨와 혼인했으니, 이하응 집안은 무려 4대에 걸쳐 여흥 민씨 집안 며느리를 들인 셈이다.

민자영, 전국의 민씨들을 긁어 모으다 – 민당_{閔黨} 창당

자영이는 1867년 재황이와 혼인하자, 오빠 민승호를 동원하여 전국의 민씨들을 다 모았다. 이하응은 자신의 처남 민승호가 자영이를 잘 통제해서 외척의 발호를 막아 줄 것으로 생각했으나 오산이었다. 물보다 피가 진하지 않던가? 이 민승호라는 놈이 매형이하응보다는 여동생 자영이에게 붙어, 우주 최강 울트라 캡숑 세도정치를 했다.

동네에서 딱지치기하다가 대통령된 것으로는 재황이나 자영이나 마찬가지다. 찢어지게 살다가 그야말로 벼락출세한 것이다. 권력의 정통성은 땅에 떨어졌다. 게다가 정치나 잘했나? 이렇게 찢어지게 가난하게 살다가 권력을 잡으면, 대개 권력놀음에 푹 빠지기 마련이다.

이때 민자영 양이 불러들인 민씨들을 보자. 민자영의 아버지 민치록의 10촌 형제들인 민치구, 민치서, 민치억, 민치삼, 민치오 등과 이들의 자식들인 민태호閔台鎬, 민겸호, 민자영민비, 민규호, 민태호閔泰鎬, 민두호, 민관호, 민철호, 민상호, 민준호 등과 또 이들의 자식들인 민영익, 민영환, 민영찬, 민영소, 민영휘휘문고 설립자, 민영위, 민영달, 민영목, 민영린, 민영기, 민응식 등등, 이들이 최신 세도정치 기법을 도입해서 나라를 아주 그냥 골로 보내버렸다. '치'자 돌림 형제들이 10촌 간이니, 그 아래 '호'자 돌림 형제들은 12촌이 되고, 그 아래 '영'자 돌림 형제들은 14촌이 된다. 자영이가 가까운 피붙이가 없다보니 10촌 형제들을 겨우 긁어모아서 세력화한 것이다.

골품제만도 못한 민씨 국가
- of the 민씨, by the 민씨, for the 민씨

여기에 '츠키다시'로, 이하응의 형 이최응과 이하응의 맏아들 이재면도 끌어들였다. 이최응은 성격이 쫀쫀해서 동생 덕에 벼락출세한 것도 모르고 이하응을 늘 시기했다. 더 한심한 것은 이하응의 맏아들 이재면이다. 이재면은 아버지 이하응이 동생 이재황만을 이뻐하는 것에 불만을 갖고 있었다. 적의 적은 동지 아니던가. 이최응과 이재면은 각각 조카며느리_{이최응}, 제수씨_{이재면}에게 붙었다. 이하응도 수신제가는 못했나 보다. 민 양은 이들 '민씨들과 그 아이들'에게 모두 요직을 부여하여 전국의 뇌물을 알뜰하게(?) 긁어모았다. 골품제만도 못한 왕권국가였던 것이다.

민 양은 남편 고종이 스무 살을 넘자, 친정을 하라고 부추기기 시작한다. 베갯머리 송사다. 큰아버지 이최응도, 형 이재면도 고종에게 붙어서 이하응을 밀어내고 친정을 하라고 부추겼다. 귀가 얇은 고종은 그러자고 한다. 민 양이 아이디어를 낸다. 민 양과 민승호는 책사를 최익현에게 보내 대원군의 실정을 상소케 한다. 그 뒤처리는 청와대에서 다 알아서 하겠다고 하면서 말이다. 부자 증세인 호포제 실시와, 수구 세력의 본산인 서원 철폐로 불만이 많았던 최익현은, 이를 받아들여 이하응을 향해 정계 은퇴를 권고한다. 그리고 민 양은 시아빠 이하응의 경복궁 출입문을 막아 버린다. 이렇게 고종과 민양의 친정이 시작된다. 정부 요직을 모두 '민씨 브라더즈'로 교체한다.

민당의 얼굴마담 이유원과
노블레스 오블리주를 실천한 유일한 가문 '우당 이회영'

민당 세도정권의 구색 맞추기 차원에서, 얼굴마담 총리_{영의정}로 한 자락 걸친 자가 있었으니, 바로 소론당_{少論黨} 출신 이유원이다. 이유원은 백사 이항복의 후손으로, 경기도 양주에 거주하면서 청와대로 출타할 때는 자기 땅만 밟고 다닐 정도로 큰 부자였다.

이유원은 아들이 없자, 같은 집안 이유승의 아들 이석영을 양자로 들여 대를 잇게 했다. 이유승의 아들들은 '건영, 석영, 철영, 회영, 시영, 호영'

이었다. 석영은 한일 강제 병합이 되자, 넷째 동생 회영의 주도로 집안 재산을 몽땅 처분하고, 만주로 독립운동을 하러 떠난다. 이들 '영'자 돌림 형제들이 재산을 판 돈은 오늘날 가치로 약 700억 원이 되었다고 한다.

이들은 재산을 미련 없이 처분하고 만주로 이동해서 신흥무관학교를 세우고, 독립군을 양성하여 항일 독립투쟁에 돌입한다. 이처럼 서인당 출신으로 '노블레스 오블리주'를 실천한 유일한 가문이 바로 우당 이회영 가문이다. 이들 영자 돌림 형제 중 5명이 독립운동을 하다 암살, 고문사, 병사했고, 유일하게 다섯째 '시영김홍집의 사위'만 살아남아 이승만 정권 하에서의 초대 부통령을 지낸다. 우당 이회영의 친손자가 바로 DJ 정권 하에서 국정원장을 지낸 이종찬과, 민주당 삼선 국회의원 이종걸이다. 당시 이회영 집안은 조선에서 서너 손가락 안에 드는 부자였다고 한다. 오늘날 우리나라에서 서너 손가락 안에 드는 부자 중에 이회영 집안 같은 재벌이 있을까. 이회영 집안은 존경받아 마땅한 집안이다.

민당, 자판기 권력 장사 – 최신 업그레이드 세도정치

자영이와 민승호는 권력을 잡고 본격적으로 벼슬 장사에 나섰다. 돈을 넣으면 벼슬이 튀어나오는 '오토매틱 자판기' 세도정치였다. 내재적 발전론자들 중엔, 이런 매관매직이 신분제를 무너뜨리는 긍정적인 기능을 했다고 주장하기도 한다. 내재적 발전론자들이 식민지 근대화론자들에 맞서서 우리 역사를 지키려는 노력은 가상하고 존경하지만, 이런 주장은 와닿지 않는다.

고종과 자영이는 이렇게 피땀 흘려 번 돈을 마음껏 뿌렸다. 아들의 건강이 나빠지자 무당을 궁궐로 불러 푸닥거리를 했다. 이때 전국의 명산과 유명한 절에 기도처를 만들고 무수한 재물을 뿌렸다. 심지어 무당을 금강산에 보내 1만 2천 봉우리마다 쌀 한 섬, 돈 100냥씩을 놓고 빌었다는 말이 떠돌았다.

술과 노래와 춤을 사랑한 야행성 부부 고종과 자영이

고종과 자영이는 음주가무를 좋아했다. 밤마다 연예인들을 청와대로 불러 춤추고 놀았다. 배우와 룸살롱 마담기생과 가수판소리꾼를 좋아했고, 특히 랩아리랑 타령을 좋아했다.

이들은 '야행성 부부'라, 밤새 연예인들과 청와대 나이트클럽에서 춤추고, 새벽에 잠들어 점심 나절에 일어나는 것이 일상이었다. 그래서 오전엔 늘 휴무였다대원군을 주제로 한 드라마를 보면 이런 장면이 꼭 나온다. 나라 꼴이 오죽했겠는가? 따라서 장관들도 오전 내내 널널하게 시간을 때우곤 했었다. 또한 자영이는 원조 '럭셔리 걸'이었다. 없는 것들이 꼭 럭셔리 밝히지 않나. 버스 타고 다니는 것들이 꼭 차 따지듯이 말이다. 자영이도 럭셔리한 것을 너무 밝혀서, 나중에 러시아대사 부부는 자영이를 쉽게 친러파로 끌어들인다. 이이화의 주장과 김기진의 장편소설 『청년 김옥균』의 묘사를 잇따라 보자.

> 이로 해서 수천금을 썼다. **이하응이 10년 동안 저축하여 내수사에 간직한 돈과 호조, 선혜청의 창고는 1년이 못 돼 깡그리 비었다.** 이이화著, 『한국사 이야기17』, 213p, 한길사刊.

그 전 세월이나, 그때나, 나라를 다스리는 자는 문벌 좋은 양반이라야 하였던 것은 물론이었으나 더욱 이동안 십 년간은 민씨 일족에 가까운 사람이 아니고서는 높은 지위에 오르지 못하였고, 대관들은 재물을 받고 벼슬을 팔았으며 만기萬機 임금의 일을 뜻함는 민비가 스스로 재단하여 고종 전하는 이름만 왕위에 있었을 뿐, 나라의 정사가 죽이 되는지 밥이 되는지 알지 못하시는 형편이었다. **그런데다 민비는 유흥하는 것을 좋아하시었다.** 복술이 용하다는 자를 불러 점을 치기와 노래를 잘한다는 자를 불러 가무를 구경하기와 명산대천에 신령하다는 곳을 찾아 기도를 드리기와 짠지패산타령패를 뜻함를 불러들이어 놀음을 놀리면서 음식과 돈을 산같이 쌓아 놓고서 그것을 흐트러 주기에 밤을 낮으로 삼는 것이 정치를 하는 것보다도 더 중요한 일이 되었다. 그리하여 궁중의 연락宴樂 잔치를 뜻함이 끊어지지 아니하고, 먹다가 남아서 내어다 버리는 음식이 광교 다리에 허옇게 널리어 있어 오고 가는 개들은 포식을 하건마는, 조선 팔도의 죄 없는 백성들은 배 창자를 주리고 있는 형편이었다. **환락을 즐기는 민비의 사치하시는 비용은 팔도의 지방관을 팔아서 들이는 돈으로 충당하였고** (⋯) 김기진作, 「청년 김옥균」, 42p, 문학사상사刊.

임오군란 때 군바리 월급을 괜히 못 준 게 아니다. 다 이런 이유가 있었던 것이다. 평생, 파티와 굿으로 재정을 물 쓰듯 펑펑 쓰고 외세에 의존하면서 '청와대 나이트 죽순이'로 살다가 일본 양아치들에게 칼 맞아 죽었다. 그게 자영이다.

내가 조선의 국모다?

애가 나오는 영화나 뮤지컬에선 꼭 "내가 조선의 국모다!" 하고 외친다. 나는 이렇게 말해주고 싶다. "어쩌라고?" 자영이를 긍정적으로 평가하는 사람은 일제에 저항했고 탁월한 외교적 역량을 펼쳤다고 주장하나, 아무 원칙도 없이 이놈 끌어들여서 저놈 막고, 저놈 끌어 들여서 또 다른 놈 막는 게 무슨 외교술인가? 그것도 오직 '자신과 민씨 집안의 부패한 권력 욕구'를 위해서 말이다. 신용카드 돌려막기 한다고 '금융의 달인'으로 부르는 것과 똑같은 소리다. 본인은 자기 스스로를 외교술의 대가라고 흐뭇해 하며 살았는지는 모르지만, '자뻑공주'에 불과했다. 당시 청와대를 드나들던 원세개청, 위안스카이, 이노우에일, 베베르러, 알렌미 등은 명품이라면 환장하는 민비에게 수많은 명품을 안기면서, 때론 회유하고 때론 협박하면서 수많은 조선의 이권을 갈취했다.

그나마 자영이가 운이 좋은 건, '일본' 애들한테 죽었다는 것이다. 우리 5천만 민족이 유일하게 합의할 수 있는 것이 바로 '쪽발이는 나쁜 놈' 정도 아니던가? 쪽발이에게 죽었으니, 그마나 마치 일제에 저항하다 죽은 것처럼 포장될 여지라도 있었지, 청나라 놈이나 미국 놈 손에 죽었으면 잘 죽었다고 했지 않았겠나?

정권을 잡은 자영이는 시아빠 이하응의 모든 정책을 뒤집었다. 그리고 한일 FTA강화도조약 체결에 나선다.

제 2 장

자유무역 체제 도입

망국을 향한 급행열차, 한일 FTA1876

잘못된 세뇌

난 한미 FTA를 반대한다. 서문에서 밝혔듯, 그 때문에 이 책을 쓰기 시작했고, 한반도 최초 FTA인 강화도조약 편에 많은 지면을 할애할 생각이다. 그래도 턱없이 부족하다. 보통 우리 국민들은 한미 FTA를 '통상'에 관한 조약이라고 이해하는 것 같고, 전문가들도 경제적 효과에 대한 논쟁에 치중하여 한미 FTA를 단지 '통상'에 관한 문제로 협애화하려 하는데, 이는 본질 호도책이다. 한미 FTA는 단순한 경제 문제도 아니요, 단순한 통상 문제도 아니다. 한미 FTA는 대내적으론 주권에 관한 문제요, 대외적으론 국제정치적 문제이다. 따라서 난 이 글에서 FTA가 갖는 정치적·역사적·국제정치적·사회적 의미에 집중해서 글을 썼다. 강화도조약과는 비교할 수 없을 정도로 그 개방의 폭이 큰 한미 FTA에 대해선 이 짧은 지면으로 설명할 수 없다. 한미 FTA의 개별 구체적 독소조항들과 문제점은 필자의 블로그의 '한미 FTA' 카테고리 글들을 참조하시라. http://blog.naver.com/smartguy68.

우리나라 사람들이, 가장 흔하게 그릇 인식하고 있는 것 중 하나가 바로 미국은 자유시장경제를 신봉하는 '자유무역' 국가라는 인식이다. 두 번째는 박정희도 자유시장경제주의자였고, 자유무역을 통해 수출을 증대했고, 그 결과 한강의 기적을 이끌었다는 인식이다. 두 가지 모두 잘못된 세뇌의 결과다.

미국은 자유무역 국가가 아니라 세계 제1의 보호무역 국가이고, 약소국에게 자유무역을 강요하는 국가이다. 박정희는 자유무역이 아닌 보호무역을 통해 한강의 기적을 일구었다. 이 점 미리 적어둔다.

19세기 제국주의의 침략 도구 – 치외법권과 자유무역(FTA)

또 한 가지 미리 밝혀 둘 것은, 19세기 말~20세기 초 서구 제국주의 역사는 총과 칼을 동원하여 아프리카, 아시아, 남미 국가에 대해 '치외법권治外法權'과 '자유무역FTA'을 강요한 역사다. 뒤집어 말하면 19세기 식민지란 치외법권과 자유무역을 '허용하는' 나라를 말한다. 식민지가 별게 아니다. 자국 영토에서조차 사법권을 전면적으로 행사하지 못하고치외법권, 전면 시장 개방을 허용하면협정관세 또는 무관세, 그게 식민지다. 이처럼 19세기 제국주의 침략의 핵심도구가 바로 '치외법권'과 '자유무역'이다. 서울대학교 역사교육과 김태웅 교수의 설명을 보자.

19세기 불평등조약체제는 서구 자본주의 열강이 **상품과 자본 수출의 장벽을 제거하기 위해 자유무역을 내세우며** 그에 저항하는 아시아 아프리카 국가에 불평등조약을 강조함으로써 조약 **당사국의 각종 주권을 제약**하는 국가간 조약체제이다. 김태웅著, 『새로운 한국사 길잡이』 제3판, 115p, 지식산업사刊.

강대국이 후진국에게 치외법권과 자유무역을 강요하는 본질은 오늘날도 똑같다. 다만 그 방법이 19세기 말보다는 덜 무식하게, 가급적 세련되게, 되도록 간접적 방법을 취하는 것이 차이라는 것도 미리 밝혀 둔다. 또 결론을 미리 말하면 우리는 1876년 한일 FTA강화도조약에서도 치외법권과 자유무역을 허용했고, 2011년 11월 22일 한미 FTA에서도 간접적 치외법권ISD: Investor-State Dispute Settlement 제도과 자유무역을 허용했다.

한반도 역사상 최초의 FTA – 강화도조약

의외로 많은 국민들은 강화도조약이 FTA 조약이라는 사실을 모른다. 강화도조약은 호랑이 담배 피던 시절의 얘기고, 오늘날 한미 FTA, 한EU FTA와는 전혀 별개의 것으로 생각한다.

강화도조약은 조선이 최초로 맺은 FTA 조약이었다. 강화도조약뿐 아니라 1880년대 이루어진 조미 수호통상조약朝美修好通商條約, 조영 수호통상조약, 조독 수호통상조약, 조러 수호통상조약 등이 모두 FTA 조약이다. 영국이 중국을 강제 개방시킨 남경조약 역시 FTA 조약이다. 프랑스가 베트남을 강제 개방시킨 사이공조약 역시 FTA 조약이다. 미국이 일본을 강제 개방시킨 미일 수호통상조약 역시 FTA 조약이다. 이들 명칭에서 알

수 있듯, 수호修好는 '나라와 나라가 서로 사이좋게 지낸다'는 뜻이므로 수식어에 불과하고, 내용은 모두 '통상' 조건에 관한 조약이다. 무역장벽을 없애자는 조약이니, 오늘날 FTA에 해당한다. 우리는 국사 시간에 이를 '서양 열강과의 수교'라고 배웠다.

문제는 이 FTA라고 진화 안 하겠나? 19세기 FTA보다 훨씬 세련되고 악랄하게 진화한 것이 바로 오늘날 미국식 FTA이다. 오늘날 한미 FTA 조약이 문제되는 것도, 자유무역을 빙자한 침략성 때문이다. 이 문제는 계속 후술할 것이다.

개방과 침략은 한 끗 차이 – 그래서 신중, 신중, 신중해야 한다

민씨 세도정권은 집권 3년도 안 된 1876년 강화도조약정식명칭은 조일수호조규으로 알려진 한일 FTA 조약을 체결한다. 강화도조약의 본질은 '자유무역', 즉 개방이다. 한 나라에 있어 개방은 어떤 의미를 갖는가? 브루스 커밍스와 이이화의 견해를 잇따라 보자.

개방이란 무엇을 의미하는가? 개방은 계몽을 의미하기도 하며, **자유무역을 의미하기도 하며, 이념적 입장을 의미하기도 하며, 예속을 의미하기도** 한다. 조선의 경우, 일본과 서구에 대한 개방은 이들 모두를 뜻한다. (…) 오늘날 미국은 북한 개방을 그들의 과제로 삼고 있다. Bruce Cumings著, 『Korea's Place In The Sun』, 94~95p, Norton刊.

유럽은 한창 신대륙에서 방향을 돌려 시장을 찾아 아시아로 발길을 돌리는 중이었다. 그들은 "왜 아시아로 가는가?"라고 물으면 "스파이스와 영혼을 위해서"라고 대답하였다. 아시아 여러 나라의 정보를 빼내 시장을 확보하고 기독교로 무장시켜 식민지로 만들겠다는 것이다. 이 처럼 **유럽인은 무역과 식민지, 기독교와 선교사를 한 개념으로 여겼다.** 이

이화著,「한국사 이야기15」, 204p 한길사刊.

이처럼 자유무역은 제국주의 침략도구였다. 21세기판 성리학인 미국 경제학에 세뇌된 신자유주의자들 눈에는 자유무역이 무릉도원일지 몰라 도, 역사적 진실은 침략 수단이었다.

인류 보편적 상식에 어긋난 강화도조약

남의 나라에서 '장사'를 하는 경우에는 어떤 부담을 각오해야 할까? 국제법학이나 국제무역학이나, 경제학이나, 종교학이나, 학문적 논증 이 전에, '인류 보편적 상식'에 비추어, 두 가지만 생각해보자.

남의 나라에 가서 장사를 하려면, 첫째, 현지국의 법과 관습을 존중해 야 한다. 로마에 가면 로마법을 따라야 하는 것이고, 미국 가면 미국법을 지켜야 하는 것이다. 직장에 출근하면 아무리 집에서는 공주 대접받는 귀여운 딸이라도 '출근 모드'로 변신해야 한다. 서울 가면 서울 풍습 존 중하는 것이고, 평양 가면 평양 풍습 존중해 주는 것이다.

미국에서 사업하는 한국 사람이, 문제가 생길 때마다 "대한민국에선 이렇게 하니까 대한민국 법대로 하겠다"고 우긴다면, 현지 미국 놈들이 뭐라고 하겠나? '미친놈'이라고 욕만 하고 넘어가면 다행이고, 총 맞아 죽어도 할 수 없다. 이처럼 남의 나라에 가서 법적 분쟁이 생겼을 때, 그 나라 현지법이 아닌 '본국법' 대로 하겠다고 우긴다면, 미친놈 소리 듣는

다. 하물며 국가가 나서서 그걸 강요한다면, 그것은 곧 침략이고 전쟁이다. '로마에서도 내 마음대로' 할 생각이라면, 남의 나라에 가서 장사를 하지 말아야 한다. 이게 5000만 국민의 상식이며, 나아가 인류 보편적 상식이다.

두 번째, 다른 나라에 물건을 팔려면 '세금관세'을 내야 한다. 그 나라에 물건을 팔기 위해 사용하는 사회적 인프라에 대한 댓가다. 이것은 장사의 세계에선 어디든 있다. 분식점을 하나 내더라도 권리금이 있지 않은가? 해외 수입물품에 대해 관세를 부과하는 것은 국가주권의 표현이며 관세주권이라 한다, 수출국에게는 수입국의 주권을 존중한다는 '증거금'이다. 관세 내기 싫으면 수출 안 하면 그만이다.

식민지 전사, 한일 FTA 조약
– 일본에게 치외법권과 자유무역(무관세) 허용

조선처럼 쇄국 500년을 지속한 나라도, 하루아침에 뚝딱 식민지로 전락하진 않는다. 식민지로 전락하는 전사前史가 있기 마련이다. 조선이 일제 식민지로 전락한 직접적 전사가 바로 한일 FTA 조약이다1876. 강화도조약으로 조선 '접수'를 위한 기반을 다진 일본은, 갑신정변1884 → 갑오경장1894과 을미개혁1895 → 을사늑약1905을 거쳐 30년 만에 조선의 외교권을 강탈하고, 35년 만에 매국에 합의한다1910

강화도조약은 위에서 언급한 두 가지 상식에 대한 배반이다. 강화도조약의 핵심 내용은 세 가지다. ① 조선은 독립국이라는 것, ② 치외법권을 허용한다는 것, ③ 인천, 원산, 부산을 경제자유구역으로 설정하고 무관세 및 일본 화폐 유통을 허용한다는 것. 기타 자세한 조항 해설은 서울대학교 외교학과 김용구 명예교수의 『세계외교사』를 참조.

① 조선이 독립국이라고 한 것은, 남의 것을 뺏기 위한 사전 정지작업이다. 즉 "조선은 청나라 것이 아니라 주인 없는 물건이다" 하고 선언한 것이다. 이는 조선의 종주국을 자처하는 청나라에 대한 도발이기도 했다.

② 치외법권을 허용한다는 의미는, 조선땅에 거주하는 일본인이 조선(인)과 법적분쟁이 생기면 일본법을 적용하겠다는 뜻이다. 한마디로 "조선에서도 내 마음대로 하겠으니 막지 마라"는 뜻이다. 이처럼 "남의 나라에서도 내 마음대로 하겠다"는 땡깡을, 전문용어로 치외법권영사재판권이라 한다. 이것이 식민지의 핵심 중 핵심조항이다.

③ FTA의 전가보도인 무관세는 경제적 침략과 종속을 의미한다. 이로서 조선은 관세주권을 상실하고 만다. 당시의 상황을 보자.

> 이 강화도조약의 체결로 일본 상인들은 **"돈 벌러 부산으로 가자, 조선을 몽땅 차지하자"**고 외치며 가족을 데리고 부산으로 달려왔다. 부산 항구에는 일본 기선이 뻔질나게 드나들고 시장에는 일본 상품이 흘러넘쳤다. 이이화著, 『한국사 이야기17』, 237p, 한길사刊.

제국주의는 어느 나라든 똑같다

1842년 8월 29일 체결된, 영국·청나라 간 난징조약南京條約을 보자. 청나라의 개방 반대를 인류 역사상 가장 추악한 전쟁아편전쟁으로 박살낸 영국은, 난징조약을 맺어 청나라를 개방시켰다. 그 핵심은 두 가지, 치외법권인정영사재판권 인정과 자유무역FTA이었다. 그 외 약방 감초처럼 들어간 조항이 바로 최혜국대우, 토지임차권, 교회설립권 등이다. 이들 조항은 '합법적 침략 도구' 였다.

1844년 7월. 미국은 난징조약과 똑같은 내용의 조약을 중국과 맺었고 왕샤望夏조약, 프랑스도 뒤질세라 1844년 10월 난징조약과 똑같은 내용의 조약을 맺었다황푸黃埔조약. 이들 영국, 미국, 프랑스의 침략 프로세스는 국화빵처럼 똑같다. 어떻게?

일단 마약, 해적, 가톨릭 신부 혹은 목사, 인권人權 등과 관련한 조작된 사건으로 전쟁을 일으킨다. → 그 전쟁에서 승리한 후, 배상금이나 영토의 할양을 요구한다. 필요 시 군대를 주둔시킨다. → 그리고 궁극적으로 치외법권과 자유무역FTA을 쟁취한다. 이게 정해진 틀이었다. 이렇게 '성경'과, 애덤 스미스의 '보이지 않는 손' 이론과, '총칼'을 들고 아시아를 식민지화했다.

이처럼 난징조약, 왕샤조약, 황푸조약, 미일 수호조약1858, 사이공조약1862, 강화도조약1876이 거짓말처럼 똑같다. 당시 중국 상황에 대한 성공회대 김명호 교수의 언급을 보자.

서구 열강들은 불평등조약을 강요했다. 조약마다 "중국에 온 선교사들을 보호하고, 이들의 자유로운 선교를 보장하며, 예배당 신축을 허락한다"는 대목이 빠지지 않았다. 전국의 중소 도시는 물론 시골 촌구석까지 교회가 들어서기 시작하더니 청일전쟁 이후에는 4,000여 개로 증가했다. 중국에 몰려온 서구의 선교사 중에는 일확천금이 목적인 엉터리들이 많았다. **불평등조약에 의지해 온갖 특권을 누리며 교회 신축을 빙자해 토지를 강점**했다. 지방 정부는 완전히 이들의 밥이었다. 동서남북 할 것 없이 현지인들과의 충돌이 빈번했지만 정부는 '교회를 보호하고 민중의 불만을 억누르는' 정책을 견지했다. 중국인 신자들 중에도 서양인

선교사들을 믿고 엉뚱한 행동을 하는 사람이 많았다. 〈중앙선데이〉, 2009. 10. 25.

강대국의 약소국 침략을 위한 '사건 조작'은 늘 존재했고, 오늘날도 마찬가지다. 베트남전쟁을 위해 미국은 '통킹만 사건'을 조작했다. 이라크전쟁도 공식 발표는 없지만 대량살상무기의 존재를 조작했음을 나는 확신한다. 미국이 북한도 강제 개방을 시키려고 하는 것도, 좋게 말하면 개방이고 나쁘게 말하면 침략이다. 그래서 지금도 미국이 중국이나 북한의 인권상황을 문제 삼으면, "니들이나 잘하라"고 격하게 반발하는 것이다.

국제사회에서 남의 나라 인권 운운하는 것은, 곧 침략의도로 해석된다. 여기서 조금 더 나가면 국제정치적 분쟁을 조작하는 것이다. 그래서 역사나 국제정치를 조금이라도 아는 사람이라면, 뉴라이트들처럼 북한 인권이 어쩌고저쩌고 공개적으로 떠들지 않는다. 그것은 상황을 더욱 악화시키고 전쟁을 촉발할 수 있기 때문이다. 살고 싶은 대로 살게 해 주는 것이, 개인에게는 최고의 인권 보장이요, 국가에게는 주권 존중인 것이다. 그렇게 북한 인권이 걱정되거든 남아돌아서 썩는 쌀이라도 정부가 남북협력기금으로 매수해서 북한에 지원해 주기 바란다.

강화도조약(1876. 2. 26) II
당시 서구 열강 정세

▎영국은 왜 자유무역을 추진했을까 – 자국 제조업 세력 보호를 위해

그렇다면 당시 세계 최강 침략자 영국, 미국 등은 왜 이렇게 열렬하게 자유무역FTA을 추구했을까? 당시 런던으로 가 보자. 영국은 1500년대 후반부터 보호무역을 통해 자국의 제조업을 적극 보호했다. 산업스파이를 고용하여 선진국주로 벨기에, 네덜란드의 기술을 훔치고, 기계 자체를 훔치고기계 자체에는 기술이 녹아들어 있기 때문이다, 기술자를 훔치고, 막대한 보조금을 지급하고, 선진국 제품 못 들어오도록 관세를 높이고, 쿼터제 실시하고, 할 수 있는 짓은 다 했다.

그렇게 200년 넘게 보호무역정책을 하다 보니, 영국은 어느새 세계 제일의 제조업 국가가 되었고, 그 탄력으로 산업혁명까지 주도하게 된다.

산업혁명으로 제조업이 눈부시게 발달하자, 신흥 자본가들이 성장했고, 이들은 전통 부자인 지주Gentry들과 '밥그릇 싸움'을 벌이게 된다.

영국판 전경련 사무총장, 데이비드 리카도

이때 신흥 제조업자 세력이 대표선수로 내세운 자가 바로 경제학자 데이비드 리카도David Ricardo였다. 그는 신흥 제조업자의 이데올르그였다. 오늘날 우리나라로 치면 전경련 사무총장쯤? 그는 제조업 발달을 위해서는 더 싼 노동력이 필요했고, 싼 노동력을 위해서는 쌀값 인하가 필요했고쌀값이 싸지면 생활비가 덜 들어 임금을 덜 줘도 된다, 그래서 곡물법 폐지를 주장했다. 곡물법은 수입곡물에 대해 고율의 관세를 부과하여, 싼 곡물의 수입을 막아 지주의 이익을 보호=농업보호하는 법이었다.

지주와 신흥 제조업자는 토리당과 휘그당으로 나누어 대립했으나, 흐르는 세월을 막을 수 있나? 결국 신흥 제조업자의 승리로 끝난다. 지주들을 보호해 주던 '곡물법'이 폐지되고1846, 싼 곡물이 밀려들어와 지주들은 몰락하며, 논밭에는 공장이 들어서고, 너도 나도 '공돌이 공순이'로 변했고, 그로 인한 싼 임금 덕에 제조업은 더욱 발전한다. 영국은 '세계의 공장'으로서 수많은 공산품을 찍어낸다. 물건을 찍어냈으니 이제 내다 팔기만 하면 된다. 이제 이들에게는 물건을 사줄 '시장'이 필요했다.

데이비드 리카도가 고안한 강자의 논리 - 비교우위론

이때 데이비드 리카도가 곡물법 폐지와 자국 공산품 판매 시장 확대를 위해 코피 터지면서 짜낸 강자强者의 논리가 바로 그 유명한 비교우위론이다. 이처럼 자신들의 정치적 이익을 관철시키기 위해 끼워 맞춘 이론이다. 우리나라 경제학자들은 비교우위론을 성경 말씀처럼 떠받들지만, 비교우위론은 만고불변의 불편부당한 중립논리도 아니요, 자연법칙도 아니요, 철칙은 더더욱 아니다.

비교우위론을 쉽게 설명하면, 한 국가가 '핸드폰'과 '쌀'을 모두 생산할 것이 아니라, 둘 중 비교우위에 있는 어느 한 분야에만 집중하고, 나머지는 수입하는 것이 교역 당사국 모두에게 이익이라는 해괴한 이론이다. 즉 핸드폰만 만들고 쌀은 수입해 먹든지, 아니면 쌀만 생산하고 핸드폰은 수입해 쓰든지, 둘 중 하나를 선택하라는 거다. 그러나 진실은 리카르도의 주장과 달리 핸드폰도, 쌀도 모두 자체 생산하는 나라가 강국이다. 미국, 일본, 독일처럼 말이다. 리카도가 짜낸 비교우위론은 오늘날까지도 살아남아 강대국이 후진국을 벗겨먹기 위한 '자유무역'의 강력한 논거로 활약 중이다.

영국은 제조업자들을 앞세우고, 한 손엔 리카도의 '자유무역 이론 교과서' 들고, 다른 한 손에는 '성경' 들고, '총칼' 들고, 식민지 침략에 나선다. 이러한 1850년대 영국의 상황을 세계사 교과서에서는 '자유무역 운동'이라고 적고 있다. 차하순著, 『서양사총론2』, 808p 이하, 탐구당刊. 또한 "이는 산업자본의 승리와 자유방임주의의 확립을 뜻하는 것으로서, 영국은 이제 완전한 자유무역 국가가 되었다"고 설명한다. 민석홍著, 『서양사개론』, 1판, 530p 이하, 삼영사刊.

패권국가는 후진국에 자유무역을 강요한다

그러나 이를 자유무역 운동이라고 하는 것은, 서양 애들의 주장을 앵무새처럼 번역한 서양식 분석에 불과하다. 오히려 그 반대다. 그들이 후진국에게 자유무역을 강요하며 시장 개방을 요구한 역사는 있을지언정, 자국 시장을 개방하여 자유무역을 한 경험은 없다. 그들은 일관되게 보호무역을 했고, 다만 보호의 대상이 쌀이냐 공산품이냐의 논쟁만 있었을 뿐이다. 쌀이 경쟁력이 있을 때는 쌀을 보호했지만곡물법, 공산품이 경쟁력이 있을 때는 공산품을 보호한 것이다곡물법 폐지. 영국은 완전한 자유무역 국가가 된 것이 아니라, 후진국에게 자유무역을 '강요'하는 국가가 된 것이다.

요컨대 영국의 곡물법 폐지와 미국의 남북전쟁의 의미는, '농업에 대한 보호무역 국가에서, 제조업에 대한 보호무역 국가로 전환'을 의미한다. 영국과 미국은 모두 이처럼 보호무역을 통해 세계 제1의 제조업 국가가 됐다. 제조업이 발달하니 이를 뒷받침할 법률, 회계, 금융 등 고급 서비스업도 발달했고, 또 제조업이 발달하니 자연스럽게 침략무기도 발달했고, 결국 패권국가가 됐다.

사실 영국은 자신들이 최강대국일때만 '자유무역'을 주장했다. 애덤 스미스는 국부론에서 "미국이 제조업에 대한 보호무역을 시도하는 것은 중대한 실수"라면서 '자유무역'을 주장했다. 그러나 미국은 애덤 스미스와 데이비드 리카도의 주장을 일축했다. 1820년대 미국 경제계를 지배한 금언이 바로 "영국의 '주장'을 따를 게 아니라, 영국이 '했던 방식'을 따라야 한다"는 것이다. 미국 애들은 똘똘했다. 이렇게 미국은 '보호무역'에 전력을 쏟았다. 우리도 '부자 나라'가 되고 싶다면, 미국의 '주장FTA'을 따를 게 아니라, 미국이 국민소득 2만 달러 시절 '했던' 방식보호무역을 따라야 한다.

1840년대 당시 상황을, 2008년 뮈르달 상에 빛나는 에릭 라이너트Erik

S. Reinert의 글을 통해 보자.

> 교환 경제이론은 1760년대 프랑스 중농주의자에 의해 처음으로 지배적 이론이 됐다. 두 번째 지배적 담론이 된 시기는 바로 1840년대였다. 이 시기 영국은 농산물에 대한 수입관세를 폐지하여 싼 임금으로 제조업 노동자를 고용할 수 있었고, 동시에 다른 국가즉 식민지를 뜻함의 보호무역을 중단시켰다. 경제에 존재하는 모든 규제를 철폐하면 사회적 불평등은 해소될 것이라는 게 그들의 믿음이었다. 그러나, (오히려) 이것은 세계를 더욱 불안하게 했다. (중략) **역사에서 1840년대와 1990년대만큼 닮았던 시기도 없다. 이들 두 시기는 오직 '시장**market'**만이 조화와 발전을 보장한다는 믿음이 가장 강렬했던 시기다. 1840년대는 위와 같은 현상을 '자유무역'이라 불렀는데, 1990년대는 이를 '세계화'라 칭한다.**
>
> ERIK S. REINERT著, 『HOW RICH COUNTRIES GOT RICH and WHY POOR COUNTRIES STAY POOR』, 55~56p 요약, PublicAffairs刊.

공산품을 사 줄 시장이 필요했던 강대국

이러한 국내 정치적 상황하에서 영국과 미국은 물건을 사 줄 시장, 즉 식민지를 찾아 나섰다. "니들은 니들이 경쟁력을 가진 쌀 농사나 바나나 농사에만 집중하고, 공산품은 우리 것을 수입하고, 그렇게 국제 분업을 하면, 니들도 우리도 모두 부자가 될 수 있다"는 '비교우위론'으로 사기치면서 말이다.

영국은 광활한 시장인 중국을 겨냥했고, 미국은 태평양을 건너 서진정책의 일환으로 일본을 주목했다. 그리고 영국과 미국은 자기들끼리는 보호무역을 통해 40~50%씩 관세폭탄을 유지하면서 아시아의 후진국을 향해서는 자유무역만이 살 길이라며, 시장 개방을 강요했다. 거부하면 마약을 팔았고, 그래도 말 안 들으면 사건을 조작해서 전쟁을 했다.

이러한 영국과 미국의 행태를 장하준은 '사다리 걷어차기'라고 일컫는다. 미국은 엄청난 '보호무역'을 통해 부자 국가가 되었으면서, 후진국을 향해서는 각종 경제학 이데올르그를 활용하여 '자유무역'만이 살길이라고 사기치면서 위로 올라오지 못하도록 사다리를 걷어찬다는 것이다. 여기에 세뇌된 얼치기 경제학자들이 대한민국에 지천으로 널렸다. 우리나라 수재들은 1, 2, 3, 4, 5번 찍으면서 눈치로 살아온 한평생이니 세뇌하기도 딱 좋다.

유럽과 미국이 오늘날도 얼마나 보호무역에 집중하는지, 그리고 어떤 경로를 통해 다른 나라에게 자유무역을 강요하는지, 그들의 이중적이고 위선적인 행태는 장하준 교수의 역작 『사다리 걷어차기』와 에릭 라이너트 교수의 『부자 나라는 어떻게 부자가 되었고 가난한 나라는 왜 여전히 가난한가』를 참조하시라.

미국 국내 정치적 상황 – 남북전쟁에서 보호무역 세력 승리

미국 링컨 행정부1861~1865는 제조업의 자유무역농업의 보호무역을 주장하는 남부 지주 세력을 전쟁을 통해 정리한다. 이게 남북전쟁이다1865. 자유무역이냐 보호무역이냐의 무역정책을 두고 타협이 불가능했던 미국은 전쟁까지 치른 것이다. 미국에 비하면 우리의 한미 FTA 찬반 논쟁은 참으로 온건하고 착한 수준이다. 링컨은 '노예 해방론자'라기보다는 '제조업 보호무역주의자'였다. 전쟁은 그들의 승리로 끝났다.

미국은 링컨 행정부 출범 전에 이미 국내 제조업을 보호무역으로 철저하게 보호한 후, 일본을 개방시킨다. 총칼과 성경을 들고 말이다. 이게 미일 수호통상조약이다[1858]. 미국에게 당한 일본은 미국이 자신들에게 했던 방법과 똑같은 방법으로, 그러나 더 악랄한 조건으로 조선을 개방시킨다[1876]. 제7차 한국근현대사 고등학교 교과서와 서울대학교 외교학과 김용구 명예교수의 평가를 잇따라 보자.

강화도조약은 조선의 주권을 침해한 불평등조약으로, 일본이 통상 교역의 **경제적 목적을 넘어 침략의 거점을 확보하려는 경제적, 군사적 목적**을 띠고 있었다. 이는 과거 일본이 미국, 영국 등과 맺은 불평등조약을 그대로 조선에 강요한 것이었다. 「한국근현대사」, 48p.

그러나 유럽공법은 실질은 가장 불평등하고 유럽 중심의 규범인데도 불구하고, 형식은 가장 평등하고 보편타당한 것으로 분식粉飾**돼 있었다.** 유럽공법에서 말하는 국가 평등원칙이라든지, 타국 내정 불간섭원칙은 현실의 정치세계에선 전혀 지켜지지 않는 원칙이었다. 이렇게 볼 때 19세기 유럽공법은 "지리적으로는 유럽을, 종교적으로는 기독교를, 경제적으로는 중상주의를, 정치적으로는 제국주의적인 목적을 가진 일련의 규칙들"이라고 특징지을 수 있다. 김용구著, 「세계관의 충돌과 한말외교사」, 64p, 문학과 지성사刊.

식민지의 반발

유럽과 미국의 19세기 말~20세기 초 '총칼, 해적, 깡패, 신부 또는 목사'를 동원한 식민지 점령은, 피식민지의 격렬한 반발과 수많은 인명 살상, 제1, 2차 세계대전을 초래했다. 게다가 교통과 통신의 눈부신 발달로 세계 여론 통제가 불가능해졌다. 그리고 무엇보다도 식민지를 운영하는 비용이 너무 많이 들었다. 그 결과, 그들 스스로도 "아! 이건 아닌게벼. 이건 너무 무식한 방법이야"는 자각에 이르렀다. 이런 시스템은 요즘 유행하는 말로 '지속가능한 시스템'이 아니었던 것이다. 그래서 서구 열강들은 치외법권과 자유무역을 얻기 위한 '세련된' 방법을 짜내기 시작했다.

알아서 기도록 만들자
– '글로벌 스탠다드'를 통한 문화적·심리적 영향력 확대

첫째, 총칼 대신, '자유, 인권, 테러, 종교'를 들이댄다. 무엇보다 정치적으로 섹시하다. 인권, 자유. ㅋ. 목사들의 선교 활동을 활용하는 것은 19세기나 지금이나 여전하다. 나아가 후진국 엘리트 유학생 수용을 통한 정치 문화적 종속에 힘을 쏟는다. 후진국 유학생들에게 21세기판 성리학인 '미국식 자본주의 경제학과 통상법'을 주입시키고, 그들은 본국으로 돌아와 앵무새처럼 미국의 논리를 설파한다. 미국 사람보다 더 미국 사람 같은 검은 머리 미국인을 양성하는 것이다. 이런 방식은 예전에도 존재했으나 1945년 이후에는 본격적으로 '대중화'된다.

이처럼 약소국의 고위 관료, 부잣집 자제들이 자발적으로 미국에서 유학한 후 미국의 각종 제도와 정치 경제적 이념을 수용한다면, 미국은 사실 문화적으로 이들을 세뇌 시킨 것이나 다름없다. 제국의 힘은 핵무기, 항공모함 등 군사력만을 의미하지 않는다. 힘을 사용하기 이전에 약소국 스스로 강대국의 의도를 파악하여 '알아서 기도록' 만드는 문화적·심리적 영향력이야말로 진정한 강대국의 징표인 것이다.

직접 치외법권 대신 간접 치외법권 추진(ISD 제도)

둘째, "남의·나라에서도 내 마음대로 하겠다"는 땡깡, 즉 치외법권을 '외견상' 폐기한다. 지들이 생각해도 너무 야만적이고 무식하고 거친 방법이었다는 반성적 고려가 있었기 때문이다. 그 대신 좀 더 세련된 주장을 한다. "남의 나라에서 법적 문제가 생기면 제3의 국제기구에서 해결하자"고 하여 UN, WTO, 세계은행World Bank 산하에 각종 재판 기구를 만든다. '간접적 치외법권'을 추구하는 것이다. 그중 하나가 바로 한미 FTA에서 수용한 투자자−국가직접제소제도ISD 제도이다.

그러나 이것도 웃긴 거다. 남의 나라에서 법적 분쟁이 발생하면 그 나라 법에 따라 처리하면 된다. 그게 상식이다. "로마에 가면 로마법을 따르라"고 하지 않던가? 그것이 상대국의 주권을 존중하는 것이다. 그걸 왜 '제3의 국제기구'에서 해결하나? 더군다나 공정한 제3의 국제기구라는 외피를 걸쳤지만, 사실상 미국 통제하에 있다는 것은 너도 알고, 나도 알고, 우리 모두 알고 있는 5000만 국민의 쌩기초 아니던가. '눈 가리고 아웅' 하는 것이다. 어쨌든, 예전처럼 대놓고는 안 하니까 발전은 발전이라고 해야 할까. ISD 제도의 문제점에 대해서는 필자의 블로그와 홍기빈의 『투자자−국가직접소송제』를 참고하시라.

1960년대 다자간 무역 → 1990년대 이후 1:1 FTA로 선회

세 번째 방법이 '1:1 자유무역' 재추진이다. 19~20세기 식민지 시절에 대한 반성으로 제2차 세계대전 후 제국들은 '다자간 합의'에 의한 자유무역을 추진했다. 이게 소위 GATT체제다. 그 이전처럼 총칼로 1:1 자유무역을 강요하는 양아치 짓은 그만하고, 관련 당사자 모두가 합의할 수 있는 수준에서 '떳떳하게' 자유무역 하겠다는 의지였다.

미국이나 영국이 손해를 보면서 왜 '다자간' 협상을 내세웠을까? 다자간 무역협상은 협상에 참여하는 국가가 여럿이므로, 1:1 FTA 협상보다는 개방의 폭, 속도, 범위가 현저하게 더딜 수밖에 없다. 이는 강대국인 미국에게는 큰 손해였다. 갑자기 얘들이 착해졌나? 에이, 세상에 그런 게 어딨나. 다 그럴 만한 '국제정치적 상황'에 처했기 때문이었다.

미소 냉전이 준 선물, 다자간 무역체제

우리 모두 알고 있듯, 제2차 세계대전 직후는 미국과 소련의 냉전으로 상징되는 자본주의 세력과 사회주의 세력 간 체제 경쟁 시대였다. 서구 열강의 제국주의에 저항해서 소련을 중심으로 한 사회주의 블록Bloc이 성립했고, 이들이 서구의 자본주의적 제국주의에 맞서는 상황이었다. 영국과 미국도 소련이라는 경쟁 세력이 생기자 자신들의 기존 고객을 지키기 위해선 예전처럼 '무식하게' 할 수만은 없는, 어쩔 수 없는 상황에 처했다.

그래서 미국은 제2차 세계대전 직후, 급한 대로 우선 서구유럽특히 서독에 엄청난 돈을 뿌린다. 소위 '마셜 플랜'이다. 헝가리도 소련으로 줄 섰고, 체코도 소련으로 줄 섰고, 폴란드도 소련으로 줄 선 상황에서, 2차 대전 후 폐허가 된 서유럽을 방치한다면 오스트리아도, 독일도, 프랑스도 위험했다. 그렇게 되면 미국 패권은 사라지게 되기 때문이다.

비록 냉전하에서 미소 간 체제 경쟁이라는 국제정치적 상황 때문이었지만, '다자간 협상에 의한 자유무역추진'은 참으로 바람직한 사고의 전환이었고, 실제 이러한 의지는 1970년대 초까지도 잘 지켜졌다. 1:1 협상도 어려운데 '다자간' 협상이 타결이 쉽겠나? 따라서 GATT의 다자간 합의를 통한 자유무역은 그 진전이 '매우' 더뎠다. 따라서 역설적으로 제3세계 국가들은 강대국의 자유무역 강요, 즉 전면 개방 강요에서 벗어나 '보호무역과 선별적·제한적·전략적 개방'을 통해 눈부신 경제성장을 달성할 수 있었다. 1960년대 이후 대한민국이 그 성장의 최선두주자였다.

레이건과 대처, "19세기로 돌아가자"
– 19세기 제국주의 재현의 삼총사(IMF, WTO, World Bank)

사정이 이렇다 보니, 영국과 미국은 답답해진다. 20세기 초 '총칼'로 밀어붙여 자유무역과 치외법권을 확보했던 그 시절이 그리워진다. 영국과 미국은 더 이상 견디지 못하고, 1980년 레이건 행정부와 대처 행정부를 출범시키면서 '신자유주의'를 선언한다. 20세기 초 총칼로 개방시켰던 제국의 역사를 재현하겠다는 공식 선언이었다.

미국은 우선 GATT체제를 WTO체제로 전환시켜 개방의 폭을 훨씬 확대한다우루과이 라운드 1994. 그리고 중립을 빙자한 국제기구인 세계은행과 IMF를 통해 적극적으로 제3세계 경제에 개입한다. 즉 IMF, WTO, 세계은행의 3가지 기구를 적극 활용하기 시작한다. 이들은 총칼보다는 부드러운 수단이지만, GATT체제의 다자간 협상보다는 훨씬 위협적인 방법이었고, GATT체제에서는 거의 불가능했던 '자유무역'이 또다시 활성화되기 시작한다이들의 만행에 대하여는 장하준의 「나쁜 사마리아인들」 1장, 또는 노벨경제학상을 수

상한 조지프 스티글리츠의 『세계화와 그 불만』을 참조. 스티글리츠는 WTO, IMF, 세계은행을 '사악한 삼총사unholy trinity'라 부른다.

이들 중 특히, IMF와 WTO가 경제 침략을 위한 가장 중요한 역할을 한다. 세계은행은 IMF에서 승인을 내리면 돈만 내주는 역할을 할 뿐이다. 1997년 IMF 총재는 대한민국의 경제부총리 역할을 수행하고, IMF 관리들은 재경부 경제관료 역할을 하면서 "이게 글로벌 스탠다드야" 하고 대한민국을 '떳떳하게' 가르쳤다. 1904년 일본의 메가다 다네타로가 조선의 재정권을 장악한 이래, 90여 년 만에 경제 식민지가 된 것이다.

그러나 그때만 해도 우리 국민들은 IMF가 대한민국의 경제를 선진경제로 이끌어 줄 '천사'로 생각했고, 이를 거부하지 못한 것이 DJ의 '유일한' 실책이었다. 마하티르 말레이시아 총리는 IMF에 대해 "엿이나 먹어라" 하고 버텼다. 지나고 보니 마하티르가 옳았다.

'글로발 고리사채업자' IMF, 그러나 아무리 고리대금업을 해도 1:1 FTA만 못하더라!

GATT체제의 다자간 협상이라는 한계 때문에 자신들이 원하는 '자유무역'을 쟁취할 수 없었던 미국은, 우선 급한대로 WTO를 출범시켜 개방의 폭을 훨씬 넓혔다. 그 다음 자유경제라는 논리로 외환자유화를 강요하여 금융 불안을 조장, 후진국을 고리사채의 덫에 빠뜨린다. 이렇게 IMF는 급전이 필요한 후진국에 엄청난 고리사채를 대여, 천문학적 이익을 챙겼다.

그러나 탐욕은 끝이 없다. WTO로 GATT보다는 개방의 폭이 넓어지기는 했지만, WTO체제 역시 다자간 협상체제이므로 미국이 원하는 만큼의 개방 속도를 낼 수 없었다. IMF를 통해 고리사채업을 해도 과거 19세기 시절 1:1 FTA만큼은 이문을 남기지 못했다. 그들은 간절하게 19세기 식민지 시절로 돌아가고 싶어 했다.

그래! 우선 만만한 놈들을 골라 1:1 FTA를 추진해서 한 놈 한 놈씩 '자유무역'과 '간접적 치외법권'을 확보하자! 미국의 '영원한 밥' 멕시코가 제일 먼저 걸려들었다. 참여정부는 가만히 있으면 중간이라도 갔을 것을, 월드컵 4강도 했는데 미국과 FTA 못 할 게 뭐 있겠냐면서 도박판에 뛰어 들었다.

현대판 식민체제
– 미국 투자자를 위한 통상법 도입 및 ISD 제도 수용 강요

총칼로 치외법권과 자유무역을 확보하는 19세기 말~20세기 초의 유럽과 미국의 시스템은, 그 유지에 너무 많은 비용과 군사력이 소요됐다. 이런 시스템은 지속 가능하지 못하다는 것이 제1, 2차 세계대전을 통해 확인됐다. 좀 더 '유연한 방식'이 필요했다.

선진국은 총칼보다는 문화수출선교사, 유학생을 활용하고, 21세기판 성리학인 미국식 경제학 이론과 통상법을 '글로벌 스탠다드'로 전파한다. 그리고 직접적 치외법권보다는 제3의 국제기구를 활용하여 '간접적 치외법권'을 얻어내고ISD 제도, IMF를 활용한 고리사채업으로 후진국의 이권을 침탈한다. 이것으로 부족하면 만만한 놈을 골라 '1:1 자유무역협상'에 돌입하여, 그 나라에 미국식 법과 제도를 이식시켜 완전 개조한다. 그리고 뜯어먹자. 이게 오늘날 미국의 침략 '틀'이다.

그렇다고 총칼이 없어진 것은 아니다. 저항 정도가 강한 집단에겐 여지없이 총칼을 들이댄다. 아랍권과 북한이 그 대상이다. 100년 넘는 시간이 흘렀건만, 치외법권과 자유무역을 얻어내려는 목적은 그때나 지금이나 똑같다. 다만 방법이 간접적이고 세련되어 그때와는 다르다고 착각할 뿐이다. 장하준의 주장을 보자.

> 그불공정한 자유무역 결과 2002년, 인도는 미국에 대해 영국보다도 더 많은 관세를 바쳤다. 인도의 경제규모는 영국의 1/3밖에 안 되는데도 말이다. 더 골때리는 것은 같은 해, 프랑스 경제 규모의 3%에 해당하는 방글라대쉬가 미국에 프랑스와 비슷한 액수의 관세를 갖다 바쳤다는 사실이다. 장하준著, 『Bad Samaritans』, 75p, Bussiness Books刊.

이런 장하준의 주장은, 19세기 식민지 얘기가 아니다. 21세기, 지금 현재, 버젓이 일어나고 있는 이야기다.

강화도조약(1876. 2. 26) **Ⅲ**

강화도조약의
식민지 조항

강화도조약이 삥 뜯는 수준이라면
한미 FTA는 국가적 창씨개명을 요구하는 매국조약이다

19세기 국제관계사를 전공한 학자들이 19세기 FTA 조약 중 식민지 여부를 가늠하는 척도가 되는 조항으로 언급하는 것이 ▲ 협정관세 ▲ 치외법권영사재판권 ▲ 내지통항권자유왕래권 및 가옥건조임차권 ▲ 편무적 최혜국대우 등이다. 지금은 편하게 이를 식민지 조항이라고 하지만, 당시는 이게 '글로발 스탠다드'였다.

1876년~1884년 사이에 조선이 일본, 미국, 영국, 독일, 프랑스, 러시아 등과 맺는 동시다발적 FTA 조약에는 위의 내용들이 다 들어 있었다. 우리는 그 시절을 '열강에 의한 이권 침탈 시기'라고 배웠다. 말이 좋아

이권 침탈이지, 사실상 식민지였다. 실제로도 식민지가 되지 않았나? 그런데 오늘날 한미 FTA는 130년 전 한일 FTA 조약과는 비교할 수 없을 정도로 훨씬 심각한 내용을 포함하고 있다.

협정관세의 문제점과 19세기 협정관세보다 더 악랄한 한미 FTA의 스냅백

관세를 왜 다른 나라와 상의해서 정하나? 관세는 주권의 상징이다. 이는 스스로 정하는 것이지, '협정'에 의해 정할 것이 아니다. 관세를 상대국과 협의해서 정한다는 말은 관세주권의 상실을 뜻한다. 관세는 선진 강대국으로부터 자국 산업을 보호할 수 있는 유일한 수단이다. 따라서 관세주권 상실은 정책주권 상실을 뜻하고, 이는 국내 산업의 몰락으로 이어진다. 그런데 우리는 협정 관세도 아니고 아예 '무관세'였다. '협정'관세를 규정하는 것조차도 식민지인데, 무관세는 말해서 무엇하랴.

한미 FTA는 어떤가? 협정관세는 식민지 시절보다 더 악화돼 규정됐다. 한미 FTA 자동차 분야의 편무적 '스냅백snap back' 조항이 그것이다. 19세기 협정관세는 비록 형식적일지언정 협의라도 했다. 그러나 한미 FTA의 스냅백은, 미국이 자신들의 '기대이익'이 침해됐을 경우 관세를 '일방적'으로 복원할 수 있도록 한 조항이다관세 원상회복 조항. 기대이익이라는 '들보잡' 불확정개념도 문제지만, 미국만 일방적으로 권리를 가진 것은 더욱 문제다. 우리가 일방적으로 스냅백 특혜를 보유해도 될지 말지인데, 거꾸로 미국만 일방적으로 보유한 권리가 됐다. 난 이런 조항을 만들어 놓은 노무현과 이를 비준한 MB가 기막혀서 말이 안 나온다.

최혜국 조항은 우리 대외 협상력만 제약할 뿐

최혜국 조항이란 한 열강이 최고의 특권을 갈취해내면 다른 열강도 그 권리를 자동적으로 함께 누리는 이익균점 조항, 돌림빵 조항을 뜻한다. 서울대 외교학과 김용구 명예교수는 최혜국 조항의 의미를 다음과 같이 평가한다.

> 韓末 조선이 서양 열강과 체결한 조약들의 내용을 서로 비교한다는 것은 결과적으로 의미가 없는 일이다. 이른바 **최혜국대우 조항에 의해 어떤 한 나라가 획득한 이익을 다른 모든 국가들이 균점하기 때문**이다. 김용구著, 『세계외교사』, 485p, 서울대학교출판부刊.

한미 FTA도 다를 바 없다. 미국에게 최혜국 조항을 인정한 것이 왜 문제인지 예를 들어보자. 만약 한국이 일본과 FTA를 체결하기 위해, 일본보다 경쟁력이 있는 영화산업 분야의 규제를 없애주고, 대신 일본이 경쟁력을 가진 금융산업 분야에서 규제 완화를 얻어냈다고 치자. 이때 일본에 대한 영화산업 분야의 규제 완화 효과는 '미국'도 자동적으로 누린다. 이게 바로 최혜국 조항이다. 위의 예에서, 우리가 일본에게 영화산업 분야의 규제를 완화해 준 이유는 일본도 우리에게 금융산업 분야의 규제를 완화해 주었기 때문이다. 대가가 있기 때문이다. 그런데 한국과 일본의 협상으로 미국은 아무 대가 없이 영화산업 분야의 규제 완화를 날로 얻어간다. 돌림빵인 것이다. 이게 말이 되나?

돌림빵 안 당하려면 우리나라가 미국 외의 다른 나라와 FTA 협상할 때, 미국과 체결한 최혜국 조항을 늘 염두하고 협상해야 한다. 혹 하나 달고 협상에 임해야 한다는 것이다. 결국 대한민국이 다른 나라와의 통상 협상에서 정책결정의 폭을 위협하고 제한한다. 이에 대해 정부는 19세기의 편무적 최혜국 조항과 달리, 한미 FTA는 '쌍무적'으로 규정됐기 때문에 문제될 것 없다고 주장한다. 그러나 갑미국과 을우리나라 관계의 거래에서, 을의 입장인 우리나라가 최혜국 조항으로 무슨 이득을 얻겠나? 감사원장과 국무총리를 지낸 저명한 국제법학자 이한기는 다음과 같이 주장한다.

> 국가의 경제적 발전 단계를 무시하고 이 최혜국 조항을 모든 국가에게 일률적으로 적용하는 것은 경제적 약자에 대한 암묵적 차별을 내포하는 것이 된다. 이한기著, 『국제법강의』 신정판, 429p, 박영사刊.

▎내지통항권(자유왕래지역) 및 가옥건조임차권, 왜 문제였나?

▌이 조항은 상업자본 침투와 조계지 설치의 근거가 됐다. 조선에 있는 일본 조계지租界地가 뭔가? 쉽게 말해, '재패니스 타운'을 말한다. 이곳엔 조선의 통치권이 미치지 않는다. 일본법이 적용되고 일본 천황의 통치권이 미친다. 조선 영토 안에 또 다른 외국 국가, 사실상 식민도시가 있는 것이다. 또한 내지통항권을 확보한 일본은 개항장 밖 내륙 지역까지 무역을 확대하였고, 이로 인한 조선 상인들의 타격은 이루 말할 수 없었다. 주류경제학식으로 표현하면, 일본 상인과의 자유경쟁에 의해 조선 상인들은 시장에서 퇴출된 것이다. 자유경쟁해서 행복한가?

치외법권이 왜 문제였나?

강화도조약 10조에는 식민지를 상징하는 조항인 치외법권이 규정돼 있다.

강화도조약 10조영사재판 :

일본국 인민이 조선국 지정의 각 항구에 재류 중 죄를 범한 것이 조선국 인민에 관계되는 사건을 일으켰을 때에는 이를 모두 일본 관원이 심단한 다. 조선국 인민이 죄를 범하고 그것이 일본국 인민에 관계되는 경우에 는 모두 조선 관원이 사판査辦한다.

치외법권은 단순한 정치적 특권이 아니라, 식민지의 경제적 착취 활동 을 뒷받침하는 법적 장치이다. 치외법권이란 "조선(인)과 일본인 사이에 서 발생한 법적 분쟁은 일본이 재판하겠다"는 뜻이다. 선진 제국의 경우, 자국 자본이 해외에 진출할 때 가장 문제가 되는 것이, 자국법과 현지법 과의 차이로 인해 발생하는 분쟁인데, 치외법권은 그 부담을 해결해 준 것이다.

일제시대 쪽발이 상인들은 부산, 원산, 인천으로 침투하여 재패니스 타운을 만들고, 나아가 내지통행권으로 상권을 확대하며 온갖 불법과 만 행을 저질렀다. 심지어는 자국의 퍼스트 레이디인 민비를 시해한 범인들 도 조선은 재판하지 못했다. 그러니 일반 백성들이야 오죽했겠나? 조선 상인들은 일본 상인의 만행을 막아줄 것을 호소했으나, 조선 정부는 손 놓고 있을 수밖에 없었다. 바로는 치외법권 때문이다. 오늘날은 안 그런 가? SOFA 협정 때문에 수많은 미군 범죄에 대해 재판권 행사를 제대로 못 하고 있지 않나?

사실상 치외법권을 수용한 한미 FTA - ISD 제도

참여정부와 MB 정부는 한미 FTA를 통해 사실상 치외법권을 인정하는 ISD 제도를 수용했다. 이에 따라 한미 투자자 간 분쟁이 발생하면 이를 대한민국 법원이 아니라, 세계은행 산하 국제투자분쟁해결센터ICSID-International Center for the Settlement of Investment Dispute에서 해결하게 됐다.

예를 들어 보자. 외환은행에 투기한 악랄한 미국계 사모헤지펀드 론스타는 주가조작혐의에 대해 대한민국 법원에서 재판을 받았다. 재판 과정을 요약하면, 1심 유죄 선고 → 2심 일부 무죄 선고 → 대법원, 일부 무죄 부분도 유죄 취지로 파기 → 2011년 7월 22일 환송심인 고등법원, 론스타 대표 유회원 법정구속 → 론스타, 외환은행 매각 차질.

ISD 제도가 도입되기 전에는 이처럼 악랄한 사모펀드의 불법행위를 우리 사법부가 통제할 수 있다. 그러나 한미 FTA가 비준되면 론스타는 우리 사법부의 통제를 떠난다. 듣도 보도 못한 세계은행 산하 국제투자분쟁해결센터ICSID로 재판권이 넘어간다. 이게 바로 투자자-국가직접제소제도ISD이다. 세계은행이 어딘가? 미국이 장악하고 있지 않은가? ICSID집행위원장은 세계은행 총재가 겸임하는데, 세계은행 총재는 관행적으로 미국에서 선출한다. 2012년 현재 세계은행 총재는 부시 정부의 강경 매파 출신으로 미 USTR 대표를 역임한 로버트 졸릭이다. 이렇게 되면 사실상 미국인이 재판하는 것이다. 19세기 제국주의 시절 식민지의 상징인 치외법권이 사실상 부활하는 것이다.

영토주권 훼손

한일 FTA 7조에는 다음과 같은 조문이 있다.

> **강화도조약 7조**해안측량 :
>
> 조선국 연해의 섬과 암초는 종전에 심검審檢을 거치지 않아 극히 위험
> 하다. **일본국의 항해자가 자유로이 해안을 측량하도록 허가**하고 그 위치
> 의 심천深淺을 소상하게 밝혀 도지圖志를 편제하여 양국의 선객들이 위
> 험을 피하고 안전을 도모할 수 있게 한다.

이처럼 강화도조약 7조는 양국 선박 운행의 안전을 위해 조선 해안 측
량을 허가하도록 규정하고 있다. 이제 왜 문제인가? 서울대학교 외교학
과 김용구 명예교수의 견해를 보자.

> **영해주권을 침해하는 이 규정**을 조선 측은 아무런 반대로 하지 않고 동
> 의하였다. 19세기에 접어들면서 조선 연안에 이양선들이 자주 출몰하
> 여 조선 위정자들이 이를 매우 우려하여 왔는데, 1876년 2월 당시 이
> 러한 독소조항을 아무런 이의도 제기하지 않고 수락한 것은 오히려 의
> 심스럽다. 김용구著, 『세계관 충돌과 한말외교사』, 206p, 문학과지성사刊.

위에서 보듯, 김용구는 '해안 측량'을 영해주권을 침해하는 규정이라
고 단언했다. 이 조항을 근거로 일본은 해군을 파견하여 조선 해안 각지
를 측량 조사하였다. 일본이 개항하려는 개항장은 단순한 무역항이 아니
라, 군사외교 전략적 차원에서 러시아 남하까지 대비할 수 있는 항구이

길 기대했고, 그래서 '원산'이 개항장 중 하나로 뽑혔다. 해안 측량이 뭔가? 개인으로 치면, 외간 남자가 "이야! 너 몸매 죽인다"면서 줄자를 들이대고 아가씨의 가슴, 허리, 엉덩이 사이즈를 재려 하는 것이다. 끔찍하지 않나? 그런데도 조선은 태평하다.

▌주권적 권리 양도의 길을 열어 놓은 한미 FTA

▌강화도조약의 해안 측량은 그렇다치고, 한미 FTA 규정을 보자. 한미 자유무역협정 부속서Annex I 대한민국 유보목록에는 다음과 같은 '오묘한' 규정이 있다.

> **대한민국의 영해 또는 배타적 경제수역에서 해양과학 조사를 수행하고자 하는 외국인,** 외국 정부 또는 외국인이 소유하거나 지배하는 대한민국 기업은 **해양수산부장관으로부터 사전에 허가** 또는 동의를 획득하여야 한다. 이에 비하여 대한민국 국민 또는 외국인이 소유하지 아니하거나 지배하지 아니하는 대한민국 기업은 해양수산부장관에게 신고만 하면 된다.

왜 외국인이 대한민국의 영해 또는 배타적 경제수역에서 해양과학 조사를 하려는가? 무엇하려고? 해양과학 조사라고 포장하고 있지만, 대한민국의 해양자원 탐사 및 개발을 위한 것 아닌가? 유엔해양법협약에서 연안국의 '주권적 권리sovereign right'로 인정하고 있는 것은 ▲ 어업자원 및 해저광물자원에 대한 권리 ▲ 해수해풍을 이용한 에너지 생산 ▲ 탐사권 ▲ 해양과학조사관할권 ▲ 해양환경보호에 관한 관할권 등이다. 그리고 우리는 이 협약을 1995년 12월 정기국회에서 비준했으므로, 국내 법과 같은 효력이 있다.

이 주권적 권리를 왜 미국인에게 허가하나? 주권은 최고 불가양不可讓의 권리이다. '해수부장관 나부랭이'가 허가하고 말 성질의 것이 아니다. 강화도조약의 해안 측량 정도도 영해주권 침해인데, '대한민국 영해 또는 배타적 경제수역에서 해양과학 조사'는 오죽하겠는가? 식민지가 다른 게 식민지인 줄 아는가?

한미 FTA 협정의 각종 '위원회'는 뭐하는 곳인가?
- 고려시대 다루가치의 부활

강화도조약 11조는 다음과 같은 규정을 두고 있다.

> **강화도조약 11조**부록과 통상장정의 체결 :
>
> 양국은 이미 통호하였으므로 따로 통상장정을 설정하여 양국 상민의 편의를 도모한다. 또한 지금 합의를 본 이 조관의 각 항 가운데 **좀 더 세목을 결정하여 보완할 필요가 있거나 참고로 할 조건들은 앞으로 6개월 이내에 양국이 각각 위원을 임명하여** 조선국 경성 혹은 강화부에 파견하여 상의, 결정하도록 한다.

저런 위원회를 만드는 건 강대국의 식민지 수탈의 전통적 수법이다. 큰 틀의 합의를 해 놓고, 자세한 내용은 양국 간 실무 위원회를 만들어서 지속적으로 수탈해 가는 것. 그게 강대국의 정해진 프로세스다. 그래야 후진국 국민의 관심을 회피할 수 있기 때문이다. 실제로 강화도조약은

1876년 2월에 체결됐지만 조선에 치명적 결과를 야기한 '조일 수호조규 부록' 및 '조일 무역규칙'은 같은 해 7월 후속회담에서 타결됐다. 이 합의에 따라 내륙통상권, 개항장에서의 일본 화폐 유통 및 수출입 상품에 대한 무관세가 인정돼 조선 경제는 몰락했다.

한미 FTA는 어떤가? 한미 자유무역협정 제5장의약품 및 의료기기 5.7조 이하에는 한미 양국 보건 공무원을 중심으로 한 '의약품 및 의료기기 위원회'를 설치하고 한미 FTA 협정의 이행 사항을 '매달' 보고하도록 규정하고 있다. 우리나라 국회에는 보고 안 하는 놈들이, '미국 공무원'에게는 매달 보고하도록 한 것이다.

이걸로 끝이 아니다. 한미 FTA에는 각 장章마다 이런 '듣보잡' 위원회가 떼거지로 신설됐다. 내가 확인한 것만 해도 ▲ 한미 한반도 역외가공지역 위원회 ▲ 한미 의약품 위원회, 양국 통상교섭본부장을 위원장으로 하는 한미 FTA 공동 위원회 ▲ 한미 수산 위원회 ▲ 노무 협의회 ▲ 금융서비스 위원회 ▲ 환경 협의회 등이 있다.

고려시대 다루가치 파견, 정동행성 고위 관료 파견, 일제시대 차관정치, 고문정치, 통감정치가 부활하는 것이다. 식민지가 다른 게 식민지가 아니다. 이게 식민지다.

강화도조약(1876. 2. 26) Ⅳ

동시다발적 FTA,
조선을 쑥대밭으로 만들다

양극화 가속 – 지주제 강화

강대국과 대책없는 자유무역의 폐해는 엄청났다. 잘못 체결된 FTA 조약이 어떻게 나라를 골로 보내는지 보시라.

당시 조선의 주력 수출 업종은 쌀, 콩이었다. 쌀, 콩 등의 수출 증가로 쌀값이 폭등하자 양반 지주는 돈 방석에 앉았다. 이를 기반으로 양반 지주는 토지를 더욱 확대하였고, 먹고 살기 힘들어진 대다수 농민들은 토지를 지주에게 매각하고 소작농 또는 임금 노동자가 되거나 농촌을 떠날 수밖에 없었다. 요즘으로 치면 자영업자와 중소기업은 몰락하고, 대기업의 독점이 더욱 강화됐다는 말이다. 그 결과 양극화와 빈익빈 부익부는 속절없이 심화됐다. 울산대 양상현 교수의 견해를 보자.

개항 이후 곡물의 대일 수출이 활발해지자 곡물가격이 올라가 지주경영에 큰 이익을 가져다주고 **지주제가 확대될 수 있는 기회를 제공하여** 토지소유를 둘러싼 모순이 심화하였다. **지주들은 몰락농민의 토지를 헐값으로 매입하거나 각종 불법적인 방법을 동원하여 소유토지를 확대**하였다. 양상현著, 『새로운 한국사 길잡이』, 117p, 지식산업사刊.

(…) 쌀값 상승으로 다른 곡물가격이나 기타 생필품이 등귀함으로써 시장에서 곡물을 구매하여 생계를 잇던 **빈농이나 토지 없는 농민, 도시 빈민이 몰락**하였고 나아가 이들의 저항을 초래하였다. 앞의 책, 72p.

이처럼 한일 FTA 이후 교역 규모는 확대됐지만 백성들의 삶은 나아지기는커녕 지주제만 강화됐다. 교역 규모가 커진다고 이익도 커지는 것은 아니다. 요컨대 해체돼야 할 조선 500년 지주 귀족체제는 한일 FTA에 의해 더욱 대형화·기업화·독점화됐다. 마찬가지로 한미 FTA에 의해 재벌 귀족체제는 더욱 견고해지고 독점화될 것이며, 이와 맞물려 중소기업은 몰락하고, 현대판 노예인 비정규직은 800만 명에서 1000만 명, 1200만 명을 넘어서는 것은 시간문제라고 나는 확신한다.

▌19세기판 세이프 가드 '방곡령'은 무력했다

▌앞서 언급했듯 조선의 최고 수출품은 쌀, 콩이었고, 일본의 수출품은 면제품, 정종, 우산, 모기장, 성냥, 거울 등 공산품과 사치품이었다. 조선의 양반 지주들은 소작료 인상 등 지대 수취를 확대하여 쌀을 일본에 대량으로 수출했다. 이 쌀이 일본의 공업지대인 오사카와 고베의 공장 노

동자에게 싼값에 공급돼 일본의 자본주의가 저임금을 유지하는 데 '혁혁한' 기여를 했다. 이렇게 조선을 수탈한 덕에 일본 자본주의가 눈부시게 성장할 수 있었던 것이다.

문제는 우리도 먹을 쌀이 부족했는데 양반 지주들이 쌀을 마구 수출했다는 거다. 일본으로 수출되는 전체 물품 중 쌀과 콩이 차지하는 비중은 무려 90%에 육박했다. 이렇게 쌀의 일본 유출이 급증하면서 쌀 품귀 현상이 일어나고, 쌀값이 급등하고, 상인들은 쌀 매점매석에 나서고, 결국 백성들과 도시빈민들은 생존을 위협받았다. 이런 상황에서 곡물의 유출을 막기 위해 실시한 게 방곡령防穀令 사건1889이다. 이는 19세기판 세이프 가드라고 할 수 있는데, '쌀 수출 금지명령'을 의미한다원래 세이프 가드는 '수입' 급증으로부터 자국 산업을 보호하기 위한 '긴급 수입제한조치'를 뜻한다. 따라서 쌀의 '수출' 급증으로 인해 발생하는 경제적 위기를 극복하기 위한 조치인 방곡령과는 방향은 반대지만, 그 취지는 다를 바 없다.

방곡령을 취하기 위하여는 한일통상장정 제37관에 따라 시행 1개월 전에 상대방에게 통고해야 한다. 그런데 조선이 이를 어기는 바람에 함경도 거주 일본 상인들이 큰 손해를 입었다며, 손해배상을 요구한 게 방곡령 사건의 전말이다. 즉 조선이 한일 FTA 조약에 위반하여 세이프 가드방곡령를 발동하는 바람에 일본인 투자자에게 손해를 끼쳤으니, 조선 정부는 손해배상하라고 한 게 '방곡령 사건'이다. 이는 오늘날 한미 FTA의 ISD 제도와 논리 구조가 똑같다.

즉 대한민국 정부가 한미 FTA 조약에 위반하여 세이프 가드를 발동하거나 각종 정책을 펼치는 바람에 미국인 투자자가 손해를 입었으니 대한민국 정부는 손해배상하라는 것이 ISD 제도다. 이때 일본은 손해배상을 요구하면서 일본 강경 우익 거두 '오오이시 마사미'를 주한공사로 부임시켜, 조선에 전쟁 분위기를 '이빠이' 고조시켰다. 조선은 하는 수 없이 거액의 손해배상을 토해냈다.

미국은 안 그럴 거 같은가? 한미 FTA도 마찬가지다. 한미 FTA 추진론자들은 ▲ 금융 분야의 세이프 가드 규정 마련 ▲ 투자 분야의 간접수용 범위에, 공중보건, 안전, 환경 및 부동산 가격 안정화를 제외하여, 한미 FTA로 인해 공공정책이 훼손되는 일은 없을 거라고 우긴다. 그러나 '순진'하고 '무식'한 주장이다. 위에서 보듯, 1876년 한일 FTA에 세이프 가드 규정이 없어서 당한 게 아니다. 그 당시에도 19세기판 세이프 가드 '방곡령'이 존재했다. 그러나 유명무실했다. 사학계의 태두 이기백은 이에 대해 딱 '한 줄' 언급하고 있다.

"그러나 이것방곡령도 일본의 항의로 효과를 거두지 못했다." 이기백著, 「한국사신론」, 307p, 일조각刊.

아마 100년 후에 사학자도 이렇게 딱 한 줄 언급할 것이다. "이것도세이프 가드 미국의 항의로 효과를 거두지 못했다"고.

이제 한미 FTA가 비준됐으니, 미국 투자자들은 일제 강점기 일본인 투자자들이 그랬던 것처럼, 한국 정부의 세이프 가드나 공공정책에 관련한 조치들이 한미 FTA에 위반한다고 주장하며, 한국 정부를 ICSID로 끌고 가 조져 대면서 손해배상을 청구할 것이다. '일제시대 시즌2'가 온 것이다.

국내 산업의 몰락과 최혜국 조항에 의한 열강의 이권 침탈

한편 일본산 값싼 면제품의 유입으로 발아단계에 있던 조선의 면방직

산업은 몰락했다. 우리는 이를 열강 거대 자본의 침투와 정부의 정책 빈곤으로 인해 토착 산업이 산업자본으로 성장하지 못했다고 배웠다. 그러나 이제 한미 FTA를 앞두고는 21세기판 성리학인 미국식 경제학의 세뇌를 받은 얼치기 경제학자들을 내세워, 일본의 싼 면제품 유입 덕분에 값싸고 질 좋은 옷감을 전 국민 모두가 입을 수 있었으니 '소비자 후생'이 증가했다는 식으로 선동질하고 있다. 싼 옷 입어서 좋겠다.

그 외 19세기 사치품인 성냥, 거울, 우산, 모기장이 쏟아져 들어왔다. 서민들은 먹고 죽을래도 쌀을 못 구하는데, 양반 지주들은 사치품 구매에 열을 올렸다. 마찬가지로 한미 FTA, 한EU FTA가 비준되면, 유럽산 명품 화장품, 향수, 양복, 시계, 지갑, 핸드백이 쏟아져 들어올 것이다. 그렇지 않아도 명품이라면 환장하는 민족 아니던가?

한 열강이 이권을 침탈하면 다른 열강도 동등한 권리를 요구했다. 앞서 설명한 최혜국 조항이익균점 조항, 돌림빵 조항의 위력이었다. 열강이 무식하게 총칼로 뺏었다고 착각하지 마라. 미국은 운산 광산을 개발하기 위한 주식회사를 만들어, 합법적으로 이익을 가져갔다. 오늘날 론스타나 대기업의 외국인 주주들이 막대한 배당 이익과 주식매각 차익으로 대한민국의 국부를 빨아가듯 말이다.

금융을 통한 경제 침략

강화도조약 체결 직후 조선에는 국립 제일은행이 설립된다1878. 일본은 강화도조약에서 일본 화폐를 조선에서 유통할 수 있도록 했다. 그 결과 일본은 양국 간 환시세를 조작하여 수출품을 염가로 매입하기도 하고, 은행에서 대출받은 자금을 조선인에게 고리로 빌려주고 환차익까지 챙겼다. 우리는 이를 '일제의 재정금융 지배정책' 이라고 배웠다.

오늘날은 다른가? 미 재무부의 대리인 IMF는 1997년 금융위기 당시 우리에게 고금리와 고환율을 강요했다. 고환율 결과 한국 알짜 기업의 자산 가치는 '반토막' 났고, 헐값에 알짜기업을 사들인 미국인들은 이를 4~5배에 되팔고 튀었다. 일정 기간이 흐른 뒤 환율을 정상화시켜 환차익까지 누렸다. 또한 오늘날 국내 은행 중 '우리은행' 을 제외하고는 모두 외국 은행이다. 그들은 기업금융을 외면하고 부동산 대출과 예대마진에만 집중하여 손 안 대고 천문학적인 이익을 거둬들이며, 그 이익의 상당수를 외국인 투자자들이 배당으로 가져가고 있다.

2008년 미국에 금융위기가 생기자, 한국에 투자된 외국인 주식대금 60조 원이 한꺼번에 빠져나갔다_{는 당시 외환 보유고의 1/4이었다.} 그리고 정확한 액수는 밝혀지지 않았지만, 적어도 이 60조 원보다 더 큰 금액의 달러가 한국에 있는 외국 은행 지점에서 본국 본점으로 빠져나간 것으로 알려졌다. 그 대금이 단순한 환헤지였는지, 환투기였는지는 단정할 수 없지만, 전문가들은 환투기였을 가능성이 농후하다고 지적한다.

알렌과 부시

2011년 11월 18일 금융위원회는 투기펀드 론스타에 대해 '6개월 내 조건없는 외환은행 매각 결정' 을 내렸다. 사실상 론스타에 면죄부를 부여한 것이다. 이로써 론스타는 외환은행을 인수한 지 8년 만에 7조 원 이상의 차익을 실현하고 튀게 됐다. 금융위 결정이 있기 일주일 전 미국 강경 우익의 거두 부시 전 대통령이 은밀히 방한했다_{텍사스에 본가를 둔 론스타는 부시 가문과 밀접한 연관이 있다고 한다.} 한말에는 알렌이 해먹더니 이제는 부시가 해

먹는 모양이다_{알렌에 대해서는 후술.} 세계 황제 부시가 와서 압력을 넣었을 텐데, MB는 아무 말도 못 했을 텐데, 금융위 공무원이 무슨 저항을 할 수 있었겠는가? 그래서 난 지금도 전직 세계 황제인 클린턴이나 부시 나부랭이들이 한국을 방문할 때면 걱정이 앞선다. 얼마나 후려갈까 하고 말이다. 아니나 다를까, 2011년 12월 31일 한나라당은 야당의 '론스타 국정조사' 요구를 저지했다.

친일의 DNA는 상대를 바꿔가며 이렇게 뿌리 깊게 흐르고 있다. 열강의 이권침탈은 지금 이 순간도 진행 중이다. 그리고 그 일에 수많은 한국인들이 부역하고 있다.

이런 것을 보면 나석주 열사가 동양척식주식회사에 폭탄을 던지고 자결한 건 정말 위대한 결단이다. 이제 시작이니 망정이지, 앞으로 한미 FTA 협정을 이유로 금융위가 계속 미국 투기자본의 앞잡이 노릇하다가는 제2의 나석주, 제2의 김선동에 의해 응징을 당할 수도 있음을 명심해야 한다.

국내 상권의 몰락과 관세자주권의 상실

청나라 상인들은 남대문과 수표교 일대를 중심으로, 일본 상인들은 남산을 중심으로 상권을 형성했다. 이들 외국 상인들은 세금도 내지 않고, 영국산 면제품을 비롯한 각종 공산품의 판매를 독점했다. 나아가 정부조달 사업까지 침투하여 정부 발주 사업을 따내 막대한 수익을 냈다. 정부 사업을 독점하던 기존 조선 시전상인들은 몰락하기 시작했다.

한미 FTA에서도 '정부조달' 분야를 활짝 개방했다. 앞으로 정부 발주 사업은 미국 놈과 경쟁하게 생겼다. 21세기판 성리학인 '자유경쟁'의 이름으로 말이다. 우리 땅에서 우리끼리도 모자라 세계인과 자유경쟁하게 돼서 행복하신가?

앞서 잠시 언급했듯, 조선은 관세자주권을 확보하지 못했다. 자주권은 커녕 관세가 무엇인지도 몰랐다. 일본에 아예 0%로 개방했다. 조선은 관세자주권의 상실로 거대한 쓰나미처럼 밀려오는 선진 공산품으로부터 국내 산업을 보호할 기초 수단을 잃었다. 그리고 이 관세자주권 상실은 그 이후 자주적 산업정책을 위한 국내 자본축적 실패와 연결됐다. 이러한 자본축적 실패는 박정희 정권에 와서야 겨우 성공하게 된다. 이 잃어버린 100년 세월이 모두 백성의 고혈이었다.

일본, 유통시장의 장악

개항 초기에 일본 상인의 내지통행권 범위가 10리4km로 제한돼, 일본 상인들은 당시 조선의 최대 수출품인 쌀, 콩 등 곡물을 생산지에 가서 직접 구매할 수 없었다. 따라서 일본 상인은 하는 수 없이 조선인 유통망을 활용해야 했다. 조선인 도매상들이 물건을 떼어다가 일본인 상인에게 넘겨야 했고, 그 결과 조선의 중간단계 유통업자도 쏠쏠히 이익을 챙겼다. 그런데 1884년 이 내륙통상권의 범위가 100리40km까지 확대되자, 이제 일본 상인은 내륙 생산지까지 직접 들어가 곡물을 살 수 있게 됐고, 조선의 유통시장은 붕괴돼 일본인에 의해 장악 당했다. 게다가 어디까지가 4km인 40km인지 알게 뭔가? 규정만 있을 뿐 지키지도 않았다. 더구나 치외법권의 특혜를 누렸기 때문에 무슨 패악질을 해도 처벌할 수 없었다. 고등학교 교과서를 보자.

이러한 외국 상인들의 이권침탈에 대하여 서울의 상인들은 여러 차례에 걸쳐 철시 파업과 시위로 맞서며 **외국 상인의 철수와 상권 수호를 담은 조약의 개정을 요구**하였다. 시전상인을 비롯하여 영세상인까지 포함된 수천 명의 상인들은 상권 수호의 시위 투쟁을 벌였다. 『한국근현대사』, 115p, 중앙교육진흥연구소刊.

"미국 투자자의 손해를 외면하는 게 이치에 맞습니까?"를 외치는 우리나라 명문대학 교수들

오늘날은 다른가? 연일 재벌과 외국 자본이 운영하는 대형 유통업체이마트, 홈플러스 등 주변 영세상인들은 이들의 철수를 요구하며 상권 수호를 위한 생존권 투쟁에 나서고 있다. 그러자 국회는 유통법과 상생법을 통과시켜 재래시장과 영세 소상공인 보호에 나섰다. 그러나 한미 FTA 협상대표였던 김종훈은 유통법과 상생법이 한미 FTA와 한EU FTA에 위반할 소지가 크다는 이유로 6개월 넘게 입법을 무산시키는 '매국질'을 서슴지 않았다. 우여곡절 끝에 결국 작년 10월 이 법은 통과됐다. 하지만 이제 한미 FTA가 비준된 지금, 미국인 투자자는 정부의 유통법과 상생법이 미국인 투자자의 '기대이익'을 침해하고, 이는 한미 FTA 협정에 반한다고 주장하며, 한국 정부를 ICSID로 끌고가 조져댈 것이다.

지금도 TV토론에 나와 버젓이 "그러면 미국인 투자자의 손해를 모른 척해야 합니까? 그러면 어떤 외국인이 대한민국에 투자하겠습니까?" 하고 떠들어대는 명문대학 교수들이 즐비하다. 일제시대로 비유하자면 "일본인 투자자들의 손해를 모른 척해야 합니까?" 하고 말하는 것과 마찬가지다. 난 그들이 미국인일본인 투자자를 생각하는 것만큼 대한민국 투자자

^{영세자 영업자}도 생각해 줬으면 좋겠다. 그들은 아마 우리 국민도 미국 가서 슈퍼마켓 차리고 세계인과 경쟁하면 된다고 할 것이다. 니 뿡이다. 미국 가서 슈퍼할 수 있어서 좋겠다. 씨바.

'경제자유구역에 한해 개방한다'는 말의 허구성
– 손만 잡고 자겠다는 말

정부는 툭하면 경제자유구역에 한해 실험적으로 개방하는 것이니 문제될 것이 없다고 주장한다. 영리병원 문제에 대해서도 그런 말을 한다. 그러나 정말 그렇게 믿는다면 순진한 거다. 세상에 그런 게 어딨나. 시작은 다 그렇게 하는 거다. 공기업 민영화나 외국인 주식 소유 한도 인정도 마찬가지다. 1%가 3% 되고, 3%가 10% 되고, 10%가 30% 되고, 30%가 50% 되고, 한 20년 지나면 어느새 100% 허용되는 것이다. 한일 FTA도 처음엔 부산, 원산, 인천으로 시작해서 급속하게 전국으로 확대됐다. 내륙통상권도 처음엔 4km까지 허용하다가 40km로 확대되고, 전국으로 확대됐다. 손잡다 보니 뽀뽀하는 것이고, 뽀뽀하다 보니 넘어가는 것 아닌가? 손만 잡고 자겠다는 말을 믿는 사람도 이상한 것이고, 그 말을 지키는 사람도 이상한 것 아닌가?

일제의 상품시장으로 전락했듯 미국의 '글로벌 호구'로 전락할 것

한일 FTA 조약₁₈₇₆의 체결로 일본의 '소비재와 사치품'은 몰려오고, 쌀과 콩 등 곡물과 금 등 '원자재'는 일본으로 속절없이 빠져나가 장래의 산업 기반과 민족자본 형성을 원시적으로 불가능하게 만들었다. 이처럼 소비재를 들여오고 '원자재'를 수출하여 미래의 '산업 기반'을 스스로 갉아 먹는 나라를, 강대국의 '상품시장 구실'을 한다고 국사 시간에 배웠다. 이를 사학계의 태두 이기백은 '식민지적 성격'이라고 에둘러 표현했지만『한국사신론』, 370p, 일조각刊, 그게 바로 식민지다.

오늘날은 다른가? 한미 FTA 비준 결과, 우리나라 농축산물과는 가격 경쟁력에서 비교할 수 없는 세계 최고의 보호무역 국가 미국 농축산물이 '폭풍' 수입될 것이다. 우리나라 농축산물 시장은 박살날 것이다. 일제시대 때는 대책없는 쌀 '수출'로 박살나고, 오늘날은 대책없는 '수입'으로 박살나고, 방향은 다르지만 결과는 똑같다. 그 결과 미래를 위한 식량주권 및 국가 존립 기반을 상실할 것이다. 자동차 한 대와 쌀 한 가마를 바꿔야 하는 시대가 올 것이다. DJ 정부 농림부장관이었던 김성훈은 "식량 자급률이 25%그중 쌀을 제외할 경우 4.5%에 불과로서 세계 최하위권인 우리나라가 농사를 짓지 않고도 국민의 생존권을 확보할 수 있을지, 풍전등화 그대로"라고 했다.

일제시대에는 일본의 상품 '시장' 노릇을 했듯, 오늘날 한미 FTA에서는 미국 주력 업종인 '농축산물과 고리대금업金融'의 '시장' 구실을 할 것이다. 비정규직으로 '뼈 빠지게' 일해서 수출 재벌의 배를 불리게 한 후, 그 이익은 미국인 주주에 대한 '배당'으로 속절없이 해외 유출될 것이다. 소작농이나 임금노동자가 쐬 빠지게 일한 쌀로 일본에 수출하여 배때기 채운 일제시대 양반 지주와, 그 쌀을 2~3배 차익을 남기고 팔아 배때기 채운 일본 재벌의 행태와 하나도 다를 게 없다. 이처럼 한일 FTA나 한미 FTA나, 비정규직소작농 인건비 갈취하는 구조라는 점에서 정말 동일하다. 브루스 커밍스의 주장을 보자.

1937년 조선에서, 똑같은 기술을 가진 **일본인 노동자는 일당 2엔, 대만 노동자는 1엔, 조선 노동자는 0.66엔**을 받았다. 이처럼 자본주의 중심부일본, 중간부대만, 주변부한국로 명확하게 3분된 경우는 매우 드문 일이었다. 브루스 커밍스著, 『Korea's place in the sun』, 168~169p, Norton刊.

똑같은 일을 하고도 정규직일본인, 대만인의 30~66%를 받았던 비정규직이 일제시대에도 있었다. 일제시대에는 이 비정규직을 수탈해서 경제성장을 이루었다. 그 혜택은 일본 재벌과 일제시대판 조선 재벌인 조선인 지주가 가져갔다.

청일전쟁 초래

1876년 강화도조약은 사실상 청나라에 대한 선전포고였다. 조선의 종주국은 청나라인데, 강화도조약에서 "조선은 자주지방自主之邦이다"고 했으니, 청나라가 욱하지 않겠는가? 이런 감정상의 문제보다 더 큰 문제는, 강화도조약 체결로 인해 일본의 조선 수출이 급증하고, 청나라의 조선 수출이 급감한 데 있었다.

청나라는 분노했다. "어? 요거 봐라? 쪽발이 놈들이 겁대가리를 상실했네?"라면서 기회를 노리다가, 6년 후인 1882년 임오군란을 빌미로 조선에 개입한다. 그리고 한중 FTA 조약조청 상민수륙무역장정을 체결, 조선을 식민지로 선언하고, 뜯어 먹는다. 한중 FTA 체결로 청나라와 일본의 조선 수출 비율은 거의 5:5로 대등해졌다.

조선의 청일 양국에 대한 무역 비교

(단위: 멕시코 달러)

연도	청에서 수입액	일본에서 수입액	비율(청 :일본)
1885	313,342	1,377,392	19 : 81
1887	742,661	2,080,787	26 : 74
1890	1,660,075	3,086,897	35 : 65
1892	2,055,555	2,555,675	44 : 55

출처: 이광린著, 「한국사 강좌5」

　1876년 한일 FTA 체결로 조선과의 무역에서 압도적 독점 이익을 누렸던 일본이, 1882년 청나라가 한중 FTA를 체결하여 일본의 이익을 침식하자, 일본은 전쟁을 결심한다. 조선 정부는 힘도 없는 상태에서 아무 생각 없는 동시다발적 FTA 체결로 강대국의 전쟁터를 자초했다.

▌내전 초래

▌한일 FTA 조약은 대내적으로 양극화의 강화, 대외적으로 외세 침투의 가속 기제였다. 1876년 체결된 한일 FTA 조약 단 6년 만에 임오군란이 발생하고, 18년 만에 조선 후기 최대 규모 내란 전쟁인 동학농민전쟁이 발생한다. 이 모든 게 한일 FTA 조약으로 인한 재정 파탄과 양극화 때문에 발생한 것이다. 1884년 갑신년의 쿠데타도 1882년 한중 FTA 협정상민수륙무역장정으로 인해 중국의 극심한 경제침투와 내정간섭 때문에 발생한 것이다.

　지도자가 되고자 하는 정치인이라면 '양극화 문제'에 예민하게 관심을 기울여야 한다. 경제적 양극화의 지속은, 인구의 절대 다수를 차지하는 서민의 유효수요를 위축시켜 경제성장에 걸림돌이 된다. 물건을 생산

해도 사줄 사람이 없기 때문이다. 사줄 사람이 없으니 생산이 줄고, 생산이 줄게 되니 고용과 투자가 줄고, 고용과 투자가 주니 실업이 늘고, 실업이 늘게 되니 수요가 줄고, 이렇게 악순환이 계속되는 것이다. 그 결과 경기는 더욱 위축되고, 임계점을 지나면 정치사회적 긴장은 격화되며 결국 사회 붕괴를 초래한다.

역사는 우리가 생각하는 것처럼 한일 FTA 따로, 임오군란 따로, 한중 FTA 따로, 한영 FTA 따로, 갑신정변 따로, 『조선책략』 따로, 동학전쟁 따로, 청일전쟁 따로, 갑오경장 따로, 이들과 관련한 국제정치 따로, 이렇게 진행되지 않는다. 모든 것이 맞물려 있는 게 역사다. 1880년 이후 발생한 조선의 굵직한 사건은, 1876년 체결한 한일 FTA 조약과 1880년대 미영독러와 체결한 동시다발적 FTA 조약과 모두 연결돼 있다. 한국사학계의 태두 이기백을 통해 강화도조약1876~동학농민전쟁1894 직전 상황을 보자.

일본의 경제적 침투가 조선의 농촌 경제를 더욱 좀먹어 들어갔다. **일본의 경제적 침투는 다른 어느 나라도 추종할 수 없을 정도로 놀랄 만한 것이었다.** 조선에 들어오는 상선 수에 있어서도 일본이 차지하는 비중은 절대적인 것이었다. 그 결과 일본과 무역액은 수출이 전 수출액의 90% 이상, 수입은 50% 이상이었다. (…) **수단과 방법을 가리지 않고 일확천금의 기회를 노리는 무뢰배나 낭인 출신의 일본 상인들은 농민을 상대로 폭리를 남기고 약탈적인 무역을 하고 있었다.** 즉 농민의 생활이 곤궁하다는 약점을 노려서 미리 금전을 빌려주었다가 추수기에 그들의 수확의 일부 혹은 전부를 인수하여 가는 방법을 썼다. 이것은 고리대금의 방법으로 가난한 농민들로부터 이중의 이득을 취하는 상행위였다. **이러한 일본의 경제적 침략에 대한 반항으로 곡물의 수출을 금하는 방곡령이 내려지기도 했다. 그러나 일본의 항의로 효과를 거두지 못했다.** 이기백

著, 「한국사신론」 한글판, 306~307p 이하, 일조각刊.

이런 이기백의 서술이 지금이라고 다른가? 2012년 버전으로 내가 한 번 고쳐 보겠다.

선진 외국 자본의 국내 시장 침투는 우리 경제를 더욱 갉아먹었다. 특히 미국과 EU가 차지하는 비중은 절대적이었다. 그들은 한국 재벌과 함께 유통시장을 장악하고, 심지어 슈퍼마켓까지 진출했다. 이에 대한 반항으로 상생법과 유통법을 만들어 외국 자본을 통제하고자 했으나, 미국과 EU는 FTA 조약을 근거로 반대, 효과를 거두지 못했다. 수단과 방법을 가리지 않고 일확천금을 노리는 무뢰배나 양아치 출신 외국 상인들은 양극화로 몰락한 서민들의 곤궁한 처지를 이용 고리대부업사채업에 열을 올렸다. 그리고 이들은 실체를 알 수 없는 '자금집단'을 형성'펀드'라고 한다, 한국 금융기관의 주식을 대량 매집, 한 푼의 세금도 내지 않고 먹튀해서 금융시장의 교란을 증폭시켰다. 개혁 세력은 대부업법과 이자제한법을 통합하여 이자의 상한을 규제하고 외국인 자금집단의 투자 범위를 제한해야 한다고 주장했으나, 한미 FTA 조약에 반한다는 대한민국 고위 관료와 미국의 주장에 따라 거부되었다.

일제가 '일본식 토지조사령과 회사령'을 이식한 것은
'식민지 수탈'이고, 미국이 대한민국에게 '미국식 통상법'을
이식한 한미 FTA는 '글로벌 스땐다드'인가

변변한 자본축적과 국내 산업에 대한 보호 장치도 없는 상태에서의 한일 FTA 조약 체결은 조선을 쑥대밭으로 만들었다. 특히 농촌은 완전히 파괴됐다. 강만길과 일본학자의 주장을 잇따라 보자.

문호개방 이후에는 자본주의 세력의 침략으로 조선 왕조 통치체제의 모순은 심화됐고, 일부 지식인층과 전체 농민층의 정치의식 사회의식은 급성장해 갔다. 농민들은 외세의 침략 앞에 집권층이 뚜렷한 대책 없이 타협 굴복하는 것을 보았고, **자본주의 상품의 무제한적 수입과 곡물을 중심으로 하는 원자재의 대량수출 때문에 농촌의 재생산기반이 파괴**되는 것을 직접 체험했다. 강만길著, 『고쳐 쓴 한국 근대사』, 213p, 창비刊.

조선총독부는 토지조사사업과 회사령 등을 강압, 준비를 갖춤으로써 **식민지 조선을 상품시장으로, 원료 식량 조달의 장으로, 그리고 자본투하의 장으로, 저임금 노동력 확보의 장**으로 그 재생산 체계 속으로 본격적으로 짜 넣으려 했다. 가지무라 등 일본 학자의 견해. 최형문著, 『한국 근대의 세계사적 이해』, 177p에서 재인용, 지식산업사刊.

여기 두 개의 FTA가 있다.

일제가 조선에 '일본식 토지조사령'과 '회사령'을 이식한 것은 '식민지 수탈'이라 가르치고, 미국이 대한민국에게 '미국식 통상법'을 이식한

한미 FTA는 '글로벌 스탠다드'라고 가르친다. 일본 투자자가 토지조사령과 회사령을 근거로 조선에 투자하여 조선 원자재, 식량을 조달한 것은 '식민지 수탈'이라 가르치고, 미국 투자자가 한미 FTA를 근거로 대한민국의 천연자원 탐사_{채취, 정제, 운송, 유통, 매각 포함}, 발전, 배전, 용수, 통신 등 원자재와 공중서비스를 조달하는 것은 '글로벌 스탠다드'라고 가르친다. 일제 강점기에 일본 투자자가 세운 주식회사에서 조선인을 저임금으로 고용한 것은 '식민지 수탈'이라 가르치고, 미국인 투자자가 주식을 소유한 대한민국 재벌기업이 비정규직을 고용하는 것은 '글로벌 스탠다드_{노동 유연화}'라고 가르친다. 일제가 동양척식주식회사, 조선식산은행, 조선철도회사를 만들어 이익배당을 가져간 것은 '식민지 수탈'이라 가르치고, 론스타가 배당이익과 주식매각 차익을 남기는 건 '글로벌 스탠다드'라 가르친다. 한일 FTA 조약에 위반하여 세이프 가드_{방곡령}를 발동하는 바람에 손해배상한 것은 '식민지 수탈'이라 가르치고, 한미 FTA 조약에 위반한 세이프 가드 발동으로 손해배상하는 것은 '글로벌 스탠다드'라 가르친다. 일제 강점기의 금융시장 개방에 대하여는 '식민지 수탈'이라 가르치고, 한미 FTA 조약의 금융시장 개방은 '글로벌 스탠다드_{규제 완화}'라 가르친다.

1876년 한일 FTA 조약은 "정치적, 경제적, 군사적 침략을 위한 불평등조약이었다"고 가르치려면, 2011년 한미 FTA 조약도 "정치적, 경제적, 군사적 침략을 위한 불평등조약"이라고 가르쳐라. 2011년 한미 FTA 조약을 '글로벌 스탠다드'라고 가르치려면, 1876년 한일 FTA 조약도 '글로벌 스탠다드'라고 가르쳐라. 일관성이라도 있어야 할 것 아닌가?

잘못된 FTA 체결로 조선은 문자 그대로 '아비규환'의 지옥이었다. 한일 FTA 조약 체결 불과 6년 만에, 먹고 죽을래도 쌀이 없자, 이를 참지 못한 군인과 도시빈민은 폭동을 일으켜 민씨 정권을 무너뜨리는 반란이 일어나고, 대원군 이하응은 재집권에 성공한다. 이게 임오군란이다.

강화도조약(1876. 2. 26) V

부자 나라가 되는 방법은?

▌박정희는 철저한 보호무역주의자였다

▌ 한국은 대외의존도가 높은 나라이고, 따라서 자유무역과 개방을 외면
하면 생존이 불가능하다는 주장이 있다. 1876년 개방이 아무것도 모르는
상태에서 개방한 것이라면, 오늘날 한미 FTA는 나름대로 근거를 갖고 개
방했다고 주장하는데, 그 근거라는 게 바로 위와 같은 주장이다. 참여정
부와 민주당 486이들은 스스로를 '유연한 진보'라고 한다, 한나라당, 미국 경제학의
세례를 받은 대부분 경제학자들이 이런 주장을 한다. 뭐 대한민국 대다
수 정치인, 관료, 학자들이 이렇게 주장한다고 보면 맞다. 유시민의 『대
한민국 개조론』을 보자.

노무현 대통령은 그의 지지층과 옛 참모들의 반대를 무릅쓰고 한미 FTA 협상을 전격 추진했습니다. 엄청난 반대 운동과 여론의 역풍을 뚫고 협정을 타결했습니다. 그런데 큰 정치적 위험을 동반했던 이 선택이, 사실은 40여 년 전 **박정희 대통령이 했던 바로 그 선택의 연장선 위에서 이루어진 것**이라고 저는 평가합니다. 세계관, 정치철학, 대통령으로 처한 시대적 과제가 크게 다른 노무현 대통령의 선택이 사실은 박정희 대통령의 선택에 의해 필연적으로 예정되어 있었다는 저의 주장이 엉뚱해보일 수도 있겠습니다. 하지만 알고 보면 그리 놀랄 만한 주장이 아닙니다. 대한민국은 이 길에서 성공할 수도 있지만 실패할 수도 있습니다. 하지만 이것 말고 성공으로 가는 다른 길은 없다고 저는 판단합니다. 유시민著, 『대한민국 개조론』, 31p, 돌베개刊.

이처럼 유시민은 노무현의 한미 FTA 추진은 박정희의 유산이라고 주장한다. 그러나 이는 진실이 아니다. 유시민의 주장과 달리 박정희는 보호무역의 화신이었다.

▌ 보호무역의 화신이자 강력한 국가 개입주의자 박정희

자칭 유연한 486들은 '자유무역'과 '수출'을 혼동하고 있다. 자유무역과 수출은 번지수가 전혀 다르다. 결론부터 말한다. 똑같은 독재자인 칠레의 피노체트는 '신자유주의적 자유무역'으로 쫄딱 망했지만, 똑똑한 박정희는 '보호무역'을 택했다. 박정희는 국가주도의 철저한 보호무역을 통한 수출진흥정책으로 경제성장에 성공했다는 말이다. 자유무역 추진 세력은 한미 FTA를 마치 박정희 경제정책의 승계처럼 주장하지만, 혹세무민이다. 박정희와 자유무역은 상극이었다.

박정희가 자유무역해서 수출입국을 만든 줄 아나? 미국과 영국이 자유무역해서 세계 최강이 된 줄 아나? 천만의 말씀이다. 박정희는 과거 영국과 오늘날 미국, 일본처럼, 국내 제조업에 대해 완벽한 '보호무역'을 취했다. 쇄국에 가까운 보호무역정책을 펼쳤다. 재벌 특혜라는 소리 들어가면서 보조금 지급하고, 높은 관세를 유지하여 외국 상품이 밀려오는 것 완벽하게 틀어막았고, 비관세장벽으로 각종 쿼터제 실시와 각종 우대금리 혜택을 주고, 심지어는 재벌을 위해 사회주의 국가에서도 하기 어려운 '사채 동결조치'까지 취했다. 박정희는 외환마저 철저하게 통제했다. 오늘날 IMF와 한미 FTA에서 요구하는 것과 '정반대'로 했다. 재벌 특혜라는 야당의 공세 속에서도, 굴하지 않고 국내 제조업을 무지막지하게 보호했다. 물론 정경유착의 폐해도 많았고, 이 때문에 야당으로부터 집중 공격을 받은 것도 사실이다. 나도 인정한다. 그러나 그때 박정희의 쇄국적 보호무역정책이 없었더라면 지금의 현대자동차, 삼성전자, 엘지전자, 포스코, 태평양은 태어나기도 전에 쓰러졌을 것이다. 삼성전자가 세계 굴지의 회사가 된 것도 불과 10년도 안 된 얘기다.

박정희 정권의 재벌 특혜, 정경유착, 노동 착취에 대하여

많은 학자들이 박정희 정권의 재벌 특혜, 정경유착, 노동 착취를 비판한다. 그러나 박정희만 재벌 특혜, 정경유착, 노동 착취 했나? 노동 착취 안한 정권 있나? 까놓고 말해보자. 구속노동자 후원회에 따르면 MB 정권 2009년 6월까지 구속노동자는 225명, YS 정권 632명, DJ 정권 892명, 노무현 정권 1,052명이었다. 숫자만 보면 누가 아군이고 누가 적군인지 구분이 안 된다.

노동 착취 문제에 대해 한마디 안 할 수 없다. 노동 착취는 모든 경제 체제의 공통 문제이다. 그건 자본주의적 생산방식을 택하는 한 필연적인 것이다. 중국도, 북한 개성공단도, 미국도, 어느 체제든 노동에 대한 착취는 늘 있어 왔고 앞으로도 그럴 것이다. 착취의 방식과 형태와 강도만 다를 뿐, 노예제든 봉건제든 자본제든 착취는 늘 있었다. 수많은 제3세계 국가에서 노동 착취가 있었고, 지금도 진행 중이다.

그런데 경제성장에 성공한 나라는 대한민국이 거의 유일하다. 노동 착취가 있다고 반드시 경제가 성장하는 것은 아니라는 것이다. 미국 원조 덕에 성장했다? 우리보다 훨씬 더 많은 원조를 받고도, 아직까지도 빈국의 늪에서 헤매는 국가도 많다. 박정희를 미화하자는 게 아니다. 나도 그 시절의 열악한 노동 환경을 생각하면 가슴이 아프지만, 그래서 박정희가 노동 착취로 경제성장을 했다는 반론에 대해 물론 일부 긍정하지만, 전적으로 찬성할 수는 없다.

정경유착은 어떤가? 박정희 때보다 지금이 정경유착이 덜하다고 자신하나? 그렇지 않다. 박정희 시절보다 지금이 훨씬 구조적이고 조직적이고 지속적이고 세련된 방식으로 정경은 밀착됐다. 박정희, 전두환 때는 권력이라도 무서워했지만, 오늘날 재벌은 '겁대가리'마저 상실한 지 오래다.

차관은 빌렸지만 개방은 반대한 박정희

박정희는 부자가 되는 방법을 알고 있었다. 박정희는 자본시장 개방을 통한 외국인 주식투자를 금지하고, 차관을 빌리는 것을 선택했다. 차관은 열심히 일해서 빚을 갚아버리면 끝이지만, 주식을 넘기는 경우는 아무리 열심히 일해 봤자 그 이익은 영원히 외국인 것이기 때문이다. 한 가지 통계만 지적한다. 1998~2004년까지 7년 동안 외국인이 주식시장에서 1322억 달러의 매매차액을 남겼다. 같은 기간 전 국민이 무역을 통해 벌어들인 1301억 달러보다 많은 수치다. 오늘날 외환자유화 이후 외자유치의 현실이다. 다른 게 열강의 이권침탈이 아니라, 이게 바로 열강의 이권침탈이다.

박정희의 자본집중

장사신규사업를 하려면 장사 밑천자본축적이 있어야 한다. 국가도 똑같다. 박정희는 신규사업에 투자할 돈이 부족하자, 우리 청년들을 미국 용병으로 전쟁터로 내몰았다베트남전쟁. 우리나라 엘리트들을 서독에 광부와 간호사로 취직시켰다. 중앙정보부에서 기지촌 여성을 불러 놓고, "니들은 달러 벌이의 최전선에 있는 애국자다"라고 교육도 했다. 장사 밑천을 구하기 위해, 우리의 철천지 원수 일제와 굴욕적인 외교 재개를 했다.

박정희는 경제학에서 말하는 자본축적, 즉 장사 밑천 마련을 위해 정말 개같이(?) 벌었다. 전국의 초딩들에게 통장을 하나씩 만들게 해서, 매주 100원, 200원씩 코 묻은 돈을 저축하게 했고, 교사들을 동원해 그것을 점검했다. 40대 이상은 다 기억할 것이다. 학생들을 동원해 폐품 수집도 했다. 일반인들에게는 재형저축 상품을 만들어, 온 국민에게 저축을 강요했다. 그렇게 자본축적을 했다. 박정희는 이런 식으로 할 수 있는 짓은 다해서 '장사 밑천'을 만들었다. 우리는 일제 강점기에 일본의 수탈 때문에 자본축적은 꿈도 못 꾸었다. 결국 박정희 시대에 와서야 비로소 자본축적이라는 것을 한 것이다.

자유무역 좋아하지 마라. 선진국의 후진국 벗겨먹기일 뿐이다

윤리적 논쟁은 차치하자. 박정희를 미화하려는 것도 아니다. 나는 박정희 시절의 가혹한 인권 유린, 고문, 박멸에 가까운 야당에 대한 정치적 탄압, 사상적 멸균 국가에 대해서 누구보다도 끔찍하게 생각하는 사람이다. 내가 말하려는 요지는, 자유시장, 자유경제를 좋아하는 애들한테 우리가 절대 자유시장과 자유무역으로 경제성장을 이룩한 것이 아니라는 것을 말하려는 것이다. 박정희는 피눈물 흘려 가면서 모은 달러가 외국으로 빠져나가지 못하도록 철저하게 외환을 통제 한 후, 이를 국내 제조업에 재투자했다. 새마을운동하고, 논밭을 뭉개고 공장을 지었다.

반면 남미국가의 '있는 놈' 들은 외화를 모두 미국 은행에 예치하고 국내 재투자는 외면했다. 외환자유화 = 자유무역 = 자유경제를 도입했기 때문에 가능한 일이었다. 그래서 아직도 남미가 죽을 쑤고 있는 것이다. 만약 1960~1970년대 박정희가 외환자유화하고 자유무역 했으면 우리는 아직도 손가락 빨고 있을 것이다.

박정희는 개같이 마련한 장사 밑천을 재투자해서, 처음에는 밀가루, 설탕 만드는 제조업 수준이었지만1960년대, 이를 꾸준히 업그레이드시켜 철강, 화학, 자동차 등으로 확대해 갔다1970년대. 삼성이 무슨 회산가? 밀가루 만들던 회사 아닌가. LG는 럭키금성, 아니 그 이전엔 '락희 치약' 이라고 치약 만들던 회사다. 밀가루, 치약이나 만들던 조잡한 회사들이 '컬러 텔레비전' 만들더니, '석유화학' 하고, '대형 플랜트 공사' 하고, 자동차 만들고, 반도체, 철강, 조선까지 한여름 대나무 자라듯 쑥쑥 일취월장했다. 이렇게 수십 년을 '보호무역'으로 키워서, 이제 겨우 3~4개 분야반도체, 철강, 자동차, 조선에서 세계시장에서 경쟁할 만한 수준이 된 거다. 그런데 이제 겨우 몇 개 분야에서 싸울 만해졌다고 '전면 개방'이라니? 아주 죽으려고 환장을 한 것이다. MB는 나아가 중국과 FTA를 하겠다고 나섰다. 제발 누가 좀 말려주기 바란다.

박정희의 은행 국유화 – 금융자유화 반대

박정희 시절은 사유재산이 인정된 것을 빼고는, 사실상 사회주의와 다를 바 없었다. 명목상으론 개인기업이었지만 그 경영은 정부와 공동으로 이루어졌다김광석, 김준경著, 『경제발전의 종합평가』, 한국개발연구원. 국가 기관이 총 동원돼 자본축적장사밑천 마련에 나섰다. 한국은행을 재무부 산하 하급기관으로 만들어 버렸고1962, 은행 국유화는 당연했다. 은행을 통하여 재벌을 장악했고, 말 안 들으면 정책금융을 끊어 부도내 버렸다. 잘하는 놈들은 보조금 엄청 주고 키웠다. 민간이 못 하겠다고 하는 대형 사업엔 국가가 나서서 직접 기업을 만들었다. 한국통신, 한전, 포철이 그것이다.

박정희는 오늘날 미국식 주류경제학에서 말하는 '자유시장경제', '신자유주의'와는 180도 다른 경제 시스템으로 성공했다. 박정희는 수출지상주의자였지만, 신자유주의자도 아니었고, '유연한' 486 주장처럼 자유무역주의자도 아니었다. 그는 절대 '시장'을 신봉하지도 않았고 '자유경제'를 믿지도 않았다. 일본도, 대만도, 싱가폴도 비슷하다. 오늘날 중국도 박정희 방식을 수용하여 G2가 된 것이다. 싱가폴의 토지는 국유다. 주택도 85%는 국유이고, 대부분의 기업은 국영기업이다. 주류경제학이나 한나라당의 시각에선 박정희, 이광요의 싱가폴, 오늘날의 중국 모두

'빨갱이'인 것이다. 박정희의 한강의 기적은 강력한 '보호주의'의 결과다. 한국이 낳은 세계적 경제학자 장하준은 '자유무역'을 통해 부자가 된 나라는 단 한 곳도 없다고 단언한다.

부자나라가 되는 방법

부자나라가 된 선진국의 과정은 모두 똑같다. 별다른 비법이 있는 게 아니다. 「국내 제조업에 대한 철저한 보호무역정책 + 강력한 수출드라이브정책 + 전략적, 선택적, 제한적 개방 + 외환의 철저한 통제 = 부자나라가 된 것」이다. 우리도 박정희 때 이렇게 해서, 지금 먹고살 만해진 것이다자세한 것은 장하준 「Bad Samaritans」 40p 이하 chapter2. How did the rich countries become rich?와 Erik Reinert 교수의 「How Rich countries got rich and Why poor countries stay poor」를 참조하시라.

다른 각도에서 설명하면 무역정책은 '보호무역을 기본으로 하고, 예외적 분야에서 자유무역을 채택'해야 나라가 융성해진다. 까놓고 말하면 ▲ 원재료는 식민지로부터 뺏거나 남의 나라에서 사 와서 그 원재료를 이용해 부가가치가 높은 공산품을 만들어 수출하는 나라 ▲ 그리고 외국의 공산품은 관세와 각종 장벽으로 쉽게 들어오지 못하게 하는 나라 ▲ 도로, 항만, 항공, 선박, 전기, 수도, 가스, 통신, 의료, 주택 등 국가 기간산업은 민영화하지 않고 국가가 직접 관리하는 나라. 이런 정책을 취하는 나라가 부자나라가 될 수 있는 것이다. 미국이 원유가 없어서 중동에서 수입하는 게 아니다. 정확히 말해 미국은 자유무역 국가가 아니라, 자유무역 '강요' 국가다.

세계에서 가장 개방이 덜 된 나라 - 미국, 일본

세계에서 가장 개방이 덜 된 나라가장 보호무역을 하는 나라가 어디일까? 바로 미국과 일본이다. 2004년 미국의 개방도는 수출 + 수입의 평균/GDP 10%, 일본은 11%, 독일 30%, 한국 35%, 중국 35%다. 미국은 1970년대에는 개방도가 5%도 안 됐다송병락著, 『글로벌시대의 경제학』, 45p, 박영사刊.

우리는 미국 일본보다 무려 3.5배나 더 개방이 됐다. 우리나라는 지금 사우디아라비아산 새우가 수입되는 나라다. 지금 이 순간 독자들이 생각하는 그 무엇도 다 수입되고 있다고 보면 맞다. 우리는 이미 충분히 개방이 된 국가다. 개방은 우리가 할 것이 아니라, 미국이 해야 한다.

개방은 제한적·선별적·전략적으로 해야 한다

노무현 대통령은 참여정부 시절 "개방과 관련해 반대가 많았는데 반대 논리대로 된 게 하나도 없다. 한국이 개방해서 실패한 일은 별로 없다"는 어이없는 말을 했다2006. 8. 9. 盧-연합뉴스와 특별회견. 이건 사실이 아니다. 우리는 역사상 두 번 큰 개방했는데, 두 번 다 쫄딱 망했다. 한 번은 고종의 강화도조약35년 만에 강제 병합됐다, 다른 한 번은 YS의 자본자유화다3년 만에 IMF 식민체제를 맞이했다.

'쇄국'은 우리를 정체시킨다. 그러나 강대국에 대한 '일시적 전면개방'은 모든 것을 다 파괴한다. 한미 FTA가 문제되는 것도 '상품시장'은 물론 '서비스시장'까지 개방하는 역사상 유례없는 '전면개방'이기 때문이다. 박정희가 성공한 것은 쇄국도 아니요, 전면개방도 아닌, '전략적·선택적·제한적 개방'의 덕택이다. 개방을 하지 말자는 것이 아니다. 개방은 박정희처럼 감당할 수 있을 만큼 찔끔찔끔, 제한적으로, 천천히, 선택적인 분야에 집중해서 해야 내성도 생기고 경쟁력 제고에 이바지할 수 있는 것이다.

자기들은 개방 안 하면서 남들에게는 총칼로 개방을 강요하는 나라, 이게 제국주의다. 그러니까 미국과 일본이 잘사는 것이다. 죽어도 세계 최강 미국과 FTA를 통해 개방을 하고자 한다면, 전면 개방이 아닌 제한적·선별적·전략적 개방을 택해야 했다. 그러나 우리는 상품시장과 서비스시장의 전면개방이라는 절대 취해선 안 되는 노선을 택했다. 자유무역을 좋아하는 분들을 위해 장하준의 역작 『나쁜 사마리아인들』의 일부를 인용한다.

영국과 미국은 자유무역의 본거지가 아니다. 사실, 오랫동안 이들 두 나라는 세계에서 가장 보호주의적 국가였다. 물론 보호주의와 보조금이 주어진다고 해서 모든 국가가 성공하는 것은 아니다. 그러나 보호주의 없이, 보조금 없이 성공한 나라는 거의 없다. (…) **가장 우수한 경제 성과를 보이는 나라는 선택적, 점진적으로 개방한 나라다.** 신자유주의 무역자유화정책은, 성장을 위해 평등을 희생할 뿐이라고 주장하지만, 사실 성장과 평등 모두 얻지 못하고 있다. 장하준著, 「Bad Samaritans」, 16~17p, Bussiness Books刊.

미국에 걸려든 나라들

미국의 FTA에 걸려든 나라들의 면면을 보라. 멕시코, 캐나다, 호주, 오만, 모로코, 요르단, 이스라엘, 바레인, 페루, 파나마, 콜럼비아, 니카라구아, 엘살바도로, 온두라스, 코스타리카, 과테말라 등. 쓸 만한 나라는 캐나다와 호주뿐이다. 그나마도 호주는 식민지 핵심조항인 ISD는 삭제했다. 여기 걸린 놈들은 정말 멍청한 놈들인 거다. 우리나라와 상황이 거의 유사한 일본은 왜 미국과 FTA를 추진하지 않나? 언론기사를 인용한다.

> 그런데 왜 일본은 최대 수출 상대국인 미국과의 FTA에 적극 나서지 않고 있을까? 현대경제연구원에 따르면, 일본은 이미 말레이시아, 싱가폴과 경제동반자협정EPA, 일종의 FTA을 체결했고, 타이, 필리핀과도 주요 합의에 이르는 등 동아시아 국가들과 활발하게 FTA를 추진하고 있다. 그러나 수출의 7.9%를 차지하는 미국과의 FTA에는 큰 관심을 보이고 있지 않다. 이유는 **일본의 주력 수출상품인 자동차와 가전 부문에 대한 미국의 관세가 0~4%로 매우 낮기 때문에 관세 철폐의 효과가 미미하다는 점, 미국과 FTA를 체결해 농업, 건설, 공공서비스 등 취약 부문이 개방되면 오히려 경제의 전체적인 후생 수준이 낮아질 수 있다는 점, 일본-멕시코간의 FTA를 통해 NAFTA 회원국인 멕시코에 투자함으로써 미국과의 FTA를 대체할 수 있다는 점**을 들었다. 미국과의 FTA에서 상대적으로 얻을 것이 별로 없기 때문이라는 얘기다. 〈한겨레〉, 2006. 8. 1.

강화도조약의 총평

강화도조약한일 FTA에 대한 고려대학교 사학과 강만길 명예교수의 총평을 보자.

> 민씨 정권이 대원군 정권보다 진보적인 정권인 것도 아니고 또 민씨 정

권기가 대원군 정권기에 비해 문호를 개방할 만한 내부적 준비가 갖추어진 것은 아니었다. 개항론자인 박규수가 조약 체결과정에 적극 참여한 것은 문호개방을 위한 내부적 준비가 갖추어져서가 아니라, 내수외양內修外攘을 하지 못한 것을 안타까워하면서, 우선 일본의 군사적 침략을 막기 위한 방법의 하나로 조약 체결을 주장한 것이다. 강화도조약은 조선이 외국과 체결한 최초의 근대적 조약이며 **불평등조약**이었다. 이를 계기로 **치외법권과 무관세 무역**을 인정했다. 조선이 쇄국주의를 청산하고 문호를 개방하여 일본을 비롯한 구미제국과 국교를 연 것은 은둔국의 처지를 벗어나 세계사적 추세에 발 맞추어간 것이라고 할 수도 있다. 그러나 그것은 **근대 민족국가 건설과 자율적 산업혁명의 계기가 되지 못하고, 집권 세력의 외세에 영합하고, 정치경제적으로 그것에 예속되는 계기가 되어, 이후 근대화가 아닌 식민지화의 길을 걷게 된다.** 강만길著, 「고쳐 쓴 한국근대사」, 179~180p 요약, 창비刊.

요컨대 치외법권과 무관세 무역을 인정한 불평등조약의 결과, 근대화가 아닌 식민지화의 길을 걷게 됐다는 것이다. 한일 FTA 조약으로 조선은 급격하게 자본주의체제로 편입되었으나, 이를 뒷받침할 수 있는 정치체제는 입헌군주제는커녕 고리짝 그대로였다. 이런 체제를 가진 나라가 제대로 굴러가겠나? 모순과 자조, 허무, 약육강식의 연속이다.

1875년 황해도 평산에서 이승만이, 1876년 역시 황해도 해주에서 김구가 태어난다.

강화도조약(1876. 2. 26) VI

한미 FTA 추진 세력의
한가한 인식 수준

▌한미 FTA는 단순한 통상정책에 불과하다?

▌한미 FTA는 단순한 '통상' 정책에 불과하다는 게 많은 친노 정치인들 주장이다. 안희정, 이백만이 이런 주장을 했고, 유시민도 얼마 전 한미 FTA 반대로 입장을 선회하기 전까진 같은 견해였다. 이들은 한미 FTA 비준을 마치 사학법, 4대강법, 미디어법 등과 같은 단순한 '정책' 문제라고 생각한다. 이게 환장할 노릇이다. 나도 한미 FTA가 단순한 '통상' 협정이고, 품목마다 관세 양허표만 규정돼 있으면, 100번이라도 더 찬성하겠다. 그게 아니니까 문제라고 말해줘도, 계속 '통상' 정책에 관한 문제라고 자기 세뇌를 하고 있다.

한미 FTA가 단순한 통상조약이 지나지 않는다면, 한일 FTA 조약^{강화도}

조약도 단순한 통상조약에 지나지 않는다. 그러나 오늘날 모든 역사학자, 국제정치학자, 외교학자들은 강화도조약을 "정치적·군사적·경제적 침략을 위한 불평등조약"이며 "대륙침략의 시발점"이라고 평가하는 데 이론 異論이 없다. 이들 주장대로라면 단순한 통상협정 맺었다가1876, 30년 만에 외교주권까지 뺏긴 것인데1905, 그게 말이 되나?

한미 FTA는 한미 간 정치 통합의 첫걸음

한미 FTA가 단순한 통상협정이라면, 조문 댓 개 정도에다 품목별 관세 양허표만 붙어 있으면 된다. 단순한 통상협정이라면 지금처럼 영문본, 한글본, 총 1,470p 협정문을 만들어 대한민국 법을 이렇게 저렇게 바꾸라고 강요할 이유가 없다. 강화도조약은 단 '12개 조문'으로 조선을 식민지화했다. 그런데 한미 FTA는 무려 1,470p다. 강화도조약과는 비교할 수 없을 정도로 촘촘한 그물망으로 대한민국을 엮어 놓았다. 1,470p의 수많은 조문들은 씨줄과 날줄로 대한민국의 주권, 공공정책을 총체적으로 유린할 것이다. 한미 FTA는 단순한 통상협정이 아니라, 대한민국의 근본 틀헌법, 법률, 문화, 관습, 제도, 사고방식을 미국식으로 개조하는 '국가적 창씨개명'이다. 단순한 통상조약이 아니라 포괄적 경제통합협정이며, 한미 간 '정치 통합'의 첫 단추이다. 지금 이 순간도 대한민국 국회에서 한미 FTA를 성경말씀 삼아 수많은 대한민국 법률을 미국식으로 개정하고 있다. 대한민국이 미국과 같아지는 거다. 이 매국적 작태를 어떻게 책임질 건가?

법률은 그 나라의 역사, 문화, 전통, 관행, 사회 세력 간 이해관계, 국민 정서가 반영되고 녹아들어 있는 총체적 규범이다. 국회에서 법률 하나를 통과시키기 위해 이해관계를 가진 수많은 당사자들이 공청회, 토론회를 통해 사회적 숙성기간을 거친다. 그런데 마른하늘에 날벼락도 유분수지, 듣도 보도 못한 미국식 법을 모델로 묻지도 따지지도 않고 대한민국 법을 개조하는 짓을 하고 있다. 매국이 별건 줄 아나? 다른 게 매국이 아니라 그게 '매국'이다. 그렇게 바뀐 법이 누구에게 유리하겠나? 미국 투자자들이 대한민국 서민, 노동자, 농민, 도시빈민을 위해 대한민국 법 개정을 강요하겠나?

관세를 몰랐던 조선 정부, 지금은 다른가?
– 우리 법은 간접수용을 모른다

앞서 지적했듯, 조선은 관세자주권을 확보하지 못했다. 자주권은커녕 '관세'가 무엇인지도 몰랐다. 오늘날은 다른가? 한미 FTA의 핵심 독소 개념 중 하나인 '간접수용'이라는 개념은 우리법이 모르는 개념이다. 행정법 교과서에도 없다. 대한민국 법률가들의 머리속에 존재하지 않는 개념이다. 법은 개코도 모르는 외통부 검은 머리 미국인들이, 미국법에만 존재하는 '간접수용' 개념을 덜컥 받아 가지고 와서, 이게 '글로발 스탠다드'니까 빨리 비준시켜 '법률'로 받아들이자고 주장한다.

새빨간 거짓말이다. '글로발 스탠다드'는커녕 세계 어디에도 없고 '미국에만' 존재하는 개념이다. "본 뱀은 못 그려도 못 본 용은 그린다"고, 연일 '간접수용'에 대해 논란만 무성하다. 정부 측에서는 정부의 정당한 정책이 간접수용에 해당하는 일은 거의 없을 것이라고 주장하고, 반대론자들은 공공요금 억제, MB 물가 억제 등과 같은 '일상적' 정부 조치조차 간접수용을 구성하여, 이로 인해 손해를 본 미국인 투자자에게 손해배상해주는 일이 비일비재할 것이라고 주장한다물론 난 후자의 입장을 지지한다.

그러나 대한민국 정부정책이 간접수용에 해당하는지 여부는, 우리끼리 백날 토론해 봐야 소용없다. 누구 말이 맞는지는 결국 미국에 있는 ICSID에서 판단 받아 봐야 알 수 있다. 외통부 공무원 나부랭이들이 간접수용에 해당이 된다, 안 된다 말할 수 있는 성질이 아니란 말이다. 나아가 지금까지의 ICSID 판결 사례를 보면, 외통부 주장은 설득력이 매우 떨어진다. 정부의 정당한 정책조차도 간접수용을 구성한다고 하여 손해배상을 결정한 사례가 수두룩하다홍기빈著, 「투자자-국가 직접소송제」를 참조. 결국 한일 FTA 조약의 무관세 폐해가 얼마나 컸는지 겪어 본 후에 알았듯, 간접수용의 폐해가 얼마나 클지도 겪어봐야 알 것이다.

뭐, 좋다. 백 보 양보해서 ICSID에서 대한민국 정부의 조치가 정당한 공공정책에 해당하므로 간접수용을 구성하지 않는다고 판단을 했다고 치자. 승소해서 좋은가? 대한민국 정부정책이 정당한 공공정책에 해당하는지 여부를 ICSID의 외국인에게 판단을 받는 것 자체가 치외법권이고 식민지라니까? 다른 게 식민지가 아니라, 그게 식민지라니까? 게다가 패소하면 국민 혈세로 손해배상액을 토해내야 하고, 배상액 지급을 거부하면 상품 무역 보복과 연계할 수 있도록 한 것이 한미 FTA의 ISD 제도이다. 치욕스럽지 않은가? 자국의 정책을 '외국인'에게 평가받아 집행해야 하는 나라, 그게 바로 식민지다.

치외법권에서 벗어나려는 나라, 치외법권을 확장하려는 나라

치외법권의 역사는 식민지의 역사이다. 일본은 1894년에 가서야 일본 총리 이토 히로부미에 의해 미국과 치외법권 폐지 협상에 성공한다.

그제서야 비로소 미국과 대등 외교가 가능해졌다. 중국은 1943년에 가서야 서구 열강이 부과한 치외법권의 굴레에서 벗어난다. 1842년 아편전쟁 이후 100년 만에 식민지에서 벗어난 것이다. 저명한 중국사학자 존 페어뱅크는 치외법권이 존속한 1842~1943년까지 100년간을 '불평등조약의 세기'로 정의한다. 그런데 우리는 사실상 치외법권 제도인 ISD를 수용하여 자발적으로 '불평등조약의 세기'로 가려 한다. 이쯤되면 정말 "방뽑이 읎다."

신헌이나 문재인이나 유시민이나 50보 100보

강화도조약 협상 대표로 나섰던 한국 측 대표 신헌은 FTA가 뭔지 몰랐다. 정태인에 따르면 한미 FTA 협상대표였던 김종훈도 2006년 당시 GATT도, NAFTA도 전혀 이해하지 못하고 있었다고 한다. 1876년 한일 FTA 당시의 모습을 보자.

조약 체결에 나선 조선 측 대표 신헌은 무관으로서 통상외교가 무엇인지도 몰랐다. 일본의 수행원이 조선에서의 통상과 관련해 일본의 화폐제도를 설명하려 하자 **"사대부는 덕치에 대해서나 생각하지 통상 같은 천한 문제에는 관심이 없다"**며 알아서 하라는 식의 태도를 보였다. 그는 또 노동을 모른다며 증거로 자신의 길게 기른 손톱을 일본 측 대표들에게 보여주기도 했다. 나중에 신헌은 조약을 맺고 나서 고종으로부터 수고했다는 격려와 함께 무위도통사라는 벼슬까지 제수받고 1882년 미국과의 통상교섭 대표자로 나섰으니 한심한 일이라 하지 않을 수 없다.

강준만著, 『한국 근대사산책1』, 156p, 인물과사상사刊.

한미 FTA를 체결한 참여정부는 다른가? 한국에서 한미 FTA는 법률적 효력을 갖는다^{헌법 6조}. 나아가 그 내용에 있어서는 사실상 헌법까지 침해하는 매국 조항으로 가득하다. 그러나 미국에서 한미 FTA는 미국 헌법, 법률, 주법, 관습법에 합치되는 범위 내에서만 유효하다. 이처럼 똑같은 한미 FTA가, 미국과 한국에서의 법적 지위가 다르다. 이런 것을 두고 '식민지 불평등조약' 이라고 하는 것이다.

그런데 문재인과 유시민은 한미 FTA 협정의 한미 간 법적 지위가 불평등하다는 사실을 몰랐다고 자백했다. 유시민은 한미 FTA 집회 연설에서 이 사실을 고백했고, 문재인은 '나는 꼼수다'에 출연하여 이를 고백했다. MB 정권에 들어와서, 그것도 MB가 날치기를 하니 마니 하는 상황이 되어서야 그 불평등성을 알았다는 것이다. 난 그 말을 듣고 깜짝 놀랐다. 나뿐만 아니라, 언론보도를 보니 많은 사람이 깜짝 놀랐다고 한다. 이 법적 지위의 불평등성 문제는 이미 참여정부 시절 '민변'에서 골백번도 더 문제제기한 사안이었다. 그런데 몰랐단다. 저런 자들이 참여정부의 2인자였다. MB 욕하는 건 관대하고, 우리 반성에는 엄격해선 미래는 없다.

130년 전 강화도조약 협상대표로 나선 신헌이, 사대부는 덕치에 대해서나 생각하지 통상 같은 천한 문제에는 관심 없으니 알아서 하라는 식으로 협상에 임한 것이나, 미국의 'FTA 이행법' 때문에 한미 간 자유협정의 법적 지위가 다르다는 사실을 몰랐다는 문재인, 유시민이나 50보 100보다. 문재인은 인격은 참 훌륭한 것으로 알려졌다. 그러나 인격과 도덕으로 정치하는 것 아니다. 나는 그의 도덕적 순결성, 감상적 순수함이 오히려 걱정이다. 준비 안 됐으면 나서지 마라. 상처만 받을 뿐이다.

대한민국에 한미 FTA 협정문 전체를 다 읽어 본 사람은 10명?

한미 FTA 반대론자들 중, 한미 FTA 협정문 총 1,470p국문본 762p, 영문본 708p를 모두 읽어 본 사람은, 내가 알기로 딱 2명이다. 통합진보당 이정희 대표와 한미 FTA 최고 전문가인 한신대 이해영 교수. 그렇다면 한미 FTA 찬성론자들 중에서 한미 FTA 협정문을 모두 읽어 본 사람은 몇 명이나 되는가? 모른다. 확인 안 되고 있다. 그저 "설마 김종훈은 다 읽어 봤겠지" 하고 추측하는 수준이다. 다시 말해 한미 FTA 협정문을 다 읽어 본 사람이 탁탁 털어봐야 대한민국에 10명이 될까 말까 한다는 것이다. 이게 말이 되나?

법이라는 게 우리 말로, 우리나라 법률 전문가가, 수많은 해외 관련 입법을 참조하고, 수많은 이해당사자와 토론과 공청회를 거쳐 만들어 시행해도 입법자가 예상치 못한 결과를 보이는 경우가 허다하다. 그렇게 생긴 독소조항 하나 제거하려 해도, 여야 간 또는 이해집단 간 타협이 이루어지지 않으면 수십 년 간 개정도 못 하는 경우도 허다하다. 하물며 조약은 어떻겠는가? 조약은 한번 맺으면 사실상 개정할 수가 없다. 특히 강대국과의 조약은 그 자체로 '성경 말씀'이 되는 것이 국제정치적 현실이다. 그래서 조약은 조문마다 시간을 갖고 수많은 가능성을 요모조모 꼼꼼히 따져봐야 하는 것인데, 1,470p 한미 FTA 협정은, 조문 내용을 꼼꼼히 따져보기는커녕, 다 읽어 본 사람이 대한민국에 10명이 안 된다. 내 주장은 1876년 한일 FTA 비준 시에도 뭣도 모르고 비준했고, 2011년 한미 FTA 비준도 1876년과 크게 다를 바 없이 뭣도 모르고 비준했다는 것이다. 지금 한미 FTA 10대 독소조항이니 하고 얘기하지만 빙산의 일각일 뿐이다. 사실 어떤 조문이 어떤 비수가 돼 대한민국의 심장에 꽂힐지는 지금으로선 아무도 장담할 수 없다고 말하는 게 솔직하다.

똑같이 개방했는데, 왜 청나라와 조선은 망하고 일본은 살았나? – 일본은 덜 개방했기 때문

일본도 미국에게 치외법권, 협정관세, 최혜국 조항을 인정한 것은 우리와 똑같았다1858. 그런데 왜 조선과 청나라만 식민지가 되고 일본은 살아남았나? 결론은 '개방의 폭'이 달랐기 때문이다. 일본은 조선, 청나라에 비해 개방의 폭이 훨씬 작았다. 그래서 일본은 살아남을 수 있었다.

구체적으로 보면 첫째, 일본은 미국과 협상을 통해 20%의 관세를 부과했다. 즉 관세자주권을 확보했다. 이 돈이 자국 산업 보호를 위한 알뜰한 종자돈이 됐다. 그러나 청나라는 5%, 조선은 0%로 '배짱 좋게' 개방했다. 둘째, 조선은 개항장요즘으로 치면 경제자유구역을 의미한다 개방은 물론, 내륙통상권, 연안무역권, 연안통상권까지 '배짱 좋게' 허용했다. 개방이 갖는 의미도 모르고 아낌없이 개방했다. 그러나 일본은 지정된 개항장에 '엄격하게 한정하여' 통상을 인정했고, 내륙통상권, 연안무역권, 연안통상권은 아예 허용하지 않았다. 즉 일본은 '제한적, 전략적, 선별적 개방'으로 살아남을 수 있었던 것이다. 작은 차이 같지만, 이 작은 차이로 인해 일본은 세계 최고의 일류 국가로 뻗어갔고 청나라와 조선은 식민지가 됐다.

요컨대 조선과 청나라는 '전면개방'을 택한 반면 일본은 '전략적·선별적·제한적 개방'을 택했고, 이는 운니지차蕓泥之差의 결과를 초래했다. 일본은 1899년 서구 열강과 치외법권 폐지 협상에 성공했으며, 1911년 관세자주권을 완전히 회복한다. 이를 위해 1894년경부터 이토 히로부미가 큰 역할을 했다.

일본만큼이라도 해라

일본에서는 한미 FTA 체결로 대한민국이 미국의 식민지로 전락했다는 논평이 나왔다. 내가 봐도 그렇다. 1592년 임진왜란의 선봉장이었던 '고니시 유키나가'를 비롯, 많은 일본인이 그 당시 이미 독실한 가톨릭 신자였다. 이렇듯 역사적으로 일본은 선진문물을 수용하는 데 적극적이었지만, 그렇다고 '대놓고' 개방을 하지는 않았다. 그러나 우리는 선진문물을 수용하는 데 인색하면서, 개방할 때는 너무 쉽게 힘에 굴복하여 대책 없이 전면 개방을 택한다. 일본은 2011년 11월 노다 총리가 미국과의 FTA의 일종인 TPP참여를 선언했다. 그래서 찬성론자들은 "봐라. 결국 일본도 하지 않느냐?"고 말하지만, 정말 세상물정 모르는 소리다. 일본이 한미 FTA와 같은 내용의 미일 FTA를 체결할 가능성은 없다고 보면 된다. 왜? 그 나라의 역사를 반추하면 미래를 예측할 수 있기 때문이다.

일본의 자주성

우리는 일본을 깔보지만, 실제 일본은 대단한 나라다. 일본은 전 세계가 몽고의 말발굽에 무릎 꿇었을 때, 당시 인류 역사상 최대 해외 원정군으로부터 자국을 방어한 나라다. 일본 왜구의 침략에 골치를 썩던 명나라 홍무제가 일본 아시카가 쇼군에게 "너희 어리석은 동이東夷들! 방자하고 불충하여 네 신하들의 해적질을 방치하고 있다"고 글을 보내자, 일본에선 "하늘과 땅은 넓어서, 한 명의 군주에 의해 독점되지 않는다"고 맞받아치면서 "엿이나 처드세요!" 하고 대응했다. 우리는 500년 내내 이미 멸망한 명나라를 '하느님' 모시듯 살았지만, 일본은 무로마치 막부 당시 쇼군 요시미츠가 딱 한 번 명나라에 책봉을 받았을 뿐이다. 일본 역사가들은 이때 책봉을 수락한 요시미츠를 일본 역사의 치욕으로 생각하고 있다.

우리가 성리학 놀이에 몰입하고 있을 때, 일본은 이처럼 명나라와 대등 관계를 유지하면서 대만, 필리핀, 인도네시아, 브루나이, 태국, 캄보디아, 말레이반도에 활발하게 진출하고 있었다. 또한 일본은 인도네시아를 지배한 당시 세계 최강 네덜란드, 필리핀을 지배한 스페인과 교류하고 있었다. 그만큼 일본은 '민족적 자존심'이 있는 나라다. 이런 역사성을 무시할 수 없다.

1854년 당시에도 미국에 의해 강제 개방된 일본은미일 화친조약, 미일 FTA 조약미일 수호통상조약을 체결할 때까지 무려 4년을 버텼다1858. 일본의 외교력이 대단하다는 게 이런 것을 두고 하는 말이다. 그렇게 4년간 시간을 끌면서 일본은 자국의 요구사항을 나름대로 충실하게 관철했다. 그 결과 조선이 일본과 맺은 강화도조약보다 훨씬 유리한 조건으로 미국과 조약을 맺었다. 중국도 아편전쟁에서 남경조약을 맺을 때까지 거의 3년은 버텼다.

우리는 어땠는가? 일본이 운요호 끌고 와서 강화도 앞바다에서 꼬장부린 게 1875년 9월 20일이다운요호 사건. 그런데, 한일 FTA가 최종 타결된 게 1876년 2월 26일이다. 불과 5개월 만에 개방했다. 한미 FTA는 어떤가? 참여정부는 16개월 만에 한미 FTA를 타결했다. 칠레와 FTA 협상에도 3년 걸렸는데 말이다. 참 대단한 '깡다구'다.

치외법권의 확대 - 대한민국, 미국의 척식 대상으로 전락하다

여기 2개의 '협정'이 있다. 한미 FTA 협정과 SOFA 협정. 우리는 현재, 주한미군에게 치외법권적 특권을 부여하는 SOFA 협정으로 인해, 주한미군의 악랄한 범죄행위에 대해 형사재판권조차 온전히 행사하지 못하고 있음은 물론, 환경권, 노동권, 재산권까지 침해당하고 있다. 한홍구에 따르면, 미군 범죄는 1967년 이후 해마다 적을 때는 1,100여 건, 많을 때는 2,300여 건이 일어났으며, 1967년 이전엔 통계도 없다고 한다. 일제도 이러진 않았다.

1967년 발효된 이 SOFA 협정은 지금까지 45년 동안 딱 2번 개정됐다. 그나마도 1991년 개정에서는 본 협정과 합의의사록은 전혀 손대지 않은 채, 두 개의 부속문서를 대체하는 양해사항을 새로 채택하는 것에 그쳤다. 그것도 공짜가 아니었다. 십수조 원의 주한미군 주둔 비용, 오염처리 비용, 이전 비용, 무기 구매 비용을 덤터기썼다. 북한에 1억 달러 갖다준 건, 미국에 퍼준 것에 비하면 개평 수준이다. 지금도 캠프 캐럴의 고엽제 매몰 의혹에 대해선 땅만 파보면 되는데, 땅도 못 파보고 말았다. 우리 땅인데도 말이다.

지금 미군은 수천만 평의 한국 땅을 사용하면서도 임대료 한 푼 안 낸다. 주한 미 대사관도 서울 한복판 그 금싸라기 땅에 있으면서 30년째 임대료를 안 낸다고 한다. 그렇게 주한 미 대사관이 밀린 임대료만 약 2,500억 원이다. 우리는 주미 공사관 임대료로 매년 100만 달러약 11억 원를 미국에 '따박따박' 갖다 바친다. 주한 미군기지 임대료는 아예 계산이 안 된다. 미국에게 이 임대료 내라고 요구하는 사람들을 대한민국에선 '빨갱이'라 부른다. 그러니까 아무리 경제대국이라고 떠들고 다녀도 선진국 대접 못 받고 무시당하는 거다. '주한미군 범죄'는 물론, 나아가 이제는 한미 FTA 체결로 한국에 투자한 미국 투자자들의 '투자 관련 분쟁'조차 대한민국 사법부의 통제를 떠났다. 치외법권 확대의 역사다.

한미 자유무역협정 '개정론'을 주장하는 자들이 있다. 한미 행정협정도 45년간 단 한 차례의 실질적 개정을 못 했다. 한미 FTA 협정 개정이 가능할 것 같은가? 가능하다고 믿는다면 순진한 것이고, 역사를 모르는 것이다. 우리의 외교 수준과 역사적 경험에 비추어 봤을 때, 사소한 글자 몇 개는 바꿀 수 있을지 몰라도 실질적인 개정은 불가능하다.

한미 FTA는 폐기해야 한다. 그러나 이 폐기도 정치인 입장에선 목숨 걸고 국제정치적 도박을 하는 것이다. 죽으라고 할 수도 없고, 그야말로 진퇴양난이다. 강대국과의 협정은 한번 잘못 맺으면 이렇게 후손들에게 말할 수 없는 고통을 주는 것이다.

언제나 극단적인 한반도

조선은 500년 내내 끝 간 데 없이 '쇄국'으로 일관했다. 그러나 1876년 강제 개방된 이후에는 끝 간 데 없이 '개방'으로 일관하려 한다. 대체 중심이 없다. 뭐든 '오버슈팅'이다. 뿌리를 뽑아야 직성이 풀린다. 심지어 한미 FTA 반대론자를 향해 '쇄국론자'라고 하기도 한다. 우리나라는 이미 세계 최고 수준의 개방국가요, 사우디아라비아산 새우가 수입되는 나라다. 한미 FTA 하나 안 한다고 무슨 얼어 죽을 쇄국인가.

WTO의 다자간 무역으로도 지금까지 충분히 수출 잘하고, 잘살아 왔다. 농민들, 영세 자영업자들, 중소기업들은 WTO체제만으로도 벅차다. WTO체제하에서 다자간 무역을 촉진하는 것으로 충분하다. 그런데 역사의식 없는 정치 세력의 되지도 않는 '한미 FTA 비준' 똥배짱에 나라의 운명이 또다시 백척간두에 서게 됐다. 이제부터 강대국과 1:1 FTA 체결_{강화} _{도조약}이 나라를 어떻게 골로 보내는지, 적나라하게 보게 될 것이다.

한반도에 양극화, 내란, 열강의 이권침달, 쿠데타, 내전, 국제전이 잇따라 이어진다.

제 3 장

양극화, 내란, 쿠데타, 내전

자유무역의 폐해

한일 FTA 조약강화도조약으로 인한 일본의 침투

중국의 일본 경계

1876년 한일 FTA 조약 체결로 일본의 조선 침략이 현실화되자, 조선의 종주국 청나라는 긴장한다. 청나라는 제 코가 석자인 상황이었지만, 썩어도 준치라고, 조선에 대한 간섭의 끈을 놓지 않으려 했다. 한반도가 일본 손에 들어가는 것은 중국으로선 팔 한쪽이 떨어져 나가는 것이고, 그것은 적군일본이 턱밑만주까지 침공 가능성을 의미하기 때문이다. 1879년 청나라의 사실상 총리인 북양대신 이홍장이 조선 영의정 이유원에게 보낸 편지의 일부를 보자.

다만, **중국과 귀국이 한 집안이나 같고, 또 우리 동북지역의 병풍구실을**

하고 있으니, 순치脣齒의 관계라 아니할 수 없어서 그렇게 말했던 것입니다. 따라서 귀국의 걱정이 곧 우리의 걱정이니, 이에 삼가 저의 계책을 충심으로 간곡하게 말하려는 것입니다. 박은식著, 『한국통사』, 103p, 범우사刊.

조중朝中 관계, 입술이 없으면 이가 시리다

중국은 대략 15개국 정도와 국경을 맞대고 있다. 그래서 베트남이 전쟁이면 중국도 전쟁인 것이고, 조선이 전쟁이면 중국도 전쟁인 것이다. 문 밖에서 틀어막아야지, 그냥 방치하면 바로 중국이 뚫리는 것은 시간 문제이기 때문이다. 이러한 관계를 전통적으로 '순치脣齒 이와 입술 관계'라고 한다. 임진년 조일전쟁도, 1950년 한국전쟁도 '순망치한, 항일抗日원조'를 내걸고 참전했다.

1876년 강화도조약부터 1894년 청일전쟁까지, 한반도는 종래 종주국 청나라와 새로운 강자 일본 간 나와바리 싸움이었다. 즉 한반도를 여전히 속국으로 유지하려는 '기존 조폭' 청나라와, 한반도를 어떻게든 청나라로부터 떼내어 일본에 우호적인 지역으로 만들려는 '신진 조폭' 일본영국, 미국 사이의 대결 역사다.

1894년 청일전쟁으로 일본은 청나라를 박살내고 조청 간 연결고리를 끊어낸다. 청나라가 조선을 계속 쥐고 있으려면, '한일 FTA 조약강화도조약' 체결을 방치하지 말았어야 했다. 그러나 당시 청나라는 조선에 신경 쓸 여력이 없었다. 조선은? 땅만 내준 방관자다. 균세均勢의 능력도, 자강自强의 길에서도, 이미 멀어진 지 오래다.

운요호 사건
– 한반도에서의 힘의 공백 상태를 이용한 일본의 치밀한 외교전략

19세기 세계 패권 국가는 영국과 러시아였다. 이 당시 영국과 러시아는 세계 곳곳에서 충돌했다. 아시아도 예외는 아니었다. 러시아는 부동항을 얻기 위해 1861년 대마도를 점령했으나, 영국이 강력하게 반발하자 슬그머니 꼬리를 내렸다. 사실 영국과 러시아 모두 아시아의 마지막 남은 식민지, 조선에 눈독을 들였다. 그러나 영국과 러시아는 이미 1853년 크림전쟁에서 크게 한 판 붙었던 전력이 있는지라, '힘'의 사용을 자제하면서 서로 눈치만 보고 있는 상황이었다.

한편 조선의 종주국 청나라는 러시아와 '이리분쟁'에 휩싸인다1871. 오늘날 신강성 지역에서 러시아와 청나라 간 영토 분쟁이 발생하여 전쟁 일보 직전 상황에 직면한 것이다. 세계 패권국가 영국과 러시아는 서로 눈치만 보고 있지, 조선의 종주국 청나라는 러시아와 영토분쟁으로 제 코가 석자지, 그 결과 한반도에 '힘의 공백' 상태가 생긴다. 이 틈을 비집고 들어오는 놈이 있었으니, 바로 쪽발이 놈들이다.

일본은 기민하게 세계 최강 영국에게 접근한다. 주청 영국공사 웨이드–오쿠보 도시미치 전권변리대신 간 북경회담에서 일본은 영국으로부터 '일본의 한국 진출'을 내락받는다. 그리고 한편, 러시아와 비밀 협상을 벌여 '사할린–쿠릴열도 교환조약'을 조인한다1875. 5. 7. 이는 일본과 러시아의 공유지대인 사할린을 러시아에 넘기고, 대신 쿠릴열도 몇 개 섬을 얻는다는 내용으로, 일본에게 크게 불리한 조약이었다. 일본은 왜 이런 불리한 조약을 맺었을까? 조선 진출을 위해서는 북방의 안정, 즉 러시아의 묵인이 필요했기 때문이다.

일본은 이렇게 당시 세계 최강 영국의 내락과 러시아의 묵인을 등에 업고, 종주국 청나라가 러시아와 영토분쟁으로 조선에 힘을 쓸 수 없는 힘의 공백 상태를 활용, 조선을 침략했다. 이게 운요호 사건이다1875. 9. 20. 실제 사할린 양도식1875. 9. 19을 거창하게 거행한 바로 다음날 일본은 강화도로 침공하여 '운요호 사건'을 일으켰다. 그래서 난 일본이 미국과 거창한 외교 행사를 벌이는 날마다 겁이 난다. 그 다음날 뒤통수칠까 봐 말이다.

조선은 뭐했나? 쪽발이가 영종도에 기어 올라와 10여 일간 살육과 꼬장을 부리고 갔는데도 대체 어느 나라 군대가 침략했는지, 피해상황이 얼마나 되는지도 파악하지 못했다. 이하응이 집권할 때는 이렇지 않았다. 이하응 실각 불과 2년 만에 이렇게 됐다. 누가 지도자가 되느냐에 따라 나라 꼴이 이렇게 달라지는 것이다.

우리나라의 애국적 시민단체 중 일부는 주한미군 철수를 주장한다. 나도 심정적으로 찬동한다. 그러나 국제정세는 감정만으로 해결되지 않는다. 위 운요호 사건에서 봤듯, 한반도에 '힘의 공백 상태'가 생기면, 어떤 놈이 들어오든 비집고 들어오기 마련이다. 한반도의 '힘의 공백 상태'를 우리 자체 힘으로 메꿀 수 있을 때 비로소 주한미군 철수도 요구해야 한다. 그것도 '주한미군 철수 5개년 계획' 같은 단계적 협상과 주변 4대 강국의 동의를 통해, 한 20년에 걸쳐, smooth하게 철수해야 한다. 그게 아닌 상태에서 주한미군이 덜컥 철수한다는 것은, 우리의 의도와 달리, 재앙이 될 수도 있다.

일본의 친일파 양성 프로젝트 I – 수신사

1876년 2월 26일 한일 FTA로 조선을 개방한 민씨 세도정권은, 사실상 일본의 반 강요에 의해, 같은 해 4월 29일 일본에 수신사를 파견한다. 수신사가 무엇인가? 우리는 아무 생각 없이 갔지만, 이는 일본이 치밀하게 고안한 '친일 세력 양성 프로젝트'였다.

전두환과 그의 육사 11기 동기생들도, 육사 시절, 우리나라 최초로 미국 육군사관학교로 공수훈련을 가서 미국의 특수 군사훈련 기법을 배우고 오지 않았나? 일제시대 때는 일본 육사로 가고, 미제시대에는 미국 육사로 가고, 다 그렇게 하는 것이다. 못사는 나라를 점령한 후 그 나라의 고위 관리나 군인, 그 자제들을 자기 나라로 초청하거나 강제 유학 보내, 그 나라의 논리와 문화와 시스템을 주입시키고, 다시 고국에 돌아가 고위 관료로 활동하게 하는 것이다. '자발적 동화 세력 양성정책'이라고나 할까? 요즘엔 태국 등 동남아에서도 우리나라 육사로 연수를 온다고 하니, 우리도 많이 발전한 것이다.

원나라도 그랬고, 명나라도 그랬고, 일본도 그랬고, 미국도 그랬다. 이는 물건으로 비유하자면, '도량형을 통일하는 것'이다. 도량형을 통일해야 물건을 대량 생산할 수 있고 대량 거래할 수 있듯, 제도와 문화의 통일을 통해 강대국의 논리를 쉽게 수용할 수 있는 문화적, 정서적 기반을 마련하고, 나아가 체제 전환을 유도하는 것이다.

왜 일제처럼 직접 통치하지 않고 귀찮게 이런 짓을 할까? 다 이유가 있다. 제국의 관점에서는 약소국을 직접 통치하는 것보다는 제국 문물의 우수성을 인식시켜 모방하게 만드는 간접적인 방법이 가장 저비용 고효율의 책략이다. 미국의 선진문물과 정치제도, 막강한 자원 등은 도저히

추월할 수 없다는 인식을 가지게 만드는 것이다.

이러한 식민지 모국의 강제 유학초청은 고려시대로 말하자면 인질독로화로 데려가는 것과 같은 얘기다. 고려 왕자를 인질로 데려간 몽고가 그들을 감옥에 가두어 두었던가? 천만의 말씀. 당시 세계 최강 원나라에서 세계 최고의 교육을 시켜주었다. 그래서 한일 강제 병합이 된 후, 고종의 아들 영친왕도 일본 육사에 입학해 최고의 교육을 받지 않았나? 오늘날에는 강제로 끌고 가지 않아도 자발적으로 가고, 고시 합격하면 국가에서 보내준다. 그게 미국의 힘이다.

원조 친일파

이때 1차 수신사로 간 사람이 김기수1876. 4, 2차 김홍집1880. 3. 9이다. 이들을 원조 친일파로 보아야 하나? 그런 견해도 있다. 김삼웅, 『친일정치 100년사』, 38p 이하, 동풍刊. 어찌보면 원조 친일파라고 해야 할 듯도 하고, 또 한편으로는 지나친 평가다 싶기도 하고, 명확한 판단이 어렵다. 어쨌든 이들은 애초부터 일제의 침략의도를 알지 못했다. 정말 알지 못했을까? 난 정말 알지 못했다고 추정한다. 그 당시 김기수와 김홍집 수준을 고려하면 김기수는 정말 몰랐을 것 같고, 김홍집은 나중에는 알았지만 그때는 이미 어쩔 수 없다고 생각했을 것이다.

김기수가 1832년생, 김홍집이 1842년생인데, 이들보다도 연하인 최고의 엘리트 김옥균1852년생도 일본의 침략의도를 모르고 일본의 장단에 춤을 추지 않았던가? 김옥균도 갑신년의 쿠데타에 실패하고갑신정변, 일본으로 망명한 후에서야 비로소 일본 놈이 믿을 놈이 못된다는 것을 알지 않았던가? 그전까지는 일본의 시커먼 속셈을 알지 못 하였다. 더군다나 김기수는 나이로는 김옥균의 아버지뻘이니, 더더욱 세상 물정에 어두웠을 것이다.

미국 유학한 경제학 박사가 수천 명은 되는 개명된 세상인 21세기에도 IMF의 의도를 모른 채, IMF가 정말 선진 금융기법과 경영기법을 도입하여 예대마진이나 챙기는 우리 은행을 개혁하고, 일상적 부채경영을 하는 재벌을 개혁해서 우리 경제를 도와줄 것으로 순진하게 생각하지 않았던가? 그래서 DJ도 민주당도 한나라당도, IMF가 시키는 대로 다 하지 않았던가? 그런데 지나고 보니 IMF 놈들한테 당한 것이었다.

사정이 이러한데, 1870년대 성리학자들은 오죽했겠나? 이 사람들은 그냥 일본에 가라고 하니까 갔고, 가보니 신기한 물건들이 너무 많았고, 한편 자신들이 너무 한심했고, 그래서 일본을 배우자고 결심하는 수준이었다.

그나마 김기수는 이 수준에도 미치지 못했다. 화장실에서 호박잎으로 뒤처리 하고 중국에서 공자가 썼다는 도 닦는 책이나 읽던 인사들이, 일본으로 가는 돛단배가 아닌 '화물기선'에 놀라고 동경에 가서 '기차'를 보고는 더더욱 놀랐다. 시속 20~30km도 안 되는 그 당시 기차의 속도에 놀라 다들 멀미를 했을 것이다. 화학도 있고, 생물학도 있고, 물리학도 있고, 만국공법국제법이라는 것도 있다는 것을 알고 얼마나 신기하고 놀랐겠는가? 성냥을 보고 기절하고, 비누의 향긋한 향기에 취하고, 구루모라는 화장품을 보고 놀라고, 우산 보고 참 쓸모 있다고 놀라고, 모기장 보고 신기해하고, 놀라움의 연속이었다.

이때 수행원으로 따라갔던 사람들이 일본의 개화와 서양문물에 대해 받은 충격은, 친일인사의 탄생을 예고하였다. 내 고향 칠갑산 아래 시골에 살다 갑자기 압구정동 현대백화점에 데려다 놓았을 때의 충격보다 만 배는 더한 충격이었을 것이다. 따라서 김기수도 오래 살았더라면 일제시대의 친일파처럼 변신하지 않았을까 싶다. 그런 면에서는 원조 친일파라고 볼 수 있을 지도 모르겠다. 김홍집은 실제 1890년대 친일 정권의 앞잡이가 된다.

일본의 친일파 양성 프로젝트 Ⅱ - 신사유람단

1876년 1차 수신사 일행75명을 이끌고 일본을 두 달간 시찰하고 온 김기수는 『일동기유』라는 책을 남긴다. 1880년 2차 수신사58명 대표로 일본에 간 김홍집은 『조선책략』이라는 책을 들고 와서 고종에게 바친다. 그리고 1881년 일본의 요청에 의해, 일본 군사시설을 둘러보는 시찰단을 구성했는데, 바로 신사유람단이다. 홍영식, 어윤중, 윤치호, 이상재, 윤웅렬, 지석영 등이 포함되어 일본의 일반학교, 사관학교, 병기제조창과 기계제작소 등을 보고 왔다. 이들이 조선의 최고 엘리트들인 것이다. 하지만 신사유람단 역시 일본의 친일파 양성 프로젝트다. 이때부터 본격적으로 일본 문물을 공부하고, 받아들이고, 조선에 이식하려는 세력, 즉 친일파가 등장한다. 오늘날 미국 유학한 친미파처럼 말이다.

한편 일본에 뒤질세라 청나라도 바로 조선을 초청한다. 제 코가 석자지만, 조선이 일본으로 빨려 들어가는 것을 손놓고 보고 있을 수만은 없었다. 1881년 9월 김윤식을 단장으로 하는 '영선사'가 청나라의 초청으로 유학생 38명을 선발해서 중국으로 향한다. 중국의 화학, 탄약, 제련, 전기 기술을 배우려는 의도였다. 그러나 워낙 기초지식이 없는데다 중국의 배타적 풍속과 차별에 좌절한 유학생들은, 6개월도 못 돼 반수 이상이 귀국하고 만다. 기술을 배우고 귀국해 봤자 낮은 신분 탓에 직위가 보장되는 것도 아니니, 배울 의욕도 없었을 것이다.

▌FTA가 뭔지도 모르고 OK한 고종과 민자영

▌ 여기서 잠깐. 한일 FTA로 일본을 끌어들인 민당을 두고 왜 친일파가 아닌 '사대당 = 친청파'라고 하나? 민당이 일본을 끌어들인 것은 맞다. 그러나 애들이 무슨 깊은 생각을 하고 끌어들인 것이 아니다. 밤새 청와대 나이트에서 춤이나 출 줄 알았던 26세 민자영 양이 무슨 깊은 생각이 있어서 그랬겠나?

　FTA가 뭔지, 관세가 뭔지, 만국공법오늘날 국제법이 뭔지, 영사제도가 뭔지, 치외법권이 뭔지, 최혜국 조항이 뭔지, 아무것도 모르는 상태에서, 도장을 찍었다. 알려고 하지도 않았고, 당시 동양에는 이들 개념이 존재하지 않았다. 이들 개념은 모두 서양의 개념이었다. 아무것도 모르고 도장을 찍었는데, 그 영향력이 어떨지를 예측하는 것은 애당초 불가능한 것 아니겠는가? 이처럼 얼떨결에 개방하고 보니, 오 마이 갓. 일본으로 국부가 쏠려 들어가는 것이 눈으로 확연하게 보일 정도여서, 감당이 안 되는 것이다. 그 여파가 감당할 수 없어질 정도로 커지면서 일본으로 급속히 쏠리자, 그에 대한 반발 작용으로, 급한 대로, 청나라에 자꾸 의존하게 된 것이다.

임오군란(1882. 7. 23) II

급박한 세계정세,
천하태평 조선

중국 상황 – 아수라장

중국으로 가자. 청나라 내부는 열강과의 동시다발적 FTA 체결로, 영국, 독일, 프랑스에 의해 갈기갈기 찢기는 상황이다. 중국판 민비 서태후를 대신하여 사실상 중국 총리대신 역할을 하고 있는 청나라 북양대신, 늙은 늑대 이홍장은, 국내문제는 차치하고, 외교문제만 생각하면 머리가 깨질 것 같았다. 그도 그럴 것이, 남쪽 조공국 버마는 이미 영국으로 넘어갔고, 안남베트남도 프랑스 손에 넘어가기 직전이고, 마지막 하나 남은 조공국 조선마저도 1876년 한일 FTA 조약으로 인해 일본에게 넘어갈 판이다. 나아가 조공국은 그만두고 이젠 중국 '본토'가 침략 당하게 생겼다. 러시아의 남하정책에 의해 신장 위구르 지역에서 영토분쟁이 발해서 러시아와 전쟁 일보 직전에 몰렸기 때문이다이리분쟁 1871.

어쩌다 세계 최고 강성대국 청나라가 이 꼴이 되었나. 어떻게 하면 러시아 남하를 저지할 수 있을까. 어찌하면 일본을 따돌리고 조선에서의 청나라 지배권을 확고히 할 수 있을까. 이홍장은 불면의 밤을 지샜다.

특히 이홍장은 1876년 한일 FTA 체결로, 조선반도에 대한 자신들의 영향력이 일본에 의해 급속하게 침식당하는 것을 심각하게 우려했다. 그러던 중 아니나 다를까, 1879년 또 사건이 터진다. 오키나와류큐는 전통적으로 "중국은 아빠고, 일본은 엄마다"고 하여 양쪽 모두에게 조공을 바치면서 독립을 유지했는데, 이를 일본이 병합한 것이다1879. 4. 4. 일본이 조선과 FTA를 체결한 지 불과 3년밖에 안 된 시점이었다. 이홍장은 기절할 정도로 화들짝 놀란다. "이야! 이 새끼들, 그냥 두었다간 조선도 먹겠구나!"

▌이홍장의 외교정책 – 한반도에 영국과 미국을 끌어들이자(이이제이)

이홍장은 고민한다. 일본을 한반도에서 몰아낼 수 있는 방법은? 고시공부하듯 '야간자습' 하며 머리를 쥐어짠다. 청나라 힘으로 몰아내는 것이 가장 좋겠으나, 영국, 프랑스, 독일에 의해 갈기갈기 찢어지는 상황에서 일본과 전쟁을 치를 상황이 아니다. 그래서 생각한 것이 이이제이以夷制夷, 즉 미국을 끌어들여 러시아의 남하와 일본의 한반도 침투를 견제한다는 외교노선을 선택하고, 이를 조선 영의정 이유원을 통해 고종에게 통보한다. "니들 미국과 수교해라" 하고 말이다1879. 8. 그러나 조선은 미국과의 조약 체결에 선뜻 응하지 않았다. 그러자 이홍장은 1880년 3월 '논조선論朝鮮'이라는 서한을 보내, "내가 이 나이에 쌩고생하면서 조선을 위한 방책을 마련했는데도, 조선은 아직 정세파악 못 하고 있다"는 취지의 면박을 주었다.

영국과 청나라의 의기투합 – 러시아 남하를 막자

이제 유럽으로 가보자. 앞서 잠시 언급했듯, 그리고 더 자세히는 후술할 '영국의 거문도 점령' 편에서 언급하겠지만, 19세기 세계 최강은 영국과 러시아였다. 영국과 러시아는 세계 곳곳에서 맞짱을 떴다. 러시아는 부동항을 얻기 위해 터키를 침략하지만 영불英佛 연합군에게 박살나고 만다크림전쟁 1853. 발칸 진출에 실패한 러시아는 동북아로 방향을 선회한다.

러시아가 동북아로 방향을 선회하자, 1881년 영국 글래드스턴 정부는 동북아에서의 러시아 남하를 저지하기 위해, '조선 개국'을 결정하고, 청나라 이홍장에게 통보한다. 이홍장은 영국의 제안을 흔쾌하게 받아들인다. 이미 1, 2차 아편전쟁을 통해 영국의 반식민지로 전락한 청나라는 영국 제안을 거부할 힘도 없었지만, 이홍장이 반색한 이유는 영국의 결정이 자신의 생각과 맞아떨어졌기 때문이다.

물론 이홍장의 이이제이 정책은 되지도 않는 것이다. 약소국(청나라)이 강대국(영국)을 상대로 이이제이 하는 법은 역사에서 존재하지 않는다. 앞으로도 존재하지 않을 것이다. 어쨌든 '러시아 남하 저지'라는 공동의 국가이익을 위해 영국과 청나라는 간만에 의기투합했다.

황준헌, 이홍장의 뜻을 받들어 『조선책략』을 제작해서 김홍집 손에 쥐어주다

한편 본국 북양대신 이홍장의 대對조선외교 방침이 정해지자, 일본에 주재하는 청나라 외교관들도 본국의 뜻을 받들어 찌라시 제작에 들어간다. 그래서 나온 찌라시가 바로 황준헌이 만든 『조선책략』이다. 그 내용은 '친중親中, 연미聯美, 결일結日'하라는 것이다. 조미 수교를 통해 일본의 조선 점령을 지연시키고, 일본과 미국을 청나라에 우호적으로 끌어들여, 러시아의 남하를 막겠다는 이홍장의 1타 2피 외교술이 반영된 글이었다.

적대적인 청일관계를 고려하면 결일본이 이해가 안 될 수 있으나, 러시아라는 공동의 큰 적을 상대하기 위해선 청나라와 일본 모두 양국 간 연대를 주저하지 않았다. 러시아는 청나라 신장 위구르 지역을 침공하여 청나라와 '이리분쟁' 을 일으켰고1871, 부동항을 위해 일본 대마도를 점령했었다1861. 따라서 당시 러시아는 청일 모두의 적이었다. 적의 적은 동지 아니던가? 이처럼 러시아 남하 저지에 영국, 청나라, 일본은 공동의 이해관계를 갖고 있었다.

그리고 황준헌은 1880년 3월, 2차 수신사로 일본을 방문한 김홍집을 화장실 뒤로 조용히 불러, 『조선책략』을 김홍집의 두 손에 꼭~ 쥐어준다. 그러면서 한 마디 툭 던진다. "홍집아, 사실 이건 너한테만 주는 건데, 이대로 하는 게 조선이 살 길이야~" 하고 말이다.

김홍집이 『조선책략』을 들고 조선에 오자 조선은 찬반논쟁으로 발칵 뒤집힌다. 그러나 곧 미국과의 수교가 필요하다는 여론이 형성되기 시작한다. 이홍장의 외교술이 먹힌 셈이다.

약소국의 운명은 이렇게 강대국 외교 한 방에 훅 가기 마련이다. 이런 예는 역사에 수도 없이 많다. 1972년 2월 미 대통령 닉슨의 중국 방문 한 방에 한반도 정세는 돌변했다. 미중이 '데탕트' 에 들어가자, 남북한은 기겁을 했고, 그 영향으로 박정희는 이후락을 부랴부랴 북한으로 보내 김일성을 만나게 한다1972. 5. 그리고 허겁지겁 '7·4 남북 공동성명-자주, 평화, 민족대단결의 원칙' 을 발표했다. 이처럼 대국이 움직이면 주변 약소국은 한방에 훅 가는 것이다.

영중미일의 이해관계 일치 – 『조선책략』에 의한 조선 개국

영국은 러시아의 반발을 염려하여, 신중하게, 우선 미국을 앞세운다. 신미양요를 통한 조미전쟁1871에서도 조선을 개방시키지 못한 미국은 일본의 중개로 조선과 FTA 체결을 시도했으나, 일본은 미국 요구를 수용하는 척하면서 사실상 미국 요구를 뭉갰다. 조선에서의 독점적 지위를 유지하려는 속셈 때문이다. 일본의 속셈을 눈치 깐 미국은 미련 없이 중국 도움을 받는 쪽으로 방향을 틀었다. 드디어 세계전략 차원에서 러시아 남하를 외곽부터 저지하겠다는 영국, 이이제이를 통해 러시아의 조선 침투를 사전 차단하겠다는 중국, 조선과의 통상수교를 통해 자유무역을 확보하겠다는 미국, 역시 러시아의 한반도 침투를 사전에 차단하겠다는 일본, 이들 4자의 뜻이 같아진 것이다. 영중미일 4각 동맹에 의해 조선의 문은 열린다. 총대는 조선의 후견인이었던 중국의 이홍장이 멨다.

이홍장–슈펠트, 조미 수교협상 체결

중국 텐진天津에서 청나라 북양대신 이홍장과 미 해군 제독 슈펠트 사이에 1880년 8월~1882년 4월까지 20개월간 4차에 걸쳐, 조미朝美 수교협상을 벌인다. 조선과 미국 간 수교협상을 왜 이홍장이 했느냐는, 순진한 질문은 하지 말기 바란다.

이 회담에서 하나의 쟁점을 제외하고 모두 타결됐다. 이홍장은 "조선은 청나라의 속국이다"를 삽입하려 했고, 슈펠트는 거부했다. 슈펠트가 이를 거부한 것은 조선을 엄청나게 생각해서 그런 것은 아니다. 국제관계에 그런 것이 어딨나? 슈펠트도 일단 "조선은 주인 없는 물건, 즉 조선은 독립국이다"고 해야, 조선에서의 청나라 간섭을 배제할 수 있기 때문에, 이홍장의 제안을 거절한 것뿐이다. 결국 이 문제는 추후 논의하기로 하고1882. 4. 19, 이홍장과 슈펠트는 나머지 쟁점에 대해 모두 타결한다.

▌열강과 동시다발적 FTA 체결하는 조선

▌그리고 이홍장은 국제법에 능한 마건충馬建忠을 조선으로 보내, 조미 수교를 위한 실무적 협의를 진행케 하여, 결국 1882년 5월 22일 조미 수호조약은 체결된다. 이것이 영·중·미·일의 의도에 따라 서구 열강미국과 조선이 최초로 맺은 수교이다1882. 5. 22. 신헌-슈펠트. 그리고 보름 후, 조미 통상조약과 같은 내용의 조영朝英 수호통상조약을 체결한다1882. 6. 6. 조영하-윌리스. 그리고 20여 일 후, 같은 내용의 조독朝獨 수호통상조약이 체결됐다 1882. 6. 28. 조영하-브란트. 이들 조약은 약간의 관세만 인정되었을 뿐, 편무적 최혜국 조항, 치외법권이 인정된 불평등조약이었다. 그래도 무관세였던 한일 FTA보다는 그나마 나았다.

이처럼 조미 수교는 청나라가 체결해 주었지만, 정작 청나라도 미국도, 불과 70년 후 미국이 대한민국의 제1동맹국이 될 것이라고는 꿈에도 상상하지 못했을 것이다.

▌조미朝美 수교 협상을 먼발치에서 바라만 본 조선 외교통 김윤식

▌브루스 커밍스의 글을 보자.

조선 외교의 동력은 고종과 그 아이들이 아니라 여전히 중국이었다. 1882 년 미국과의 협상에서, 이홍장은 황준헌의 세력균형정책을 실현하기 위한 온갖 짓을 다 했다. i자에 점찍고, t자에 가로지르는 것 빼곤 말이다(아마 이홍장은 이것까지도 했을지도 모른다). 이홍장과 슈펠트는 중국에서 비밀리에 협상을 벌였다. 심지어는 조선의 국기(아직도 대한민국의 국기로 사용되고 있다)를 정하기도 했으며, 그리고 이 둘 사이에 완성된 문서를 조선에게 건네주었다. **간혹 이홍장은 텐진**天津**에 파견된 조선 대표단의 김윤식과 협의하기도 하였으나, 김윤식은 슈펠트와의 수교협상에는 참여하지 못했다.** 이홍장은, 5일 후 다른 영국 해군 장교가 도착하여 조영 조약에 싸인하도록, 그리고 그 뒤를 바로 이어 독일 사절단이 6월까지 오도록 꼼꼼히 해두었다. 이 세 조약조미 조약, 조영 조약, 조독 조약은 동일한 내용이었는데, 이는 조선외교를 넘겨받은 이홍장의 성공을 의미한다. **그가 절실하게 원했던 것은 중국의 동쪽 측면을 방어할 방법을 찾는 것이었다.** Bruce Cumings著, 「Korea's Place In The Sun」, 106p, Norton刊.

조미 수교 과정에 우리가 참여하지 못하고 이홍장과 슈펠트 사이에 이루어졌다고 너무 부끄럽게 생각하진 마라. 종주국 청나라만 바라보고 있었던 우리 조상님들 욕할 것도 없다. 그게 우리 수준이었다. 약소국의 운명이다. 뭐, 부끄러운 역사로 말하자면 어디 이것뿐이겠는가. 교과서상 어떻게 분식粉飾되었는지만 보고 가자.

이러한 상황속에서 일본과 러시아 세력을 견제하고, 조선에 대한 종주권을 국제적으로 승인받을 수 있는 기회를 노리던 **청의 알선으로 조미 수호통상조약을 체결**하였다. 1990. 국사(하) 국정교과서, 77p.

임오군란(1882. 7. 23) Ⅲ

내란 : 한일 FTA 조약강화도조약의 역풍

▌일본인 호리모토, 최초의 사관학교(별기군) 교관으로 오다

▌이처럼 국제정세는 급박한데 조선은 뭐하고 있었을까. 뭐했겠나. 성리학자들이 외교를 알았겠는가, 국제정세를 알았겠는가. 서울로 가자.

고종이 친정을 시작한 1873년부터 임오군란이 발생하는 1882년까지 10여 년은 한반도 역사상 최악의 세도정치가 펼쳐졌다. 민당閔黨이 집권여당이었던 이 당시 조선은 총체적 부패국가였고, 국가기구는 사회적 수탈기구로 전락했다.

민당은 1881년 민겸호를 어영대장으로, 민태호를 총융사로, 대원군의 하수인이었다가 재빨리 말을 갈아탄 이경하를 도통사로 임명하여 군권을 일원화했다. 즉 5군영을 없애고, 2군영으로 통합한 것이다. 그러나 이는 외적을 대비한 것이 아니라, 고종과 민씨 정권을 보호하기 위한 '정권 친위대'였다. 그리고 같은 해 고관대작의 자제들을 모아서, 별기군이라는 사관학교를 만든다. 그리고 쪽발이 교관 호리모토를 수입하여 신식 군사교육을 실시한다. 쪽발이말로 구령 붙여가면서 말이다.

그러나 옛 군대인 훈련도감 군인들에게는 13개월 동안 월급을 제대로 주지 않았다. 그들 사이에서 "대원군 시절이 좋았지" 하는 푸념이 나오기 시작했다. 병인양요와 신미양요 때 목숨 걸고 조선을 지킨 게 누군데 쪽발이 새끼들을 장교로 수입하고, 양반 뺀질이들은 별기군이라고 우대하고, 훈련도감은 무시하고 월급도 안 주니 돌아버린 것이다.

한일 FTA로 인한 경제적 빈곤 가중 및 반일감정 고조

임오군란의 원인은 두 가지. 명품족 청와대 나이트 죽순이 민자영 양의 '흥청망청 재정운영'과 한일 FTA1876 체결로 인한 '양극화 심화'가 그것이다. 한일 FTA 조약으로 쌀이 일본으로 대량유출돼 쌀값이 폭등하자, 양극화는 심화되고 도시빈민은 넘쳐났다는 점은 강화도조약 편에서 자세히 언급했다. 한일 FTA 결과 무역량은 증대하는데, 어찌된 일인지 먹고살기는 더욱 팍팍해졌다. 무역량이 증대한다고 해서 이익이 증대하는 것은 아니기 때문이다.

따라서 한일 FTA 조약으로 인한 반일감정은 점차 고조하기 시작한다. 조선 정부는 생활필수품인 쌀의 수출유출을 적절하게 통제를 해야 하는데, 이를 위한 세이프 가드방곡령라는 게 강자 앞에서는 있으나마나한 조항에 불과했다. 게다가, 조선 상인도 자기들 돈벌이만 되면 그만이지, 그리고 자기들 먹을 쌀만 있으면 됐지, 쌀이 일본으로 빠져나가 다른 조선 백성들이 굶어 죽거나 말거나 신경 쓰지 않았다. 서울대학교 외교학과 김용구 명예교수의 글을 보자.

여기에서 주목할 만한 것은 민중의 분노가 민씨 일족과 일본으로 자연발생적으로 집중됐다는 사실이다. 민씨 일족이 국정을 농간해 원성을 사고 있었다는 일반적인 사정뿐만 아니다. **그들이 자신들의 안위를 위해 외국들과 수호 조약을 체결함으로써 나라가 이 지경이 됐다는 무의식적인 인식이 민중 사이에 퍼져 있었다. 일본 공사관 공격도 일본에 대한 역사적인 혐오만은 아니었다. 강화도조약 이후 조선과 일본의 무역 구조 때문에 자신들의 경제적 빈곤이 가중됐다는 막연한 확신이 민중들 사이에 만연해 있었다는 사실이 중요하다. 민중들의 이러한 예감은 정확하였다.** 1876~1882년 사이 조선에서 일본으로 수출하는 상품의 80%가 쌀이었으니, 서울의 쌀값이 오르게 되는 것은 자명한 것이다. 1882년 당시 서울 쌀값이 1876년에 비해 2.3배까지 폭등한 것이다. 따라서 쌀을 제때 배급할 수 없었고 하급관리들이 쌀의 정량이나 그 질質을 속이게 된 것이다. 사태가 처음부터 반일적인 성격을 띠게 된 이유가 여기에 있다. 김용구著, 『세계외교사』, 505p, 서울대학교출판부刊.

그렇다. 개항 후 일본의 값싼 공산품이 물밀듯이 쏟아져 들어오고, 조선의 산업기반의 젖줄이 되는 원자재와 쌀, 곡물의 대량 유출로 인해, 농촌의 재생산 기반은 완전히 파괴됐다. 1945년 해방 직후 한반도의 농촌 인구가 80% 정도였으니, 1900년 전후에는 95%도 더 됐을 것이다. 그러니 1882년 당시 농촌의 몰락은 '한반도'의 몰락이나 마찬가지였다.

상황이 이러한데, 궁궐 안에서는 대통령과 그 여편네라는 것이 밤새 연예인들 불러서 광란의 술판을 벌이면서, 쥐꼬리만 한 군바리 월급도 안 주고 있으니 다들 돌아버릴 지경이었다. 이미 군대의 사기는 땅바닥에 떨어졌고, 사실 군대라고 하기도 낯간지러울 정도로 군기도 문란했다. 누가 불만 댕기면 폭발할 정도로 민심은 이미 흉흉했다.

그러다 겨우 월급이라고 쌀이 나왔는데, 쌀의 태반이 돌이었다. 군인들, 돌아버린다. 그렇게 1882년 7월 23일 ~ 7월 25일까지 3일간 폭동을 일으킨다. 임오군란이다. 임오년1882에 발생한 군바리들의 난리. 흥분한 군인들은 책임자 민겸호와 이최응을 찾아내, 처참하게 죽인다. 그리고 쪽발이 군사교관 호리모토도 죽는다.

폭동 군인 궁궐로 쳐들어가 민당을 척살하다

폭동 군인과 도시빈민들은 여기서 멈추지 않고 궁궐로 쳐들어간다. 그리고 민당 총재 민자영을 죽이려고 궁을 뒤졌으나, 우리 조선의 딸 민자영 양은 이미 궁녀로 변복하고 충주로 튀었다. 성질난 폭도들은 쌀을 매점매석했던 상인들에게 쳐들어가 100여 명을 죽인다. 이때 사찰과 무당도 습격의 대상이 되었다. 무당 불러서 굿하고, 연예인 불러서 춤추고 노는 것이 취미였던 민자영 양에 대한 반발이었다.

임오군란 때 처참하게 죽은 탐관오리 민겸호의 아들이 을사늑약 때 울분을 참지 못하고 자결한 충정공 민영환이다. 아버지는 탐관오리인데 아들은 충신이었다? 글쎄. 민영환도 죽기 직전까지 45년 인생을 아버지 민겸호를 이어받아, 탐관오리의 '외길 인생'을 걸어왔던 사람이다. 민영환은 평생에 딱 한 번 충신이었다. 언제? 죽을 때. 평생을 탐관오리로 살

앉던 민영환이 왜 을사늑약에 반발하여 자결을 했는지는 모르겠으나, 어쨌든 그는 죽을 때 딱 한번 제대로 잘 죽은 것이다. 죽을 때 잘 죽으니, 탐관오리의 오명에서 벗어나 충신의 반열에 오른 인물이 바로 민영환이다.

▍민당의 몰락과 이하응의 짧은 재집권

▍자신의 정치적 스승이자 마누라인 '자영이'는 튀었지, 사방에 군인들은 날뛰지, 겁에 질린 고종은 급한 대로 아버지 이하응을 찾았다. 아버지 이하응을 몰아내고 정권을 잡은 지 10년이 되는데도, 위기대처능력도 없고, 아쉬운 대로 아버지가 제일 낫겠다 싶었다. 그런데 웬걸? 아버지 이하응은 이미 보무도 당당하게 폭동 군인들의 호위를 받으며 입궐하는 것이 아닌가? 이로써 아들과 며느리를 물리치고, 이하응은 재집권에 성공한다 1882. 7. 25. 한일 FTA 조약 체결 6년 만에 민당閔黨 정권이 무너진 것이다.

이하응은 폭동 군인을 대사면하고 밀린 월급을 모두 지급했다. 그리고 쌀을 매점매석했던 시전상인 1,000명을 죽였다. 그리고 며느리 민자영 양이 나타나지 않자 국장을 서둘렀다. 정치적 매장을 시도한 것이다. 이하응은 '정치를 할 줄 아는' 사람이다. 아들이 빙신 같고, 며느리가 권력독, 돈독이 올라서 문제였지.

▍고종과 민당의 반격 – 외세(청나라)를 끌어들이다

▍그러나 우리 민자영 양이 누군가. 어떻게 잡은 권력인데 이를 쉽게 놓아주겠는가? 임오군란 때문에 충주로 튄 자영이는 남편 고종에게 밀서를 보내 청나라를 끌어들일 것을 종용한다. 고종 이재황은 "이야! 역시 내 마누라야" 하고 무릎을 탁 친다. 민태호는 청나라로 전보를 쳐 영선사로

파견된 김윤식을 통해 임오군란의 전모를 북양대신 이홍장에게 전하고 군사 개입을 요청한다.

이때 고종이 외세(청나라)의 개입을 요청했는지 아닌지를 두고, 식민지 근대화론자들은 "했다"고 주장하면서 고종을 비난하고, 내재적 발전론자들은 "요청한 사실이 없다"고 고종을 옹호한다. 그러나 고종이 직접 요청한 사실이 없다고 해서 면피가 되나? 나는 고종이 직접 요청을 하지 않았다고 해도 민태호, 조영하가 김윤식에게 전보를 쳤다는 사실史實로부터 최소한 고종의 묵인은 있었다고 본다. 결론적으로 '고종 책임'이라는 거다.

이홍장의 조선 개입

조선에서 폭동이 일어나 청와대가 뚫렸다는 보고를 받은 늙은 늑대 이홍장은 이 기회에, 한일 FTA 조약으로 일본으로 급격하게 쏠리는 조선반도를 제자리로 돌려, 청나라가 확실하게 주도권을 쥐어야겠다고 다짐하고, '조선 파병'을 결단한다. 사실 이홍장은 조선 개입을 호시탐탐 기다려왔다. 조선 경제에 일본이 급속도로 침투하는 것을 더 이상 묵과할 수 없었기 때문이다. 계기가 없어서 개입 못 했는데, 드디어 기회가 왔다.

조선에 개입한 청나라 군대는 원세개와 오장경을 중심으로 난리를 일으킨 군바리들을 무력 진압했다. 또 남의 나라 군대를 끌어들여 자국의 난리를 진압한 것이다. 우리나라에서의 시위를 군경이 진압하지 못해, 미군이, 일본군이, 중국군이 배 타고 들어와서 진압한다고 상상을 해 보라. 이게 나라인가? 그러니 그 다음은 뭐겠나? 식민지의 길로 들어서는 것이다.

주한청군 기지를 방문한 고종, 주한미군 기지를 방문한 MB

청나라는 정여창을 보내 대원군 이하응을 청나라로 납치하는 만행을 저지른다. 한 국가의 대통령을 납치한 것이다. 고종은 지 아버지는 청나라로 끌려갔는데, 자식이라는 놈이 주한청군 주둔지를 전격 방문해서 자신을 지켜준 노고를 치하하는 추태를 보였다. 나라 꼬라지 참.

MB는 2010년 11월 23일 연평해전이 발생하자 11월 29일 담화문을 발표한 뒤, 곧바로 한미 연합사 상황실을 방문했다. 그리고 MB는 "조지워싱턴호가 신속하게 와 연합훈련을 성공적으로 수행하고 있는 데 대해 고맙다"고 말했다.

세계 15위권의 경제 대국인 대한민국이, 연평도 피난민 수백 명을 찜질방에 처박아놓고, 대통령이라는 자가 쪼르르 Walter L. Sharp한미 연합사령관 = 주한미군 사령관에게 달려가 바짓가랑이 붙잡고, 캐슬린 스티븐스 주한미 대사 옆에 딱 붙어 앉아서, 조지워싱턴호 보내줘서 고맙다는 소리나하고. 이게 21세기 대한민국 외교의 현주소다. 고종과 뭐가 다른가? 부끄러운 줄 알아야 한다.

MB, 이 인간은 무슨 일만 생기면 항공잠바 입고 벙커로 기어들어가 오바마에게 전화질이다. 전화 없었으면 어쩔 뻔했나? 왜 항공잠바만 입나? 전투화는 없나? 내가 하나 사줄까?

안보를 스스로 책임지지 못하는 나라

지금까지 여러 번 언급했지만 자국의 내란, 전쟁을 자국이 스스로 해결하지 못하고 외국 군대를 끌어들이는 것은, 국제 정치적으로 반식민지를 의미하든지 영토의 상실을 의미한다. 세상에 공짜가 어딨나? 그리스 패권을 두고 동족인 스파르타와 아테네가 맞붙은 펠로폰네소스전쟁에서, 스파르타는 그리스 영토 핵심 부분소아시아 지역을 양도하는 대가로 페르시아를 끌어들여 아테네를 물리친다.

당나라를 끌어들인 신라에 맞서 백제는 일본군을 끌어들였다. 결국 나당이 승리했지만, 남한 지역의 수십 배가 되는 한반도 이북 땅은 당나라가 전리품으로 가져갔다. 신라가 외세와 야합하여 39도 이북의 고구려 땅과 만주를 당나라에 넘기는 바람에 한민족의 영역이 한반도로 축소돼 동아시아 소국으로 전락했으며, 이것이 종국엔 일본의 강제 병합으로 이어졌다.

태평천국의 난을 스스로 진압하지 못하고 열강의 군대를 끌어들인 청나라, 무인정권을 스스로 진압하지 못하고 원나라를 끌어들인 고려, 임진왜란을 스스로 진압하지 못하고 명나라를 끌어들인 조선, 동학혁명을 스스로 진압하지 못하고 청나라와 일본을 끌어들인 조선, 북한의 남침을 스스로 해결하지 못하고 유엔군의 도움을 받아야 했던 대한민국, 그 외에도 동서양에 무수한 예가 있다.

▌MB는 쪽팔리는 줄 알아야 한다

▌난 우리나라 사람들이 역사는 왜 배우는지 모르겠다. 국사책을 장식용으로 꽂아놓으려고 배우는 건가? 도대체 역사에서 교훈을 얻으려고 하질 않는다. 1884년 이후 외국 군대의 주둔이 늘 있어왔던 역사적 전통 때문인지, 우리 국민은 외국 군대가 우리 분쟁에 개입하는 것이 갖는 국제정치적 의미를 간과한다. 심지어 당연하게 생각한다. 세상에 공짜가 어딨나? 걔들은 뭐 공짜로 전쟁해주나? 립서비스만 날려줘도 대가를 요구하

는 게 국제정치의 철칙인데, 피값은 공짜인줄 아나? 상식적으로 생각해 보라. '조지워싱턴호', 그 큰 항공모함이, 7,000명의 병사가 타고 있는 항공모함이, 공짜로 서해 앞바다까지 왔겠나?

북한 경제 규모의 40배, 인구 2배 가까이 되는 나라가, 안보위협 하나 스스로 해결 못 하고, 미 핵 항공모함을 서해바다까지 끌어들여서 좋은가? 서해바다가 어딘가? 1866년 병인양요, 1871년 신미양요로 프랑스와 미국에게 침략 당했던 곳 아닌가? 1894년 7년 25일 청일전쟁이 개시됐던 제부도 앞바다가 아닌가? 1904년 2월 10일 러일전쟁이 개시됐던 제물포 앞바다 아닌가? 1999년, 2002년, 2009년, 연평해전이 있었고, 2010년 3월에 천안함이 침몰됐던 그곳 아닌가? 이 역사에서 검증된(?) '위험천만' 한 분쟁지역에 미국 핵 항공모함을 끌어들여서 행복하신가? 미중이 사전협의 됐으니 망정이지, 중국이 반발해서 군함을 띄웠으면 어쩔 뻔했는가? 우리는 미국 빽 있다고 북한 애들한테 으스대서 행복하신가? 조중동에 따르면 세계에서 가장 호전적인 집단이라고 하는 북한이, 그거 보고 "어이쿠 형님~" 하고 꼬리 내릴 것 같은가?

정말 MB는 쪽팔린 줄 알아야 한다. 자국의 안보위협 하나 스스로 해결 못 하는 나라가 파병은 또 뭔가? 지네 안보도 버벅대는 놈들이 남의 나라 전쟁에 파병한다니 비웃지 않겠나? 그러니까 세계가 비웃는 거다. 영국을 미국의 푸들이라고 하는 게 세계 여론인데쉽게 말해서 미국의 개라는 의미이다, 한국은 뭐라고 하겠나? 우리가 경제규모 세계 15위권이나 됐는데도 아직도 국제 사회에서 인정받지 못하고 있다. 요즘 유행하는 말로 국격에 맞는 대접을 못 받는 게 다 이유가 있는 것이다.

사실상 청나라의 식민지

이제 청나라와의 관계는, 종래 종속관계에서 식민관계로 바뀐다. 그리고 청나라는 조선과 조청 상민수륙무역장정 '장정'이라고도 한다이라는 한중 FTA 조약을 체결하여, 한일 FTA 이상으로 조선에 대한 경제 침략을 단행한다. 청나라의 만행이 어느 정도였는지, 사학계의 거목 이기백과 김옥균 전문가 박은숙의 서술을 잇따라 보자.

원세개의 비호 아래 **청의 상인들은 서울에서는 물론 지방까지 휩쓸며 상리를 취하여, 일본 상인뿐 아니라 국내 상인에게도 타격**을 주었다. 이때 원세개는 청 상인들을 집단적으로 거주케 하여 서울에 중국인가中國人街가 이루어지게 되었다. 이기백著, 「한국사신론」, 304p, 일조각刊.

이때 문제가 된 이범진 사건의 경위는 다음과 같다. 당시 서울에 진출한 청 상인들이 회관을 건립하고자 이범진의 집을 사려 했지만, 이범진이 이를 거절하고 팔지 않았다. 이에 청 상인 수십 명이 이범진의 집으로 몰려가 그를 끌어내어 의관을 찢고 무수히 두들겨 팼다. 그리고 청 공관으로 끌고 가 심문한 뒤 강제로 각서를 쓰게 했다. **이범진은 당대 최고의 세도가인 이경하의 아들이자 현직 관료였다. 그런 그가 이런 치욕스러운 행패를 당할 정도이니, 일반 백성들이 청 군인이나 상인들에게 어떤 수모를 당하며 살았을지 말할 필요가 없을 것이다.** 박은숙著, 「김옥균 역사의 혁명가 시대의 이단아」, 32p, 너머북스刊.

고문顧問정치 – 외교장관 목인덕(묄렌도르프), 행자부장관 마건충, 참모총장 원세개

이홍장은 나아가 1882년 12월 사실상 외교 및 기재부장관통리기무아문 참의에 자기의 시다바리였던 독일인 묄렌도르프한국 이름 목인덕, 사실상 행안부장관내아문고문에 마건충馬建忠, 사실상 참모총장조선주둔군 사령관에 원세개袁世凱를 파견하여 조선을 장악한다.

목인덕은 조선에서 월급 받으면서 중국과 독일을 위해 조선을 충실하게 갈라놓은 개 같은 놈이었다. 고려 말, 식민지 종주국이었던 원나라가 위구르족이나 색목인 출신을 고려의 다루가치나 고위 관료로 파견해 고려를 장악한 이후, 이젠 독일 놈까지 파견해서 조선을 장악한 것이다. 아! 정말. 이게 나라냐? 또한 원세개는 스물넷밖에 안 된 대가리 피도 안 마른 새끼가, 왕을 호위한다는 명목으로 청와대 안에 거주하면서 사실상 총독 행세를 했다. 별기군도 청나라 식으로 바꾸고, 군복도 바꾸고, 교관도 청나라 놈으로 바꾸었다. 군복만 벌써 몇 벌이냐. 군복 많아서 좋겠다 찐따들아.

원나라 때 고려 정부에 원나라 다루가치, 정동행성 고위 관료를 파견하여 고려왕을 허수아비로 만들었듯, 청나라는 임오군란 직후, 목인덕, 마건충, 원세개를 조선에 파견하고 조선 정부를 장악해서 사실상 조선을 식민지로 만들어 버렸다. 이처럼 고종의 민씨 정권은 청나라에 의지해 식민 정권의 바지사장 노릇하면서 겨우 권력을 유지하고 있었다.

이때 조선 정부를 장악한 청나라 관리들은 '한일 FTA 조약강화도조약'의 재협상을 일본에 요구하여, 기존 관세율 0%를 10~30%로 올려 관세주권(?)을 일부 찾았다. 민씨들은 좋겠다, 청나라가 관세 30%로 만들어 줘서.

저게 우리 것이겠는가? 청나라 거지. 이렇게 청나라는 일본에 의해 침식된 조선 경제를 서서히 청나라 쪽으로 견인하기 시작한다. 이에 반발한 일본이 청일전쟁을 도발했음은 앞서 강화도조약 편에서 적었다.

█ 고문顧問정치 – 청나라도, 일제도, 미국도 했다

█ 이들은 소위 군사고문, 정치고문, 외교고문으로 온 것이지만, "일본으로부터 조선을 보호해 주겠다"는 구실로 조선을 식민지화했다. 물론 조선 '전주 이씨 왕실'은 보호해 줬겠지. 그것도 본인들의 말을 잘 듣는 한도에서. 그러니 조선인이 정할 수 있는 것은 아무것도 없었고, 청나라 놈독일 놈이 나라의 모든 것을 결정했다. 이런 고문顧問 정치는 갑오개혁, 을미개혁 이후에도 유행하고, 해방 후에도 미국인에 의해서도 유행한다. 요즘엔 안 그럴까? 나는 뭐라고 단정할 수 없다. 서울대학교 국제대학원 박태균 교수가 쓴 『우방과 제국, 한미관계의 두 신화』를 보자.

1966년 8월 주한 미 대사는 다음과 같은 전문電文을 국무부에 보냈다. "우리는 한국인들과 매우 특별한 관계를 맺고 있다. 우리가 아니고선 대한민국은 존재할 수 없다. **우리는 한국의 군대가 움직이도록 하며 모든 중요한 경제적 결정에 참여**한다. 경제기획원 중앙의 은밀한 곳에는 항상 미국인들이 있다. 각 지역도 도지사들에게는 미국의 자문관이 배치된다. 우리는 유별난 정보연계를 맺으며 **미군은 항상 한국의 국방비를 검토한다.**" 박태균著, 『우방과 제국, 한미관계의 두 신화』, 14p, 창비刊.

물론 지들끼리 주고받은 전문이니 이를 100% 믿을 수는 없겠지만, 위

내용이 사실이라면 독립적 주권국가는커녕 식민지라고 해도 과언이 아니다. 일제시대는 처참하게 가혹했던 시절이었지만 해방 이후에는 미국의 품안에서 행복했다고 극단적으로 생각할 게 아니다. 세상에 그런 게 어딨나. 우리가 1960~1970년대를 미국의 자유주의 보호하에서 행복하다고 생각했듯, 일제시대에 살았던 조선 백성들도 일제의 품에서 행복했다고 생각할 수 있었을지도 모른다는 것이다. 그게 우리의 역량이었을지도 모른다.

청나라, 강성 대원군보단 만만한 고종과 민자영이 다루기 낫다

청나라로서는 자신과 상의도 없이 독립 척화 외교를 하는 이하응이 마음에 안 들었다. 이하응보다는 청와대 나이트 죽순이 민자영 양이 훨씬 다루기 편했다. 민자영에게는 명품만 갖다 앵기면 됐지만 이하응은 골치 아팠다.

이하응은 재집권 한 달 만에 청나라로 납치된다1882. 8. 25. 대원군 납치 이틀 전 청나라 마건충과 일본의 하나부사는 제물포에서 조선 몰래 비밀 회담을 열어 조선 문제를 협상한다. 하나부사는 한일 FTA에 반대하는 이하응의 제거와, 조선과 체결한 한일 FTA 조약을 청나라도 존중해 줄 것을 요구했고, 마건충은 이를 수용한다. 이 회담 결과에 따라 대원군은 청나라로 납치됐다. 조선은 마건충과 하나부사가 비밀 회담을 하는 줄도 몰랐다.

민자영 양, 화려하게 부활하다

충주로 튀었던 민자영 양은 의장대를 앞세우고 화려하게 재등장한다. 이때 서울 시내 사대부 집안의 마님들이 민자영 양을 열렬히 환영했단다. 아마도 시아빠에게 저항하는 신식 며느리의 상징이었을 것이다. 이 장무를 서울대 총장으로 직접 선출한 서울대 교수들 수준이나, 이 당시 서울시내 양반집 마님들 수준이나 오십 보 백 보인 셈이다.

하여튼 한 달여 만에 살아서 재등장한 민자영 양은 시아버지 이하응에 줄섰던 놈들을 모조리 죽인다. 자신을 감춰준 민영위, 민응식을 출세시키고, 대원군의 사위이면서도 대원군에 반대한 이윤용이완용의 배다른 형도 출세시켜 줬다. 서울과 충주를 거의 매일 오가면서 중앙의 정세를 민자영 양에게 보고한 북청물장수 출신 이용익고려대학교 설립자은 훗날 대한제국의 재정을 맡아내장원경을 맡아 광무개혁을 주도한다. 그리고 민비는 자신이 피난갈 때 손가락질했다는 이유로, 경기도 광주의 한 마을을 쑥대밭을 만들어 놓는 만행을 서슴지 않았다. 외적이 들어오면 빛의 속도로 도망치기 바쁜 연놈들이, 지 백성 죽이는 것은 눈 하나 깜짝 안 했다. 박은식은 이렇게 기록하고 있다.

> 우리나라는 정권 쟁탈전이 극심하여 사대부 가운데 국가와 민족을 위하여 피를 흘린 자는 별로 없지만, 정권 쟁탈과 정국 변화로 인해 죽이거나 죽은 자는 많으니 참으로 비통한 일이다. 박은식著, 『한국통사』, 113p, 범우사刊.

임오군란은 군인이 중심이 돼 일으킨 사건이었으나, 여기에 도시빈민이 합세했고, 민당의 세도정치에 반대했으나, 대원군에 의지하려고 했지, '새로운 정권' 을 만들겠다는 생각을 하지 못했다. 그래서 서울을 4~5일간 장악하고도, 궁에 쳐들어가 민비까지 죽이려고 했음에도, 결국 자진해산하고 말았다.

■ 임오군란의 평가 – 한일 FTA에 대한 반발

■ 한일 FTA 조약강화도조약으로 조선 침략의 발판을 마련한 일본은 그 후 급속하게 조선을 접수해 갔다. 한일 FTA로 인한 극심한 무역역조는 사회 양극화와 폭동을 야기했고, 이 폭동을 진압하기 위한 청나라 군대의 개입으로 조선에서 우위를 점하고자 했던 일본의 의도는 일단 저지되었다. 다만 일본은 청나라와 제물포조약을 맺어, 청나라와 동등한 '조선 군대 주둔권'을 따낸다. 주한일군 주둔 문제처럼 주권을 침해하는 문제가 청나라와 일본 사이의 협상을 통해 이루어지고, 정작 당사자인 조선은 아무것도 할 수 있는 게 없었다. 이게 나라냐? 1910년에 식민지가 됐다는 말은 아무 의미 없는 말이다.

서울 종로통에서 청나라 군바리들주한청군과 일본 군바리들주한일군이 장총으로 무장하고 지나다니는 게 다반사였다. 남의 나라 군인이 서울 시내 한복판에 버젓이 활보하는 것을 왕이나 정치인이나 백성이나 누구하나 부끄러워하지 않았고, 이런 역사적 전통 때문에 지금도 주한미군이 별짓을 다해도 그리고 우리 법을 적용시키지도 못 하면서도 누구 하나 부끄러워하지도 않는다.

486이 국회의원 하면 뭐하나? SOFA 협정 폐기하라는 성명 발표하는 국회의원 하나 없는데. 하다못해 일본 수준으로 고치자고 말하는 국회의원 하나도 없는데. 니들은 안 쪽팔리나?

■ 청나라와 일본의 본격적 조선 쟁탈전 시작

■ 임오군란의 결과 조선에 대한 일본과 청나라의 나와바리 싸움은 본격화된다. 제물포조약의 후속조치로, 일본에 또 수신사가 파견됐다. 박영효,

김옥균, 서광범, 민영익 등이 파견됐다. 이때 일본에 유학 중이던 윤치호도 김옥균의 통역관으로 같이 참여한다. 이들을 맞이한 일본은 이들을 국빈대우를 하며 100일간의 체류비용을 모두 부담한다. 그리고 쪽발이 외교부장관 이노우에, 당대의 사상가 후쿠자와 유키치와 담론을 나누었다. 이노우에의 국제정세에 관한 탁월한 식견, 후쿠자와 유키치의 세계 사조에 대한 해박한 지식과 이빨에 당대 조선 최고 엘리트들은 단번에 무너진다. 이노우에와 후쿠자와는 그렇게 개화파의 마음을 사로잡는다. 그러나 조선의 개화파들은 이노우에와 후쿠자와의 속셈을 알지 못했다. 임시정부의 대통령을 지낸 박은식의 임오군란과 대원군에 대한 평가를 보자.

대원군은, 그가 한 일이 잘했는지 못했는지 그 이해의 득실을 판단해내기 어려운 인물이지만, 그가 정사를 돌보는 가운데 나라의 창고가 가득찼고 군량이 풍족했으며, 백성을 대하는 관리는 반드시 청렴결백한 사람을 택하여 백성들이 안심하고 생업에 종사할 수 있도록 하였으므로, 군란이나 민란은 도저히 일어날 수가 없었다. 내란이 발생하지 않는데 어찌 외부의 간섭이 있을 수 있겠는가? 아! 애석하도다. 이 노정치가(대원군)는 저들보다 잘했건만, 세력쟁탈로 인해 재기하지 못하고 남전에 은거하며 묵묵히 나날을 보내다가 이제 임오군란으로 정권을 잡았지만, 반란 주도자라는 책임자로서의 누명을 쓰고 백발에 포로 신세가 되어 이역만리에서 외롭게 지내며 세상의 웃음거리가 되었으니 어찌 슬프다 하지 않을손가. 박은식著, 「한국통사」, 116p, 범우사刊.

한영신조약(1883. 11. 26)

김옥균, 영국과 FTA 재협상
– 바가지 뒤집어쓰다

FTA의 모범답안, 한영 신조약

한말 조선의 불평등조약체제는 한일 FTA 조약으로 뼈대를 만들고
1876, 1882년 임오군란 직후 체결한 한중 FTA인 조청 수륙무역장정朝淸水
陸貿易章程에 의해 뼈대가 채워졌으며, 1883년 영국의 파크스–김옥균 간 체
결된 한영 FTA 재조약한영 신조약에 의해, 8년간에 걸쳐 완성되었다. 요컨
대, 한국의 통상조약에 대한 모범답안이 바로 '한영 신조약1883'이다. 이
한영 신조약을 '기준'으로 다른 나라와의 FTA 조약도 체결되었다. 그런
데 이게 사연이 있다. 영국은 이미 1년 전 조선과 조영 수호통상조약을
맺었다1882. 그런데 재협상을 통해 1883년 새로운 '한영신조약'을 체결
한 것이다. 마치 2010년 한미 FTA를 재협상하듯 말이다. 그래서 이 재협

상 과정을 깊게 살펴보도록 하자.

영국의 조선 개국

영국은 러시아의 반발을 염려하여 미국을 앞세워 조미 수교협상을 타결했고, 조미 통상조약 체결 보름 후 똑같은 내용의 조영 수호통상조약을 체결했음을 앞서 언급했다임오군란II 참조.

문제는 조영 통상조약의 통상 조건이 영청英淸 간 통상 조건보다 영국에게 불리했다는 점이다. 생각해 보라. 청나라는 영국의 반식민지 아닌가? 그리고 조선은 청나라 식민지 아닌가? 그런데 조영 간 통상 조건이 영청 간 통상 조건보다 나쁘다는 것이 말이 되나? 영국으로서는 수용할 수 없었다. 영국 본토에선 난리가 났다. 동북아에 파견된 자국 외교관들을 향해 "저 등신 같은 놈들. 저런 놈들한테 세금내야 한다니. 쯧쯧" 하고 말이다. 그러나 영국이 바본가. 영국은 당시 세계 최강이다. 영국은 때를 기다린다. 바로 때가 왔다. 조약 체결1882. 6. 6 불과 한달 보름 후, 조선에서 사건이 터진다. 바로 '임오군란'이다1882. 7. 23.

이홍장의 우려

이홍장은 영국, 미국, 독일을 한반도에 끌어들이는 수교협상을 마무리함으로써 일본과 러시아의 한반도 침투를 저지할 수 있는 기반을 마련했다고 내심 흐뭇해하고 있었다. 그런데 조선에서 생각지도 못한 임오군란이 발생하자 불길한 생각이 스쳐간다. 20여 년 전, 청나라에서 태평천국의 난으로 내란에 빠지자, 그 혼란을 틈타 영국은 '애로우호 사건'을 조작해서 제2의 아편전쟁1856을 도발하지 않았던가? 이를 빌미로 북경조약1860을 맺어 중국의 각종 이권을 모두 뜯어가지 않았던가? 이번에도 혹시 영국이 조선에서? 망해가는 청나라의 대신이라는 것이 문제였지 이홍장은 머리가 좋았다. 이홍장의 예상은 맞았다.

이렇게 이홍장이 영국에 의한 조선수탈을 우려한 것은 조선을 걱정해서가 아니라, 조선에서 청나라 이익이 침해되기 때문이다. 이홍장은 서두른다. 그는 즉시 파병을 결정, 임오군란을 찍어 누르고 서둘러 대원군을 납치했다. 이홍장으로선 앞뒤 사정 가릴 때가 아니었다. 그리고 독일 출신 재정고문 묄렌도르프목인덕를 조선으로 파견해 조선 재정을 장악했다. 이 모든 결정이 영국이 임오군란을 빌미로 조선에서 무슨 짓을 할지 몰랐기 때문이었다. 이홍장으로선 마지막 남은 청나라 조공국 조선을 놓치고 싶지 않았다.

강대국은 늘 약소국의 안보위기(내란, 내전, 국지전), 재정 경제 위기를 활용한다

아니나 다를까, 영국은 임오군란을 핑계로, 조영 통상조약에 사인한 지 한 달 보름밖에 안 된 조약안의 비준을 거부했다. 그리고 재협상을 요구했다. 아니, 미친놈들 아닌가? 차라리 조약을 체결하지 말든지, 조약 체결 한 달 보름도 안됐는데 비준을 거부하는 게 말이 되나? 된다. 원래 강대국은 그런 거다. 억울하면 니들도 강대국 되면 된다. 이처럼 강대국은 협상을 체결해 놓고도, 비준을 거부한다. 그게 걔들의 일반적인 process다. 그럼 우리도 그러면 되지 않느냐? 감정적으로는 그렇게 하고 싶지만, '현실' 국제정치 역학 속에서 그런 것은 존재할 수 없다. 비준거부는 '강대국'만, '깡패'만 할 수 있는 짓이다.

그러니 애초부터 협상 상대를 신중하게 골라야 하는 법이다. 덥석 세계 최강과 FTA를 하겠다고 덤빈 것 자체로 이미 문제는 시작된 거나 다름없다. 강대국과 약소국 간 조약은, 아무리 종이쪽지 위에다 쌍무적 관계라고 써 놔봤자 현실은 그렇지 않다. 재벌과 하청 중소기업이 쌍무적 계약관계라고 아무리 계약서에 써 봐야 현실은 그렇지 않은 것과 마찬가지다. 하여튼 1882년 6월 6일 당시 세계 최강 영국과 조영 수호통상조약을 맺은 고종이나, 세계 최강 미국과 FTA를 맺은 참여정부나, MB 정부나, 배짱 하나는 짱이다.

영국의 FTA 재협상 요구

영국은 임오군란을 빌미로 조영 FTA 조약의 비준을 뭉갰다. 임오군란과 조영 FTA가 무슨 관계가 있는데 비준을 뭉갰느냐고 순진하게 묻지 마라. 강대국은 싫으면 안 하는 거다. 이유는 그냥 갖다 붙이면 되는 것이고. 그게 강대국과 깡패의 특권 아니겠는가?

한편, 임오군란의 후속조치로 일본에 수신사를 파견했는데, 이때 일본 외무성의 주선으로 박영효와 김옥균은 주일 영국공사 파크스를 만날 수 있었다. 임오군란 이후 조선을 사실상 통치하고 있는 묄렌도르프, 원세개에 분노한 김옥균은 영국을 이용하여 청나라의 속박에서 벗어나고자이 이제이 파크스와 협상을 시도했고, 일본 외무성의 주선으로 파크스를 만난 것이다. 파크스를 만난 옥균은 그에게 한마디 던진다. "파크스 공사 각하! 한국이 청나라로부터 벗어날 수 있도록 영국이 힘써 준다면, 작년에 맺는 조영 FTA 조약의 개정도 한번 생각해 보겠습니다. 어떠신지요?" 하고 말이다. 파크스는 심봉사 눈 뜨듯, 눈이 번쩍 뜨였다. 김옥균과 박영효는 노회한 파크스에게 걸려든다.

김옥균, 노회한 파크스에게 걸려들다

이때 파크스는 김옥균의 요구를 들어주는 척하면서, 조영 FTA 조약의 재협상을 요구한다. 그리고 기존 조영 조약을 개정하여 '관세율'을 대폭 내린다. 관세인하율이 무려 25%~50%에 이르렀다. 이렇게 재협상을 통해 맺는 조약이 바로 '한영 신조약또는 조영 新조약'이다1883. 11. 26. 그 결과 최혜국약관에 따라, 이미 조약을 비준한 미국은 물론, 장차 수교를 하게 될 열강들도독일, 러시아, 이탈리아, 프랑스도 덩달아 관세 인하 혜택을 보았다. 무슨 폐업 바겐세일도 아니고, 아낌없이 퍼 줬다관세의 자세한 내용은 최문형著, 『명성황후 시해의 진실을 밝힌다』, 104p, 지식산업사刊 참조. 나라 꼴이 아주 처참해진 것이다. 당시 선진 유럽은 지들끼리 30~50%의 평균관세를 부과하여 자국 제조업을 보호하는데, 조선은 5% 내외의 관세로 개방을 당한 것이다.

신사의 나라 영국의 사기詐欺외교에 뒤통수 맞은 개화당 정치인들

영국은 청나라의 간섭에서 벗어날 수 있도록 도와주겠다는 당초의 약속을 쌩깠다. 당시 영국은 세계 전략 차원에서 러시아 남하를 저지해야만 했다. 영국은 러시아 남하를 저지할 '영국의 수위守衛 국가'로 청나라를 활용해야 했기 때문에, 애초부터 조선의 요구를 들어줄 이유가 없었다. 사실상 영국의 사기 외교였다. 영국은 오히려 러시아 견제라는 공동 목적을 가진 중국 외교정책에 협력했다. 따라서 영국은 청나라의 조선종주권 강화에 '적극' 협력했다. 이게 신사의 나라 영국이다. 다 그런 거다. 이익 앞에선 피도 눈물도 없는 것이 바로 국제관계다. 한양대학교 사학과 최문형 명예교수의 말을 들어보자.

당시 김옥균은 32세, 박영효는 22세의 젊은이였다. 패기만 충천했을 뿐 외교 경험은 전혀 없는, 국제 정황에 문외한들이었다. 이 순박한 두 청년이 국제정치의 베테랑을 이용하려고 했다면 처음부터 그 발상이 잘못된 것이다. 더욱이 상대는 주일 영국공사 경력만 18년이나 되는 50대 후반의 노회한 외교관이었다. 세계 전반에 걸친 정보까지 활용하고 있었다. 그는 보링과 더불어 아편전쟁을 도발한 함포외교의 명수이기도 했다. 파크스는 애초부터 이들 개화파 젊은이들이 이용할 수 있는 상대가 아니었다. 이들은 **청국의 속박에서 벗어나야 한다는 일념에 사로잡혀 사태를 분간하지 못함으로써 오히려 여지없이** 영국에게 **역이용 당하고 말았던 것**이다. 최문형著, 『러시아의 남하와 일본의 한국침략』, 161p, 지식산업사刊.

최문형 교수는 '김옥균과 박영효는 외교의 문외한'이라고 했지만, 이것도 오늘날의 시각이다. 그 당시에 이들은 조선 최고의 정치가이자 외교협상가였다. 얘들 말고 누가 있나? 당시 외교통이라고 해봐야 김윤식, 민영익 정도인데, 이 사람들은 달랐겠나?

▎124년 만의 FTA 재협상 – 2010 한미 FTA 재협상

124년 만에 FTA 재협상이 있었다. 2007년 4월 2일 참여정부는 한미 FTA 협상을 타결했다. 그러나 바로 미국이 비준을 거부했다. 그리고 바로 재협상에 들어가 두 달 만인 2007년 6월 30일 재타결됐다. 그 당시에도 이걸 두고 김종훈과 한미 FTA 찬성론자들은 '재협상이 아니라 추가

협상'일 뿐이라는 개 짖는 소리를 했다. 재협상이 아니라 추가협상이라고 우기면 좀 낫나?

그렇게 재타결된 2007년 6월 30일 조약안마저도, 부시에서 오바마로 정권이 바뀌었다는 이유로 또 비준을 거부했다. 한 차례의 재협상만으로는 미국의 탐욕을 만족시키기엔 부족했다. 그리고 3년 넘게 뭉갰다. 또 미국은 재협상 기회를 노렸다. 때가 왔다. MB가 2010년 6월 캐나다에서 '전작권 환수 연기'를 요청하자, 이를 들어주는 대신 미국은 한미 FTA 재협상 약속을 받아냈다. 강대국은 늘 그렇다. 세상에 공짜가 어딨나?

그리고 재협상 타이밍을 노리다가, 124년 전 영국이 '조선의 내란임오군란'을 활용하여 '조영 신조약'을 타결지었듯1883, 2010년 미국은 한국이 '국지전연평도 포격 사건의 충격'에 빠진 상황을 활용하여, 자신들에게 최대한 유리한 조건으로 한미 FTA 재협상을 타결했다2010. 11. 30.~2010. 12. 3.

「일단 협상을 체결하여 약소국에 정치적 연착륙을 한다 → 체결된 조약의 비준은 계속 뭉갠다 → 재협상 타이밍을 찾는다 → 약소국의 재정, 경제, 안보상 위기 발생하면 득달같이 개입하여 자신들에게 최대한 유리하게 재협상을 완결짓는다.」

이게 강대국의 프로세스다. 한국의 안보위기연평도 포격 사건를 이용하여 최대한 챙기고, 한국의 경제위기외환위기를 이용해서 최대한 챙기고…… 그런 거다. 약소국에게 내우內憂는 외환外患과 연결되기 마련인 것이다.

갑신정변(1884. 12. 4) I

개화당독립당을 이용한
일본의 간접 쿠데타

갑신정변(1884. 12. 4.)

결론부터 미리 말하고 시작하자. 1876년 한일 FTA 체결 결과, 일본은 값싼 공산품을 조선에 수출하고, 쌀과 원자재를 수입하여 막대한 무역차 익을 남기면서 조선 침투를 가속화했다. 이로 인해 양극화가 심화되자 조선에선 군인과 도시빈민이 합세하여 한일 FTA의 주역 민당閔黨을 타도하고 서민중산층을 인간 대접해준 이하응을 정권에 옹립한다임오군란. 그러나 청나라는 이 기회에 조선의 주인은 청나라임을 못 박고자, 경복궁 나이트 죽순이 민자영 양을 정권에 앉히고, 강성 민족주의 정치인 이하응을 청나라로 납치한다. 임오군란으로 조선이 청나라 식민지로 전락하자, 일본은 세력균형을 위해 비상수단을 강구한다. 일본은 조선의 친일

정치인을 이용하여 '친청親淸 정권'을 타도하고 '친일親日 정권' 수립을 시도하는데, 이것이 바로 갑신정변이다. 갑신년에 일어난 정치적 변란, 즉 '쿠데타'다.

김옥균, 개화당 창당 - 야당이자 친일 사대당親日事大黨

1880년을 전후하여 조선 정계에는 개화당독립당이 창당된다. 유시민의 개혁당과 다르다. 당 총재에 김옥균, 부총재에 박영효, 사무총장에 홍영식, 사무부총장에 서광범, 정책위의장 유길준, 당 대변인 서재필, 윤웅렬윤치호의 아버지, 변수, 박영교 등이 핵심 멤버였다.

초기에는 민영익, 김윤식, 어윤중, 김홍집도 같이 참여했으나, 이들은 1883년을 전후하여, 김옥균 계보와 갈라선다. 김옥균 계보는 급진개화파로, 민영익 계보는 온건개화파로 국사책은 기록한다. 개화당은 독립당이라고도 부르고 급진개화파를 지칭하며, 민씨 정권의 사실상 야당이었다. 이에 대해 온건개화파는 민씨 정권의 여당이었으며, 사대당이라고도 했다.

민당 - 집권 여당이자 친청 사대당

집권 여당인 사대당은 청나라에 대한 사대당을 의미하고, 이들 사대당의 정강정책인 '동도서기론'은 종주국 청나라의 중체서용과 양무운동, 일본의 화혼양재의 한국판 버전이었다. 한편 야당인 독립당개화당은 청나라에 대한 독립당을 의미했다. 따라서 반청파이자 친일파 정치인들이고, 이들의 정강정책인 문명개화론은 일본 메이지 유신의 한국판 버전이었다. 김옥균의 독립당은 독립이라는 당명을 사용하고 있으므로 무지하게 자주독립을 꿈꾼 것처럼 보이지만, 그들의 독립은 청나라로부터의 독립일 뿐 사실은 친일 사대당親日事大黨이었다.

요컨대 집권여당인 온건개화파는 청나라 사대당, 야당인 급진개화파는 일본 사대당이었다. 사대의 대상이 누구냐의 차이였을 뿐이다. 물론 김옥균은 일단 일본을 이용하여 청나라를 제거한 후 조선의 자주독립을 꿈꾸었을 것이다. 그러나 세상에 그런 게 어딨나? 일본은 뭐 땅 파서 장사하나? 남의 나라 끌어들여 정권을 뒤집으면 그게 내 권력이 되나? 그런 것은 인류 역사에 단 한 차례도 없다. 쇄국 500년 만에 당대 조선 최고의 엘리트들이었던 독립당 정치인들조차 국제정세에 대한 인식 수준이 이 정도밖에 안 됐다. 좋게 얘기하면 김옥균은 '순진한' 우국충정에 휩싸였던 것이고, 냉정하게 보면 일본의 차도살인독립당 을 이용하여 친청 사대당을 제거하고 친일 정권을 세운다, 이이제이김옥균을 이용하여 민당을 친다에 이용당한 것이다.

▌임오군란 후 조선 정국 – 원세개의 만행

1882년 임오군란 후 조선 국정은 청나라 북양대신 이홍장이 파견한 3총사, 묄렌도르프, 마건충, 원세개에 의해 장악된다. 조선 대통령은 있어도 없어도 그만이다. 이들은 한일 FTA 조약으로 인한 일본의 무역이득에 자극을 받아, '조청 상민수륙무역장정'이라는 통상조약을 맺어, 일본 놈들보다 더 조선을 착취하기 시작한다.

백성들은 청나라가 파견한 원세개의 압제에 이만저만 고통이 아니었다. 듣도 보도 못한 독일 놈 묄렌도르프가 와서 조선 국정을 좌지우지하지, 대가리 피도 안 마른 24세 원세개라는 놈은 총독 행세하지, 독립당 정치인들은 "저 개새끼들" 하면서 부르르 떤다. 청나라의 압제에서 벗어나고자 개화파 정치인들이 생각한 것이 바로 앞서 언급했던 세계 최강 영국의 힘을 빌려 청나라의 압제에서 벗어나자는 것이었다. 그러나 영국은 이를 빌미로 김옥균을 구어 삶아 한영 FTA 재협상에 성공, 자국의 실리를 '이빠이' 챙긴 반면조영 신조약, 청나라의 간섭에서 벗어날 수 있도록 도와주겠다는 당초의 약속을 배신했다. 오히려 영국은 주중국공사에게 조선공사직을 겸직시키고, 서울에는 대리 총영사만을 두어 중국의 지휘를 받게 하였다. 그리고 러시아 견제라는 공동 목적을 가진 중국 외교정책에 충실히 협력했다

▌영국과 일본에게 연이어 뒤통수 맞은 개화당 정치인들

▌한편 김옥균과 박영효 등 독립당 정치인들은 청나라의 고문정치 속에서도 내정을 개혁해 보겠다고 나름대로 노력을 했다. 그 방법의 하나는 바로 조선인을 일본 육사와 게이오 의숙으로 유학을 보내는 것이었다1883. 6. 김옥균은 인재양성에 적극적이었다. 김옥균은 정치자금을 모아 신분의 귀천을 따지지 않고 재능에 따라 61명을 뽑아 일본으로 유학을 보냈다. 일본에 유학한 이들은 일본 개화사상의 선구자이자 제국주의자인 후쿠자와 유키치의 저술을 고시공부하듯 공부했다. 이 중에는 서재필, 이규완, 신응희, 정난교 등도 끼어 있었고, 이들이 다음 해에 귀국하여 갑신정변 때 칼잡이 행동대원으로 맹활약한다.

그리고 또 다른 방법으로, 김옥균은 일본으로부터 차관을 얻어 그 돈으로 내정 개혁을 시도할 계획을 세웠다. 그러나 청나라 끄나풀 묄렌도르프의 방해와 일본의 비협조로 성공하지 못했고, 미국으로 눈을 돌렸으나 이번엔 일본의 방해로 역시 실패하고 말았다1883. 11. 국제 관계는 이렇

게 냉혹한 것이다. 결국 김옥균은 일본 유학생을 이끌고 빈손으로 귀국하고 만다1884. 3.

영국과 일본의 도움을 받으려던 김옥균은 잇따라 이들에게 배신당하면서도, 제국주의의 속성을 전혀 눈치까지 못했다. 영국에게 한영 FTA 재협상으로 당하고 일본에게 차관으로 당했으면, 이젠 눈치까야 하지 않았나?

동시다발적 FTA 추진한 개화당 정치인과 미국에서 돌아온 민영익

그리고 개화당이 중국의 간섭을 배제하기 위하여 마지막으로 시도한 방법이 바로 여러 열강들과 동시다발적 수호조약FTA 조약을 맺고, 이미 체결한 FTA 조약에 대해서는 비준을 재촉하는 일이었다. 그렇게 해서 'balance of power, 균세均勢'를 통한 지역안정을 확보하겠다는 계산이었다.

마치 참여정부가, 미국과 EU, 캐나다, 중국, 인도 등과 동시다발적 FTA 조약을 통해 안전판을 확보한 후, 동북아 중심국가로 성장하겠다고 계산한 것과 유사한 것이었다. 그리고 한미 FTA 조약의 빠른 비준을 미국에 촉구한 것과 유사한 것이었다. 물론 뒤에서 언급하겠지만, 되지도 않는, 될 수도 없는, naive한 짓이다. 잠시 딴 얘기를 하자면, 우리는 정치인이 착하고 순진하고 도덕적이길 원하지 않는다. 서민생활 안정이라는 정치적 목적 달성을 위해서라면 수단방법 가리지 않고 노회한 정치인을 원한다. 극단적으로 비교하자면, 뇌물 한 푼 안 받고 한미 FTA 추진하는 정치인보단, 뇌물 받아 처먹어도 비정규직 폐지하고 한미 FTA 폐기하는 정치인이 진짜 정치인이다.

한편, 보빙사로 미국에 갔던 독립당의 핵심 외교통 민영익이 1884년 5월 31일 귀국한다. 보빙사란 답례로서 어떤 나라를 방문하는 사신을 말한다. 조미 수교의 후속조치로 1883년 7월 16일 민영익을 전권사절로, 홍영식을 부사로 삼아, 박정양, 유길준, 서광범, 변수 등과 함께 미국으로 떠났는데, 근 1년 만에 귀국한 것이다. 이때 유길준을 미국에 남겨 미국 전문가로 양성했다. 그는 우리나라 최초의 미국 유학생이 됐다.

갑신정변(1884. 12. 4) II

개화당, 일본을 등에 업고
쿠데타를 결행하다

민영익의 탈당, 개화당 충격에 빠지다

민영익은 독립당 총재 김옥균의 지시로 묄렌도르프를 대체할 인물을 구하려는 사명을 띠고 미국으로 출발했는데, 어찌된 일인지, 귀국하자마자 독립당 탈당을 선언한다. 그리고 사대당에 입당한다. 민영익이 왜 전향했는지에 대해선, 학자마다 제각각이다. 미국의 발전을 보니 일본에만 의지하는 김옥균은 아닌 것 같다고 깨달았다는 입장서영희, 찢어지게 가난하게 살다가 고모인 민자영 양 덕에 벼락출세한 부류의 아이들이 갖는 인격형성에 문제가 있다는 입장이정식 등……

내 생각은 이렇다. 민영익은 김옥균의 말을 따라 미국까지 갔는데, 미국에 가서 그야말로 '개무시' 당하고 왔다후술. 그도 그럴 것이 미국의 입장에선, 조선의 구매력이 자국의 공산품을 사주기에는 턱없이 모자란 시장이었다. 당시 조선은 화폐경제도 발달하지 못했고 조세의 금납화도 안 된 미개국이었다. 돈벌이가 안 되면 관심을 끄는 것은 예나 지금이나 개들의 일관된 입장이다. 미국에 개무시당하고 1년 만에 귀국해 보니, 독립당 애들은 영국 애들한테 한영 신조약으로 또 크게 털려 있었다. 일본으로부터 차관을 얻겠다는 계획도 '나가리' 돼 있었다. 제국은 어떤 놈이든 다 똑같은 놈들이고, 그럴 바엔 차라리 전통적 종주국 청나라가 낫지 않겠나? 그리고 그동안 독립당 활동한답시고, 고모인 민자영 양의 속도 무지 썩혀드렸는데, 이제는 조카 노릇 좀 제대로 해야겠다고…… 이렇게 생각한 것 아닐까?

민영익을 좀 더 설명하자면, 민영익은 민태호閔台鎬의 친아들이나, 자영이의 (양)오빠인 민승호가 죽자 민승호의 양아들로 들어갔다. 전국의 뇌물을 다 긁어모았던 자신의 오른팔이자 오빠 민승호가 죽자 자영이는 매우 상심해 있었고, 그 틈을 민규호가 눈치까고 형 민태호를 부추겨 민영익을 민승호의 '사후 양자'로 들인 것이다. 이렇게 민영익은 자영이의 (양)조카가 됐다. 이로써 '포스트 민승호'는 민태호, 민규호를 거쳐 민영익으로 최종 낙점됐다. 집권 여당의 차세대 정치인이 된 것이다.

집권 여당의 핵심 정치인으로 성장하는 민영익
– 민영익의 개화당 탄압으로 개화당, 궁지에 몰리다

그 후 민영익은 사대당의 핵심 정치인으로 성장한다. 민영익의 친여동생은, 자영의 아들 이척純宗과 혼인한다. 종형제從兄弟 간에 혼인을 한 것이다. 골 아프게 촌수 따질 거 없다. 그냥 삼촌, 조카, 아주머니, 지들끼리

족내혼인했다고 생각하면 된다. 그래도 흥미 삼아 한번 따져본다면, 법적으로는 민영익과 순종이척이 외4촌간이니왜냐하면 민영익이 민자영의 조카이므로, 결국 민영익의 여동생과 순종의 혼인은 외4촌간에 혼인을 한 셈이다. 요컨대 법적 4촌 간, 혈통상은 14촌 형제 간 혼인을 한 셈이다. 어떻게 자신의 친정 조카딸을 며느리로 들일 생각을 했는지 이해가 안 간다. 그게 민자영이었다.

어쨌든 1884년 5월 미국에서 귀국한 민영익은 독립당을 탈당하고 사대당에 입당해서 사실상 대통령인 민자영 양에 의해 당 총재에 임명된다. 그리고 독립당에 대해 노골적인 탄압을 시작한다. 원래, 변절한 놈들이 프락치라는 의심을 불식시키기 위해 알아서 더 날뛰지 않나? 김문수도 그렇고 이재오도 그렇고, 다 그런 거다.

독립당으로서는 당의 대형 정치인이 탈당하여 집권 여당으로 입당하자, 그 충격이 이만저만이 아니었다. 마치 1990년 3당 야합으로 인한 충격과도 비슷했을 것이다. 야심차게 추진했던 대일외교차관도입, 대영외교한영 신조약, 대미외교보빙사는 몽땅 실패했지, 당세는 위축되고 있지, 탈당은 이어지지, 독립당을 바라보는 고종의 눈도 예전 같지 않고 싸늘하지, 독립당의 총체적 위기였다.

▋ 민당, 러시아로 기울다

이때 집권여당인 사대당민당은 러시아에 급격하게 기울게 된다. 친청파 정권이기는 했지만, 묄렌도르프와 원세개의 독단에 친청파도 불만이 많았고, 일본을 끌어들이자니 독립당과 노선이 같아지고, 미국을 끌어들이려 했는데 개무시당했고, 남은 것은 러시아뿐이었다. 계속되는 이이제이 정책이었다. 그런데, 종주국 청나라 이홍장은 러시아의 조선 접근에 극도로 예민했다. 민당은 이홍장의 압력을 제치고 러시아에 접근할 수 있는 방법을 찾았다.

그러나 역설적이게도, 이홍장의 발등을 찍은 건 묄렌도르프였다. 조선과 러시아와의 접근을 가능케 한 사람이 바로 이홍장의 시다바리였던 독일인 묄렌도르프였기 때문이다. 아울러 러시아 베베르 대사 부부가 워낙 호감형에 신사적이었고, 특히 민자영 양은 베베르의 처제한국명 손탁에게 푹 빠졌다. 손탁은 5개 국어에 능통한 럭셔리 걸이었는데, 럭셔리에 환장하는 청와대 나이트 죽순이 민자영 양은 손탁에게 커피를 배웠다.

이홍장을 배신한 묄렌도르프
– 독일인 묄렌도르프의 고국을 향한 애국심

그렇다면 왜 묄렌도르프는 자신의 임명권자의 의도를 배반하고, 즉 이홍장과의 결별을 각오하고 조선과 러시아의 수교를 주선했을까? 풀어 설명하면 청나라 입장에선 러시아의 조선 침투를 막아야 하는 것이 대對러시아 외교의 기본 원칙이었다. 그런데 묄렌도르프는 자신의 임명권자인 청나라의 러시아 외교정책을 배신하고 왜 조선과 러시아 수교를 주선했을까? 조선을 사랑해서? 에이~, 세상에 그런 게 어딨나? 그럴만 하니까 했지.

유럽의 이웃국가인 프랑스와 독일로 가보자. 당시 프랑스는 나폴레옹 3세가 집권하고 있었는데, 비스마르크가 집권한 독일프로이센이 '철혈정책'으로 융성해지자, 프랑스는 위협을 느끼고 독일과 맞짱뜨게 된다. 소위 보불전쟁프로이센–불란서전쟁이다1870. 알퐁스 도데의 『마지막 수업』에 나오는 전쟁이다. 이 전쟁에서 패배한 프랑스는 주도권을 상실하고, 비스마르크의 독일 제국은 통일의 기틀을 다지게 된다.

그런데 전통적으로 프랑스는 러시아와 가까운 사이였는데, 이 두 국가가 연합하여 독일에 대항한다면 독일로서는 커다란 문제인 것이다. 묄렌도르프는 프랑스의 대독對獨 원한이 러불연합과 독일에 대한 보복으로 이어질 것이 두려워 모국독일을 위해 러시아의 관심을 유럽프랑스이 아닌 '조선의 부동항 개척'으로 돌리려고 했던 것이다. 최문형의 글을 보자.

> **따라서 독일 외교관 출신인 묄렌도르프는 결국 독일의 국익을 위해 자신의 패트런이던 이홍장과의 관계를 자진해서 버린 것이다. 특히 보불전쟁 이후 프랑스 고립화정책을 추진한 비스마르크로서는 우선 프랑스의 대러 접근을 막아야만 했다. 그러기 위해서는 러시아의 동아시아 진출을 부추켜야만 했다. 러시아의 진출방향이 유럽이 아닌 동아시아로 잡혀야만 독일은 프랑스와 러시아의 협공으로부터 벗어날 수 있기 때문이다. 따라서 묄렌도르프는 이홍장의 단순한 앞잡이가 아니었다. 실로 묄렌도르프야말로 비스마르크의 동아시아정책 실행을 위한 "출장소장"과도 같은 존재였다고 할 수 있다. 그의 한러 수교 주선은 한국인에 대한 감상적 동정심에서 비롯된 것이 결코 아니었다. 어디까지나 모국 독일의 국익에 따른 행동이었음은 재론의 여지가 없는 것이다.** 최문형著, 「러시아의 남하와 일본의 한국침략」, 180p, 184p, 지식산업사刊.

이 결과 불과 베베르 내한 2주 만인 1884년 7월 7일 조러 수교조약은 체결된다. 이로써 러시아 남하를 방지하고자 했던 『조선책략』의 외교노선은 2년도 못 돼 폐기되고 만다후술.

파울 게오르크 폰 묄렌도르프Möllendorf는 청나라 주재 독일영사관에서 근무하다 이홍장의 추천으로 임오군란 직후 조선으로 파견돼 사실상 조선 총리 역할을 했다. 그는 이홍장을 대리해 조선의 외교, 세무, 통상, 재정은 물론이고 온갖 국내 정치에도 관여했다. 1884년 갑신정변 때는 김옥균의 개화당 탄압에 앞장서 민당閔黨을 도왔다. 그는 갑신정변 직후 일본 주재 러시아 외교관 다비도프, 스페이에르 등과 공모, 조선에 러시아 세력을 끌어들인 주역이었다후술. 자신의 조국 독일을 위해 자신의 스폰서였던 이홍장을 배신한 것이다. 이로 인해 그는 이홍장에 의해 해임된다. 이홍장은 묄렌도르프 후임으로는 미국인 데니Denny를 임명한다. 나라 꼴이 어찌됐을꼬.

대일외교 실패차관도입, 대미외교 실패보빙사, 대영외교 실패한영 신조약, 러시아와의 수교한러조약 등으로 인해, 독립당의 '친일, 친미 외교노선'은 커다란 타격을 받는다. 한때 동지였던 민영익의 독립당을 향한 야당 탄압은 계속되고, 독립당은 궁지에 몰린다.

거사 – 우정국 축하연에서 일본군을 등에 업고 쿠데타를 시도하다

이즈음 중국 정세를 보자. 중국은 1883년 12월 프랑스와 전쟁에 돌입한다. 청나라의 조공국이었던 안남베트남을 프랑스가 FTA 체결사이공조약, 1862로 강제 개방시킨 후, 보호국화하겠다고 선언했기 때문이다. 사람으로 치면 "강간한 후 결혼하겠다"고 한 것이다. 썩어도 준치라고, 종래 종주국인 청나라는 프랑스와 한판 붙는다. 이것이 청불전쟁이다1883. 12~ 1885. 3. 청불전쟁 때문에 청나라는 조선에만 군사력을 집중할 수 없게 되었고, 주한청군의 반을 빼내 프랑스와의 전쟁에 투입한다. 민당의 야당 탄압으로 인해 궁지에 몰린 독립당은 이 기회를 틈타 거사를 결심한다.

1884년 12월 4일 우정국정보통신부 신청사 준공 축하식이 진행됐다. 우연의 일치겠지만 김재규가 삽교천 방조제 준공식 날 거사했듯, 건물 준공 축하식 날을 거사 날로 잡은 것이다. 독립당 총재 김옥균과 일본공사 다케조에는 거사 한 달 전 전모를 상의했다. 1,500명이 남아 있는 청나라 군대를 제거할 군사력은 다케조에가 지원하기로 했다. 일본군을 등에 업고 쿠데타를 결심한 것이다.

잔인한 개화당과 원세개의 쿠데타 진압

그렇게 거사는 결행됐다. 김옥균과 박영효는 고종을 확보했고, 눈앞에 알짱대는 대신들은 죽였다. 이때 독립당 애들은, 일본에서 배운 군사 훈련 기법으로 사대당 애들을 아주 잔인하게 살육했다. 고종은 독립당의 잔인함에 치를 떨었다고 한다. 이 거사로 피아 간 250여 명이 사망했다. 권력을 놓고 벌인 살육전이요, 전쟁이었다.

그리고 고종을 볼모로 삼은 채 내각 명단을 발표했으나, 자파 세력으로는 내각 명단을 다 채우기 모자라, 이놈 저놈 끼워 넣었다. 하는 수 없이 '거국 내각'이 되고 말았다. 자파 세력으로 내각 명단 하나 채울 수 없는 세력이, 외국 군대를 등에 업고 쿠데타를 저지른 것이다. 이게 뭐냐, 애들 장난도 아니고. 참으로 대책없이 무모한 정당이었다.

군대를 동원해준다는 다케조에는 원세개의 청나라 군대에게 쪽수와 전투력에서 밀리기 시작하자, 바로 꼬리를 내리고 고종의 환궁을 결정해 버린다. 고종을 붙잡고 있던 김옥균과 박영효는 벙찐다. 아! 어쩌란 말인

가. 여차저차해서 다케조에와 김옥균, 박영효, 서재필, 서광범은 천신만고 끝에 일본으로 튄다.

아무리 청불전쟁 때문에 청나라 군대가 본국으로 돌아갔다지만, 조선에는 혈기방장한 26세 원세개와 1,500명의 군인이 남아 있었다. 그런데 김옥균 쪽은 서재필이 이끄는 총알도 안 나가는 무기로 무장한 십수 명의 사관생도와 일본 군대라고 해 봐야 200명 남짓, 애초부터 승산이 없는 게임이었다. 1,500명의 청나라 군대를 제압하려면, 이쪽은 최소 3배인 5,000명은 있어야 한다. 그래야 제압이 가능한 것이다. 그런데 거꾸로 15:2였으니, 그게 되겠나?

소국이 대국을
이이제이 할 수는 없다

기본도 안 된 쿠데타

개화당은 외세의 힘을 빌려 정권을 잡으려고 했다. 독립당은 이전에도 외세를 이용하려다가 실패한 경험이 많았다. 이미 언급했듯 일본에게 차관을 꾸리다가 실패했고, 미국에게 손을 벌리려 하자 일본은 방해까지 했다. 중국 간섭에서 벗어나기 위해 영국을 이용하려고 '순진하게' 덤볐다가 제대로 덤터기를 썼고조영 신조약, 묄렌도르프를 대체할 미국 사람군사 외교고문, 재정고문을 찾으려다가 미국에게 개무시당하고 왔다. 독립당은 세상을 너무 날로 먹으려 했다. 더 한심한 것은 이렇게 계속 당하면서도 제국주의의 속성을 눈치까지 못했다는 점이다.

그리고 이들은 쿠데타를 하면서 외국 군대그것도 일본를 끌어들이는, 도 무지 이해할 수 없는 빙신 같은 짓을 했다. 또 그 상대가 하필 우리민족이 정서적으로 제일 찜찜하게 생각하는 쪽발이라니?

더군다나 한일 FTA 조약 체결로 쌀이 대량으로 유출돼, 일본에 대한 민심이 흉흉한 상황에서 백성을 향한 최소한의 계몽기간도 없이 일본을 등에 업고 쿠데타를 한다는 것이 말이 되나? 그러나 이게 당대 조선 최고 엘리트들의 정세 인식 수준이었다.

소국이 대국을 이이제이以夷制夷할 순 없다

외교에 있어서 외국을 이용한다는 것은, 좋게 말하자면, 이이제이以夷制夷 전술이다. 서양식 표현으로는 '분할통치'이다. 그러나 이 이이제이 전술도 강대국이 약소국을 활용하는 전술이지, 약소국이 강대국을 상대로 이이제이에 성공한 사례는 양洋의 동서와 시대의 고금을 막론하고 존재하지 않는다. 앞으로도 존재하지 않을 것이다.

비유가 적절하진 않지만 부모가, 다섯 살 된 아들과 세 살 된 아들을 서로 경쟁시켜 이이제이 하는 것이지, 다섯 살짜리 아들이 아빠와 엄마를 이이제이 할 수는 없는 것이다. 다섯 살짜리의 수는 빤히 보이는 것이다. 세계 최빈국 아이티, 네팔, 소말리아, 예멘, 아프리카 국가 등이 미국이나 일본이나 독일을 이이제이 하겠다고 하면, 그게 되겠나? 되지도 않는 얘기다. "그저 웃지요"다.

물론 ① 김옥균은, "니들일본을 이용해서 친청 매국 정권을 타도한 후, 조선의 독립을 쟁취할 것이다"는 생각을 했을 것이다. 그러나 ② 다케조에는 "청불전쟁으로 조선 지배력이 약화된 청나라를 제거할 절호의 기회가 왔고, 김옥균 등 독립당을 이용하여 친일 정권을 세운 후, 조선침략의 통로로 이용할 것이다"고 생각했을 것이다. 누구 생각이 현실에서 가능한 논리였을까?

물론 ① 노무현은 "한미 FTA 조약을 체결해, 한반도의 안전판을 확보한 후, 동북아 금융 허브국가로 발돋움 하겠다"고 생각했을 것이다. 그러나 ② 부시는 "한미 FTA를 이용해서 1992년 한중 외교정상화 이후 중국으로 급격하게 쏠리는 남한을 미국으로 견인하여 대(對)중국 통제전략을 강화하고, 한미일 안보동맹의 최전선 전진기지로서의 역할을 재강화하겠다"고 생각했을 것이다. 누구 생각이 실현 가능한 논리일까? 난 모두 ②번이라고 본다.

순진한 김옥균과 노무현

김옥균의 갑신정변은, 이미 ②번으로 결론이 내려져 있는 상황이고, 한미 FTA는 오늘날의 일이니만큼 그 입장이 구구하다. 따라서 100년 후에 참여정부와 MB 정부의 한미 FTA 체결 및 비준을 어떻게 평가할지는 아무도 모른다. 그러나 난 ②번의 결론을 내릴 것으로 '확신'한다.

최근 위키리크스 폭로에 따르면 이미 캐슬린 스티븐스 주한 미 대사는 "한미 FTA는 다음 세대에도 한국을 미국과의 관계에 단단히 붙들어 매어두기 위한 도구"라는 충격적 발언을 한 것으로 알려졌다. 이 말이 무슨 뜻인지 모르겠나?

참여정부에서 국민경제비서관을 지낸 정태인은, "한미 FTA 반대론자들이 노 대통령을 이완용에 비유하는 것은 아무리 봐도 지나친 감이 있다"며, "특히 노 대통령은 그의 지칠 줄 모르는 개혁의지를 생각해 보면 김옥균에 비유해야 더 잘 어울린다"고 주장한다. 나도 정태인의 견해에

120% 동의한다. 이완용은 지가 무슨 짓을 하는지 알고 저질렀다. 알았지만, 주어진 현실에서는 그게 최선이라는 합리적 사고에 기초하여 매국행위를 저질렀다후술. 그러나 김옥균은 지가 무슨 짓을 하는지도 '모르면서' 일을 저질렀다.

난 김옥균이나 노무현이나 대단히 순진했다고 본다. 이이제이나 차도살인은 아무나 하는 게 아니다. 중원 무림의 최고수들만 할 수 있는 것이다. 국제관계든, 정치든, 운동이든, 기본적으로 '힘국력'이 있어야 '테크닉이이제이'도 통하는 것이다. 김옥균이 후쿠자와 유키치, 이토 히로부미의 이이제이 대상이었듯, 노무현도 부시의 이이제이 대상이었을 뿐이다.

외교는 매우 예민한 것 – 사랑은 움직이는 거다

외교는 매우 예민하고 미묘한 것이다. 얼마나 예민한지, 한반도 전문가 스콧 스나이더의 글을 보자.

> 강택민 주석의 서울 방문 동안, 김영삼과 강택민은, 동북아에서 제국주의 침략의 역사적 잔재를 처리하는 데 실패한 일본을 비난하였다. 이 문제는 한국과 중국의 연결고리가 되는 중요한 쟁점이었다. 그러나 한편 **이 문제는 미일관계에 대한 간접적 도전**이었고, 미일동맹의 재확인이라는 (예상외의) 결과를 가져오고 말았다. 이는 서울과 베이징 모두 원치 않는 상황이었다. Scott Snyder著, 『China's Rise And The Two Koreas』, 88p.

풀어 설명하면, 1992년 강택민이 한국을 방문하여 김영삼과 함께 공동성명을 발표했다. 그 내용은 식민지 지배에 대한 사과를 하지 않는 일본의 처신을 비판하는 것이었다. 이 공동성명은 역사적 사실에 비추어 당연히 할 말을 한 것임에도 불구하고, 이에 대해 미국은 도와주지 못할망정 한국을 향해 견제구를 날린 것이다. "어이~ 영삼이! 너 조심해~" 하고 말이다. 한국은 미국과 엄연한 동맹국가인데도 말이다.

미국이 왜 그랬을까? 미국으로선 혹시 한국이 중국에 기울어 일본의 이익을 침해하려는 것은 아닌지 예민하게 반응한 것이다. 일본의 이익침해는 곧 미국의 이익침해이기 때문이다. 미국의 이런 태도는, 우리로서는 대단히 서운한 것이지만, 이게 미국 주류 세력의 한반도에 대한 인식이다. 그만큼 아무리 동맹국가라도 외교는 서로를 믿지 못하는 것이다. 그런데 우리는 순진하게 명나라, 청나라, 영국, 일본, 러시아, 미국을 너무 믿는다. 지금도 상황은 다르지 않다. 오늘날 우리가 미국을 믿는 수준은, 거의 뽕 맞은 수준이다.

강대국의 간접 쿠데타 - 이란, 칠레

갑신정변뿐 아니라, 강대국이 약소국 정치인을 이용한 간접 쿠데타는 오늘날에도 그 예는 수도 없이 많다. 두 가지만 보자. 중동에 이란이라는 나라가 있다. 미 CIA는 이란의 자원민족주의자 모사테크를 몰아내고 미국의 시다바리 팔레비를 이란 왕에 앉혔다. 이란을 사실상 미국의 식민지를 만든 거다. 이 작전을 배후 조종한 케르미르 루스벨트는 한일 강제병합을 지지한 대표적 친일파인 시어도어 루스벨트 미 26대 대통령의 손자다. 이란 석유를 국유화한 모사테크는 미국의 국익에 반했고, 그래서 미국은 쿨~ 하게 모사테크를 제거한 것이다. 19세기 얘기가 아니다. 1953년 얘기다팔레비는 1979년 호메니이 혁명에 의해 제거된다.

남미에 칠레라는 나라가 있다. 아옌데는 칠레의 소아과 의사 출신 정치가로 1970년, 세계 최초로 민주선거를 통해 집권한 사회주의 정당의 대통령이었다_{사회주의도 민주주의가 가능하다}. 칠레 국민들은 민주적 절차를 거쳐 아옌데를 대통령으로 선출했으나, 문제는 아옌데는 미국에 고분고분하지 않았다는 거다. 더구나 미국의 뒷마당에 사회주의 정권이 들어서는 것은 미국으로선 용납이 안 됐다. 미 국무장관 헨리 키신저는 칠레의 친미정치인 피노체트를 사주하여 마치 다께조에가 김옥균을 지원했듯 쿠데타를 지원해서 아옌데를 제거한다. 그리고 친미 대통령 피노체트를 만든다. 키신저는 또한 베트남전쟁을 일으키고, 캄보디아를 폭격하여 킬링필드 학살의 주역이 된다. 그런데도 노벨평화상까지 탄다. 뭐 이 정도면 거의 코미디다.

이후 피노체트는 미국의 후원 아래, 박정희_{한국}, 마르코스_{필리핀} 등과 더불어 세계적 Big 3 독재자로 일취월장한다. 피노체트는 박정희와 비슷한 기간을 독재를 했으나, 결과는 하늘과 땅 차이였다. 똑똑한 박정희는 보호무역주의, 반신자유주의 노선을 선택, 눈부신 경제성장을 이룬 반면, 이 빙신 같은 피노체트는 시카고 대학 출신을 중심으로 이루어진 칠레 경제학자들_{시카고 보이즈}의 의견을 받아들여 신자유주의 경제정책을 펼쳐, 국영 기업과 광산 등의 민영화, 규제 철폐, 무역 장벽 해소 등에 집중했으며, 신자유주의 경제학의 태두인 밀턴 프리드먼에게 '칠레의 기적'이라 칭송받았다. 21세기판 성리학자인 밀턴 프리드먼이 기적이라고 칭송했으니, 칠레가 미국에 얼마나 수탈당했을지는 '안 봐도 비디오'다. 그렇게 미국의 수탈창구 직원 노릇을 하던 피노체트는 권좌에서 쫓겨나 재판을 받던 중 2006년에 죽었다.

준비 안 된 정치인, 김옥균
– 국제정세에 어두웠던 외세 의존형 돈키호테

1880년대 486인 개화파 정치인들도 '토지제도 개혁'을 꿈꾸지 못했다. 이빨로는 '신분제 타파'를 떠들었지만, 현실에서는 '뿌리 깊은 양반의식'에서 벗어나지 못했다. 그래서 갑신정변의 혁명 동지들로부터 반발을 사기도 했다. 이빨로는 '사람 사는 세상'을 외치지만 현실에선 뿌리 깊은 보수성에서 벗어나지 못하는 오늘날 486과 다를 게 없다. 개화파들도 유학자였고 양반이었다. 개화당 정치인 중 토지를 일반 백성에게 나누어 주고 신분제도를 타파하여, 나랏일에 적극적으로 관심을 갖고 개입하려는 '국민'을 만들어야 한다고 주장한 사람이 단 한 사람이라도 있었나? '국민'을 만들지 못하고, '국가'를 만들지 못하고, 백성들이 참여할 '정치제도'를 만들지 못했는데, 귀족정치기구에 의해 수탈만 당해 온 무기력한 일반 백성에게 목숨 걸고 지켜야 할 '나라'가 어딨겠나?

김옥균은 열혈 청년이었다. 정력적이었고 정치력도 뛰어났다. 결단력도 있었고, 이빨만 까대는 것에 머물지 않는 실천력도 있었다. 그런데 왜 실패했나?

첫째, 그는 일본을 너무 믿었고, 국제정세에 어두웠다. 자신은 혁명가라는 헛된 몽상만 했지, 친일 제국주의의 길잡이라는 '냉혹한 현실'은 전혀 인식하지 못했다. 개화당의 반제국주의적 의식은 반청에만 머물렀지, 영국, 일본, 미국이 침략자라는 생각은 '꿈에도' 하지 못했다. 영국, 일본, 미국을 이용하려다 '계속' 실패했음에도 교훈을 얻지 못했다. 이 정도면 사실 벽창호다. 그래서 김옥균은 혁명의 동력을 백성에게서 구한 것이 아니라, 청나라 아닌 또 다른 외세_{일본}에 의존했다.

둘째, 그는 지도자로서는 가볍고 경망스러웠고 무책임했다. 때를 기다릴 줄 모르고 모든 게 급했다. 미래를 도모하는 경륜, 전략, 전술, 노회함, 고저강약은 애당초 없었다. 치밀한 계획도 없었다. 그때그때 임시변통하는 재주는 있어도, 지도자로서 한 나라의 갈 길을 제시할 수준은 되지 못했다. 쉽게 말해, 지가 지금 무슨 짓을 하는지도 모르면서 일을 저지른 것이다.

개화당은 백성을 계몽할 생각 없이, 극소수의 소수정예만으로 거사를 도모했다. 신채호는 갑신정변이 백성들 사이에선 어떤 관심도 지지도 받지 못한 채, 궁궐 안에서 특수 세력끼리 극단적 대립에 불과했다고 평가한다. 5·16 쿠데타의 주역 김종필은 "혁명은 민심이다"고 간결·정확하게 갈파하지 않았던가? 김옥균에 비하면 김종필은 스마트한 사람이다오핸 마시라. 5·16이나 김종필의 행적을 두둔하는 건 아니다. 개화당에 대한 윤건차의 평가와, 갑신정변에 대한 독립운동가 박은식의 평가를 잇따라 보자.

그들 개화사상가는 후쿠자와의 계몽주의를 공부하며 친일로 접어들었고 **결과적으로 일본의 침략을 받아들이기 쉬운 토양을 만드는 데 가담했다.** 다테노 아키라編著, 『그때 그 일본인들』, 43p에서 간접인용, 한길사刊.

무릇 혁명이라고 하는 것은 정치가 극도로 부패한 시기를 맞이하여 애국지사가, 즉 대들보가 썩고 서까래가 낡아 부득이 집을 부수고 다시 짓는 방법인데, 실행은 난폭할지라도 그 시기는 하늘의 뜻에 따르고 사람의 일에 맞추는 것이며, 절차와 단계가 있는 법이다. 즉 **종교나 학설 또는 선전으로 일반의 지식과 사상을 고취하여 혁명의 기운을 싹트게 한**

다음에 정치방면으로 들어가 벽력같은 수단을 사용하면 찬성자가 많고 반대자가 적어 그 혁신정책이 장애를 받지 않고 성공하는 것이다. 따라서 혁명의 성공은 하루에 달려 있지만, 그 준비에는 오랜 세월이 필요한데, 혁명파는 이런 준비도 없이 성급하게 일을 추진했고, 행동이 잔혹하여 위로는 임금의 신임을 얻지 못하고 중간으로는 관료의 지지를 받지 못하고 아래로는 민심을 잃어 사방에서 적이 생기니 어찌 성공을 바라겠는가?

또한 혁명이라 함은 천하의 온갖 어려움을 각오해야 하는 것이므로, 오로지 자신의 힘으로 시작해야 하며 남의 도움과 간섭을 받아서는 안 된다. 만일 자력 없이 남의 힘을 빌린다면 비록 성공한다 할지라도 그들의 간섭과 요구를 감당할 수 없을 것이다. 만약 남의 힘으로 얻게 된다면 독립이라는 것도 이름뿐이고 그나마도 오래 가지 못할 것이니, 이런 점을 심사숙고해야 할 것이다. 박은식著, 「한국통사」, 125p, 범우사刊.

우리는 힘을 길러야 한다

오늘날도 마찬가지다. 제국은 일본이든, 중국이든, 미국이든, 소련이든, 영국이든, 독일이든, 프랑스든 다 똑같다. 우리에게 힘이 없으면 이이제이도, 세력균형도, 연목구어에 불과하다. 만약 김옥균의 갑신정변이 성공했다면 어찌됐을까? 100% 친일 정권이 들어서고, 한일 강제 병합만 앞당겼을 것이다. 김옥균이 일본을 끌어들여 친청 내각을 제거하고 자주 독립 국가를 만들겠다고 하는 것은, 대한민국이 미국의 힘을 이용하여 북한을 무찌른 후, 그 다음 미국을 내쫓고 자주독립국가가 되겠다는 '공상'과 똑같은 거다. 세상에 그런 게 어딨나.

세계 최강대국을 상대로 되지도 않는 이이제이를 할 것이 아니라, 우리 힘을 길러야 한다. 자유무역을 할 것이 아니라, 제조업 보호무역을 통해 우리 제조업을 더욱 발전시켜야 한다. 우리가 제조업이 많이 발전하기는 했지만 그래도 선진국의 40~50% 수준이다. 아직 멀었다는 뜻이다. 제조업이 발전해야 나라가 부강해지고, 첨단 무기 개발도 수반된다. 제조업 발전 없이 무기 발전은 없다. 제조업이 발전해야 금융서비스, 법률회계서비스, 컨설팅, IT서비스 등 고급 서비스 분야도 발전한다. 제조업과 연계되지 않은 서비스업, 즉 노점상 같은 서비스업은 아무리 늘어나봐야 사회 불안만 초래할 뿐이다.

특정국가에 너무 표나게 올인하는 외교를 하지 말아야 한다. 주변국에 미움 사는 짓이기 때문이다. 미국에 올인한다고 해서 미국이 우리를 이뻐하지도 않는다. 외교적 지혜 싸움을 통해 한반도의 통일이 미국, 일본, 중국, 러시아의 국익에도 부합하는 것임을 강조하면서, 한반도의 통일을 원치 않는 주변 강대국들의 경계심을 늦추게 해야 한다.

인구도 더 늘려야 한다. 그래야 각 분야의 전문가도 많아진다. 남북한 7,500만이다. 작지 않다. 동북 삼성헤이룽장성, 지린성, 랴오닝성의 3개 성, 조선족들이 많이 거주에 거주하는 1억 3천만 명의 광활한 시장을 우리가 선점해야 한다. 땅 size도 더 늘려야 한다. 북한이 있지 않은가? 그렇게 해서 힘을 키워야 한다.

▌ 텐진조약 – 일본, '청나라와 전쟁 없이 조선을 취하긴 어렵겠구나'

▌갑신정변의 뒤처리를 위해, 중국 텐진天津에서, 청나라 이홍장과 일본의 이토 히로부미 사이에 담판이 진행됐다. 텐진조약이다. 이 조약의 핵심은 "양국 군대의 동시철수와, 만약 일국이 조선 파병을 실시하는 경우

엔 상대방에게 통보해준다는 것"이다. 이 조약을 근거로, 1894년 동학전쟁 때 일본군이 개입하게 된다.

한편, 일본의 지배층은 임오군란1882과 갑신정변1884을 거치면서 조선 문제에 대해선 '말로는 해결이 안 되겠구나. 청나라와의 전쟁 없이는 조선지배권은 확보할 수 없겠구나' 하고 생각하기 시작한다. 종주국으로서 조선을 놓지 않으려는 청나라의 의지가 워낙 견고했고, 따라서 일본은 갑신정변 직후 바로 청나라를 치기 위한 전쟁 준비에 돌입한다. 그 후 일본은 10년간 오직 청나라와의 전쟁 준비에 국력을 올인한다. 1894년, 청나라에 10년간 이를 갈아 온 일본은 청나라를 향해 전쟁을 도발한다.

원세개의 조선병합론과 미국의 이승만 제거계획

임오군란과 갑신정변으로, 청나라는 조선에 대해 더욱 간섭한다. 쿠데타를 원세개가 진압해 주었으니, 원세개가 사실상 대통령인 것은 국제 정치의 역학상 당연한 것 아니겠나? 미군이 피 흘려서 빨갱이들의 침략을 막아주고, 그 자리에 대한민국 사람을 대통령으로 앉히고, 그러면 그 자리가 온전히 대한민국 사람 권력이 되나? 세상에 그런 공짜가 어딨나. 국제 정치의 속성상 그렇게 될 수는 없다. 그런 경우에는 자기 나라 헌법도 자신들의 의사에 따라 만들 수도 없다. 헌법학계의 거목 허영은 위와 같은 상황을 다음과 같이 서술하고 있다.

헌법제정권력은 경우에 따라서는 국제법상 제약을 받을 수도 있다. **패전국의 제헌권 행사가 승전국의 의사에 따라 영향을 받는다든지, 해방된 식민지의 제헌권 행사가 지금까지의 보호국에 의해서 제약되는 것** 등은 그 대표적인 예다. 허영著, 『한국헌법론』 전정2판, 46p, 박영사刊.

갑신정변을 진압한 후 원세개는 휴가차 모국에 들러 이홍장을 만난다. 그리고 조선 대통령이 정치력이 모자라고 '쪼다' 같으니, 감독관을 파견해 정치를 대행케 하든지감국대신 파견론, 아니면 이씨 중 똘똘한 놈을 골라 대통령을 갈아치우고 병합하는 것이 좋겠다조선병합론고 건의를 한다. 그러나 중국도 청불전쟁 중이라, 공연히 문제를 일으킬 수 있으므로, 중지하는 게 낫다는 이홍장의 의견에 따라, 이 일은 없었던 일이 되고 만다.

원세개의 조선병합론이 나온 지 68년 후, 1952년 미국은, 미국과 사사건건 분쟁을 일으키는 이승만 제거계획을 세운다. 그러나 결론적으로 "이승만을 대체할만한 사람이 없다"는 이유로 이 계획은 없었던 일이 된다. 자세한 과정과 외교전문은 박태균著, 『우방과 제국 한미관계의 두 신화』, 116~144p에 자세히 실려 있다. 참고하시라.

▌여전히 럭셔리한 게 좋은 민자영

갑신정변 후, 주한청군과 주한일군은 모두 철수했다. 원세개는 그대로 남아 더욱 강한 통제를 했지만, 그래도 외국 군대는 없으니 원세개를 구워삶아서라도 우리의 힘을 모을 수 있는 마지막 기회였다. 청일 양국군대가 철수한 1884년부터 청일전쟁이 터지는 1894까지 10년간이 우리의 힘을 모을 수 있는 마지막 기회였던 것이다. 삼봉 정도전이나 석파 이하응 같은 정치인이 들어섰다면 사정이 달라졌을 것이다. 그러나 33세 자영이는 여전히 럭셔리한 것이 좋고, 연예인이 좋고, 나이트가 좋다.

한편, 갑신정변 직전 유럽 열강 13개국과 미국은 비스마르크의 주선으로 독일 베를린에 모여, '인도주의'를 내세워 아프리카를 '알뜰하게' 갈라 먹는다. 이렇게 유럽의 식민지 쟁탈전은 절정에 이른다. 3개월에 걸쳐 벌어진 이 국제 회의가 아프리카 분할 회의로 유명한 '베를린 회의'다 1884. 11. 15~1885. 2. 26. 서울대 김용구 명예교수는 이 회의를 '사기꾼들의 모임'이라고 평가한다. 그래서 난 아직도 유럽과 미국이 '인도주의' 운운할 때마다 겁이 난다. 또 뭘 어떻게 하려고 저러시나 하고 말이다.

망명지에서의 생활

멸문지화

쿠데타에 실패하자, 이들 독립당 5인방은 국가보안법상 내란內亂, 외환外患 혐의로 전국에 수배됐다. 당 사무총장이던 홍영식은 박영효의 형 박영교와 쿠데타 현장에 남아서 뒤처리를 하다가 잡혀서 처참하게 죽는다. 연좌제가 시퍼렇게 살아 있던 시절이었다. 홍영식의 아버지 전 총리 홍순목은 손주영식의 아들를 독살한 후 자결했다. 영식의 부인도 시아버지의 뒤를 이었다. 영식의 형 만식1866년 고시합격도 자결을 시도했으나 실패하고 '깜빵' 살다가 1894년 관직에 복직되나, 1905년 을사늑약이 체결되자 음독자살했다.

박영효의 아버지 박원양도 손자박영교의 열 살 된 아들를 살해하고 자결한다. 서재필의 부인과 아버지도 자결하고, 형은 옥사했다. 쿠데타에 같이 참여한 동생 서재창은 서대문 밖에서 처형당하고, 재필의 두 살 된 아들은 굶어 죽었다. 서광범과 김옥균의 아버지들 역시 처형당하고, 김옥균의 부인 유씨는 지방 관청의 노비가 돼 목숨을 이어갔다. 모두 멸문지화를 당한 것이다.

이러한 잔인한 연좌는 최근까지도 지속됐다. 일제시대, 1950~1970년대 끄트머리, 1980년대 초까지도 우리는 야만적인 연좌제의 그늘에서 살았다. 북한만 반동분자 가족을 아오지 탄광으로 보낸 것이 아니다. 우리도 똑같았다. 남북이 체제경쟁을 하는데 저쪽만 하고 우리는 안 하는 게 어딨나. 북한도 청소년을 군사교육시켰고, 우리도 고등학교 시절 교련 과목을 통해 군사훈련시켰다. 저쪽이 '5호담당제'를 하면 우리는 '반상회' 하고. 똑같이 그렇게 경쟁하고 살았다. 그게 나라 위하는 길인 줄 알고 묵묵히 살았다. 어쨌든 이 연좌제는 전두환 대통령 '각하'께서 폐지한다.

일본으로 망명한 혁명 동지들

김옥균, 박영효, 서광범, 서재필과 행동대원 이규완, 정난교, 유혁로, 신응희 등 독립당원 10여 명은 일본으로 가는 기선 천세환에 올랐다. 묄렌도르프는 군사를 이끌고 천세환까지 와 다케조에에게 역적 4인방을 토해내라고 꼬장부렸다. 독일 놈이 쿠데타 진압군 사령관 행세를 한 것이다. 다케조에는 묄렌도르프의 꼬장에 기가 죽었다. 그리고 다케조에는 김옥균 일행에게 천세환에서 내릴 것을 요구한다. 이 급박한 상황을 김기진의 소설 『청년 김옥균』을 통해 보자.

그러나 이튿날 수구당 정부에서 개혁당의 망명객들을 한 줄에 묶어 오라고 뒤쫓아 보낸 병정들의 한 떼가 벌써 덜미를 짚어 언덕까지 몰려 왔다. 조선 병정 수십 명을 거느리고 여기까지 쫓아온 사람은 독일인 고문 목인덕이었다. "조선 국왕의 칙명으로 흉적을 잡으러 왔으니 귀국 기선에 오른 김옥균 일당을 내려 보내라." 목인덕은 종선을 타고 천세환 앞에 와서 이같이 요구했다. 김옥균을 극도로 미워하던 그는 의기가 등등했다. 만일에 일본공사가 그들을 이 기선에서 내려가게만 하면 망명객들은 인제는 더 갈 데가 없는 독안의 쥐의 신세가 되었던 것이다. (…) 조금 있다가 죽첨다케조에 공사는 그들을 찾아와서 난처한 얼굴로 말했다. "여러분 대단히 미안합니다만, 본의는 아니나 사세 부득이한 일이니 이 배에서 내려가 주시지요. 귀국 국왕 전하의 칙명이고 앞으로 또 국교 문제가 생기면 내 처지가 곤란합니다." 김기진作, 『청년 김옥균』, 298p, 문학사상사刊.

독립당과 쿠데타를 공모했던 다케조에 공사는 이렇게 상황 변동에 따라 자기 입장만 생각했던 것이다. 이런 놈과 거사를 도모했으니 가능했겠나? 이 상황에서 일본 유학파 서재필이 아이디어를 낸다. 선박에서의 모든 결정권은 '선장'에게 있으니, 다케조에에게 의존하지 말고 선장과 담판을 짓자는 것이다. 김옥균, 박영효, 서재필은 천세환의 선장과 담판을 짓는다. "우리 일본은 그렇게 치사한 민족이 아니다"라며 사나이를 자부했던 선장 가쓰자부로는, 묄렌도르프에게 이들의 반환을 거부한다. 그렇게 이들은 천신만고 끝에 일본으로 망명한다.

일본의 냉대와 망명지에서의 갈등

이들 독립당은 생사고락을 같이 하자고 맹세했건만, 이국에서 입장이 서로 갈라진다. 이들의 일본에 대한 입장은 제 각각 의존, 분노, 좌절, 포기 등의 부침을 겪는다. 조선 정부는 일본 정부에게 이들의 송환을 요구하였고, 일본으로서는 난감한 처지에 이른다.

일본은 일단 이들을 냉대했다. 이들이 조선에서 잘 나갈 때나 활용가치가 있었지, 친일 쿠데타가 실패한 마당에, 이들을 환대할 이유가 없었다. 그렇다고 조선으로 내치자니 죽을 것이 빤한데 그건 너무 속보이고, 그래서 그냥 냉대한 것이다. 일본은 김옥균을 태평양의 절해고도 오가사와라 군도에 유배 보냈다가, 이어 변방인 홋카이도에 떨구어 놓았다. 조선 개화사 연구 개척자인 고故 이광린 교수의 김옥균과 박영효에 대한 평가를 보자.

> **박영효는 온순하고 침착한데다가 세상사를 멀리하였으나, 김옥균은 예민하고 다재다능한데다가 세상의 교제도 넓었다.** 조선에 있을 때에는 박영효의 문벌門閥이나 신분이 높아 김옥균을 능가했으나 일본에서는 오히려 거꾸로 김옥균의 지위가 높아 자연히 두 사람 사이가 벌어졌다. 김옥균을 남겨둔 채 박영효가 미국으로 떠났던 것도 그 때문이었다. 이광린著, 「개화기의 인물」, 137p, 연세대학교출판부刊.

풍류를 즐긴 옥균과 미국으로 재망명한 서재필, 서광범, 박영효

옥균은 풍류를 즐겼다. 이 여자 저 여자 갈아 치웠다. 일본 여성들과의 사이에서 태어난 배다른 아들과 딸도 있었다. 그는 한시도 가만히 있질 않았다. 이빨도 화려했다. 사기도 잘 쳤다. 글씨도 잘 썼다. 글씨 팔아서 생활비도 벌 정도였다. 바둑 실력은 수준급이었다. 당구도 잘 쳤고, 노름도 잘했다. 호색한이었고, 일본 놈이든 조선 놈이든 가릴 것 없이 돈도 잘 꾸어 쓰고, 또 물 쓰듯이 썼다. 일본 최고위 정치인들의 후원도 적잖이 받았다. 혁명 동지들은 그런 옥균에게 "정신 차려라"라고 권유했다. 이러면서 혁명 동지들은 하나둘씩 틀어지기 시작했다. 특히 박영효와 김옥균은 혁명 동지라는 것 외에는 서로 코드가 맞지 않는 인간형이었다. 그래서 두 사람은 같은 동경 하늘 아래서도 서로 소 닭 보듯 지냈다.

한편 일본의 냉대에 분노한 혈기방장한 독립당 서재필, 박영효, 서광범 등은 일본 아니면 어디 살 데가 없겠냐면서, 망명 4개월 만에 김옥균만을 남긴 채 미국으로 재망명한다. 그러나 박영효는 미국의 유색인 차별과, 양반이 천한 일을 할 수 없다면서, 바로 일본으로 귀국, 이제부터 친일파의 길을 걷는다. 박영효는 1894년 김홍집 친일 매국내각에 등용되었고, 1910년 한일 강제 병합 이후 일본 정부로부터 후작 작위와 매국공채 28만 원을 받았다. 그는 조선총독부 중추원 고문, 동아일보 초대 사장, 귀족원 의원, 조선식산은행 이사, 조선사편찬위원회 고문, 조선농회회장 등을 지내며 친일행위로 일관하며 천수를 누린다. 향년 79세.

한반도 1호 미국인, 서재필, 최초의 미국 대학 졸업생, 변수

서재필과 서광범은 미국에서 개처럼 적응한다. 조선에서도 고시에 합격한 수재들이었는데, 평균 아이큐 두 자리 숫자인 앵글로 색슨족한테 뒤쳐질게 있겠나. 다만 인종차별이 문제였다. 그야말로 온갖 차별과 멸시를 당하면서도 주경야독, 서재필은 1893년30세 미국 의사가 된다. 이제 서재필이 아니라 그는 필립 제이슨이 됐고, 지금 그 후손들이 미국에서 살고 있다. 미국 시민권 1호1888 서재필은 민자영 양이 일본 양아치들에게 칼 맞아 죽는 해인 1895년 크리스마스에 미국인 와이프와 함께 귀국한다.

그 후 독립협회에서 친미 활동을 하다가, 다시 미국으로 되돌아 간 후, 1945년 해방이 되자, 대한민국 대통령 자리를 노리고 귀국하여 이승만과 잠시 경쟁하다, "아! 승만이한테는 못 당하겠구나~"하고 다시 미국으로 가 미국에서 일생을 마쳤다1951. 향년 88세. 1948년 7월 20일 제헌국회에서 국회의원들이 초대 대통령을 뽑았는데간접선거, 이때 이승만이 180표, 출마도 안 한 김구 13표, 안재홍 2표, 서재필 1표가 나왔는데, 이때의 서재필이 갑신정변의 주역 서재필이다. 서재필에 대해선 특히 성격에 대한 얘기가 많다. 매우 모나고 안하무인이었다는 것이다. 미국에서 일가인 서광범과 이웃에 살았으나, 한 번도 왕래가 없었다고 한다.

미국 시민권 2호1892 서광범은 갑오개혁1895 때 귀국해, 미국 시민권자로서는 최초로 조선의 장관이 된다. 그 후 서광범은 주미대사로 갔고, 아관파천1896. 2으로 친일 정권이 무너지고 친러 정권이 들어서자, 현지에서 해임됐고, 미국에서 결핵으로 사망했다. 향년 39세.

서재필, 서광범에 이어 미국으로 망명한 혁명 동지이자 칼잡이 변수는, 1887년 9월 메릴랜드주립농과대학에 입학하고 1891년 6월 이학사 학위를 취득해서 한국인으로서 최초의 미국 대학 졸업생이 되었다. 대학 재학 시절인 1890년부터 미국 농무성 직원으로 근무했으나, 그 해 대학정거장에서 급행열차에 치어 사망하였다. 향년 31세. 선진문물의 혜택을 고국에 뿌려보지도 못하고 간 것이다. 이들에게는 신분 귀천 따지지 않고 대학교육까지 받을 수 있는 미국이, 그야말로 은혜의 땅이었으리라.

풍운아 김옥균, 암살당하다

김옥균 암살 기도

1894년 청일전쟁으로 청나라가 일본에게 박살나고, 조선에 친일 정권_{갑오경장}이 들어서기까지, 이들 흉적 4인방은 '대역부도죄인' 으로 보이는 즉시 죽이라는 것이 조선 정부의 입장이었다. 나아가 조선은 이들의 송환 요구에 그치지 않고, 자객을 보내 암살을 시도했다. 이때 암살자로 파견된 이들로는 송병준_{친일조직 일진회의 총책}, 지운영_{종두법으로 유명한 지석영의 형}, 이일직 등이 있었다.

송병준은 김옥균의 암살 명령을 받았으나, 오히려 김옥균에게 감동을 받고 그의 동지가 됐다. 따라서 그는 대역부도죄인 김옥균과 통모했다는 혐의 때문에 조선으로 돌아갈 수 없었다. 송병준은 일본으로 망명해서 일본 각지를 떠돌다가, 러일전쟁 때 일본군 통역으로 조선에 화려하게 복귀한다. 그리고 그 후 친일매국단체 '일진회' 회장을 역임하면서 한일 강제 병합에 혁혁한 공을 세운다. 1907년 이완용 정권의 농상공부대신, 내무대신을 역임한다.

이완용 vs 송병준

여기서 잠깐 이완용과 송병준을 보고 가자. 송병준은 대한민국 원조보수 서인노론당 총재 송시열의 9대손이다. 송병준은 이완용과 여러 면에서 대조되었던 라이벌 정치인으로 한 시대를 풍미했다. 이왕직李王職 1907년 이후 조선황실 궁내부의 관리를 뜻함에서 13년간 근무했던 일본인 곤도 시로스케의 이완용과 송병준에 대한 인상 비평을 보자. 다만 일본인이 친일파 두 놈을 평가한 것이니, 감안하고 읽어 보시라.

> 이완용 후작과 송병준 백작은 한일병합 때 이조李朝를 종결지은 그 공적이 혁혁한 위대한 인물이지만, 이 두 사람은 성격이나 경력, 그들이 품은 포부까지도 모두 달랐다. 다만 한 가지 같은 점이라면, 조선을 일본제국의 통치하에 둠으로써 조선을 구할 수 있다는 신념으로 내각의 재상으로서도 세상의 지사로서도 몇 번이나 궁지에 몰리기도 하고, 때로 흉도의 공격으로 부상을 당하기도 하면서 죽음을 무릅쓰고 정치 무대에서 활약하여 말년을 맞이하였다는 점이다.
>
> 이 후작과 송 백작은 각자 인물 됨됨이에 특색이 있고 장단점이 있다. 나는 10여 년 동안 이들과 친분을 맺어와서 이들의 차이점을 간파하고 있다. 일반적으로 보면, 이 후작은 사려 깊고 주도면밀하여 형세에 순

응하는 지략이 풍부하며 여간해서 움직이지 않는 담력이 있다. 더욱이 명문가 출신으로 학식이 높고 시문을 짓는 재주가 풍부하며 서예에도 능하여 근래 보기드문 힘 있는 필치를 보여준다.

송 백작은 시대 흐름에 순응하기보다는 오히려 여론을 환기시키면서 흐름을 지휘하는 그릇이며, 일을 처리하는 데 언제나 원대한 계획을 세워 그 목적을 향해 멈추지 않고 매진하는 인물이다. 학문적 소양이 부족하나 상식이 풍부하며 다른 사람의 말을 수용하여 많은 사람의 의견을 모으는 재주가 있다.

이 후작이 관료적 정치가의 면모를 띠고 음모를 즐기는 경향이 있는 반면, 송 백작은 민중적 정치가의 색채를 띠며 단체를 통솔하여 공공연하게 시위를 전개하면서 정견을 발표하는 태도를 보인다. 이 후작이 조금씩 세력을 축적해가면서 기반을 다지는 데 반해, 송 백작은 이미 축적된 기반에 기대지 않고 더욱 매진하기 때문에 오히려 발밑의 기반과 세력을 잃기도 한다. 이 후작은 과묵하여 언동을 함부로 하지 않지만, 송 백작은 언제라도 일의 가부를 논하여 분명하게 말하는 사람이다. 이 후작이 작위를 좋아하고 관직을 즐긴 데 반해, 송 백작은 직접 새로운 것을 개척하거나 자신의 주장을 달성하기 위해 노력하기 때문에 사람들과의 교류 범위가 대신 및 재상에서부터 실업자에 이르기까지 다양하며 심한 경우에는 시정잡배들을 친구로 사귀기도 한다.

또한 이 두 사람은 모두 재산을 증식시키는 재주를 가지고 있는데 그 수단은 서로 다르다. 이 후작은 자신의 소유재산을 유리하게 운용하여 증식시키며 절대 위험을 감수하며 대박을 기대하지 않는 반면, 송 백작은 이익이 있다고 판단한 사업에 대해서 주도면밀한 검토를 아끼지 않아 대박을 한 손에 거머쥐는 경향이 있다. 송 백작의 오늘날의 재산은 다 이런 그의 판단의 결과물이지만 이 때문에 입은 손실도 많다. 곤도 시로스케著, 『대한민국 황실비사』, 359~360p, 이마고刊.

고종에게 보낸 김옥균의 편지

일본에서 술 마시고 기생질 하고 바둑 두고 노는 것도 하루 이틀이지, 김옥균은 일본 중앙정보부의 감시 속에서 자신의 입지를 펼 수 없었다. 1886년 김옥균은 고종에게 편지를 보내, "청나라와 일본을 모두 믿을 수 없으니, "이들을 절대 믿어선 안 되며, 구미 제국과 교제에 힘써야 한다"고 강조했다. 이제 와서 보니 일본 놈도 믿을 게 못 됐다는 반성문이자 자기고백에 다름 아니다. 편지내용만 보면 친일파에서 친미파로 변신한 것이다. 그러나 아직도 정신 못 차린 거다. 다 그놈이 그놈이지 미국 놈, 영국 놈이라고 다르겠는가? 그 정도 당했으면 제국의 속성을 눈치깠을 텐데도, 아직도 '착한 외세'에 대한 그리움은 지워지지 않는다.

김옥균의 청나라행 – 청나라의 도움을 받자

일본에서 돌파구를 찾지 못했던 김옥균은 청국행을 결심한다. 그렇지 않아도 한시도 가만히 있지 못하는 성격인데, 10년을 일본에서 바둑과 계집질로 허송했다. 더 이상은 답답해서 참을 수가 없었다. 후쿠자와 유키치를 비롯한 일본 실력자들은 김옥균의 청나라행을 만류했다. 암살당할 우려가 크다는 이유였다. 그러나 이들의 반대에도 불구하고 김옥균은 그렇게 청나라로 떠났다. 망해가기 일보 직전에 있는 청나라 이홍장을 설득하여 청나라의 힘을 빌릴 결심을 한 것이다. 당시 주일공사였던 이홍장의 아들 리징방과 친하게 지냈던 터라, 리징방을 통해 이홍장을 만나, 청나라, 조선, 일본 삼국이 제휴하여 서구 열강의 침략을 방지하는 문제를 논의하려 했다.

그러나 고종에겐 청나라를 믿으면 안 된다고 했던 놈이 청나라를 이용하겠다고 나선 건 또 뭔가. 하여튼 촐싹이다. 사실 김옥균도 뭘 어떻게 해야 할지를 몰랐던 거다. 그래서 우왕좌왕 닥치는 대로 이리 찝쩍, 저리 찝쩍댄 것이다. 여하튼 청나라에 도착했으나, 1894년 3월 27일 홍종우의 총에 의해 암살된다. "나에게 단 5분 만이라도 이홍장과 이야기할 시간을 준다면 운명은 나의 편이 될 것"이라 호언장담했던 열혈 불꽃 청년 김옥균은 그렇게 죽었다. 향년 44세. 김옥균이 죽자 그의 시체를 거두겠다는 '일본 년' 만 7명이 넘었다니, 풍류객은 풍류객이었나 보다.

옥균의 시체는 청국 군함 웨이위안호에 실려 조선으로 온다. 고종은 홍종우를 버선발로 맞이했다고 한다. 민당은 잔치를 베풀고, 청와대 나이트는 또 한 번 광란의 술파티를 벌였다. 이때 국내는 동학전쟁에 휩싸여 있었다후술.

▌홍종우, 김옥균을 암살하고 국가보안사범 이승만을 살리다

▌김옥균을 암살한 홍종우1850~1913는 누구인가? 41세의 늦은 나이에 우리나라 최초로 프랑스에 유학한 사람이다. 여비를 마련하기 위해 일본으로 가서 식자공으로 2년간 일을 한 후, 프랑스로 떠났다. 1890년 12월 24일 프랑스에 도착한 홍종우는 기메 박물관에서 2년 동안 연구보조자로 일을 하면서 심청전과 춘향전을 프랑스어로 번역하기도 했다.

그는 왜 김옥균을 죽였을까? 통설은 '출세를 위한 것'이라는 견해이다. 김옥균 암살 후 그의 시체를 갖고 금의환향한 홍종우는 그후 평리원 재판장까지 출세를 한다. 그러나 근래 한국 근대사를 전공한 조재곤은 홍종우를 다음과 같이 변호한다.

> 김옥균과 홍종우는 시대를 바라보는 눈, 특히 제국주의에 대처하는 방식과 지향한 정치체제가 전혀 달랐다. 홍종우는 이 시기에 풀어야 할 시급한 과제로, 일본을 비롯한 제국주의 열강이 조선에 간섭하는 것을 배제하면서, 황실을 중심으로 하는 강력한 군주절대체제를 구축해 자주적인 근대화를 달성하는 것을 설정했다. 조재곤著, 『그래서 나는 김옥균을 쏘았다』, 257p, 푸른역사刊.

홍종우는 1899년 평리원 재판장오늘날 대법관으로서 국가보안법상 내란 혐의로 구속된 25세 청년 이승만후일 대한민국 초대 대통령을 죽이지 않고 징역형을 선고한다. 홍종우 대법관은 이승만과 같이 붙잡힌 최정식은 사형을 시켰는데, 자신의 정적인 이승만은 살려준 것이다. 그 당시 이승만은 독립협회 활동을 했고, 만민공동회의 연사로 정계에 데뷔해, 박영효를 대통령으로 옹립하려는 쿠데타에 연루돼 1898년 구속된 상황이었다. 홍종우는 독립협회를 탄압하는 황국협회 회장으로서, 이 둘은 정적이었다. 독립협회에 대해선 후술하겠지만 결론만 말하자면, 독립협회는 일본으로부터의 독립협회가 아니라 청나라와 러시아로부터의 독립협회였다. 즉 독립협회는 사실상 친미·친영·친일 단체였다.

이승만은 1899~1904년까지 정치범보안법 위반으로 한성순옥에서 6년 가까운 옥살이를 마치고, 1904년 11월, 30세의 나이로 미국으로 떠난다.

그리고 1910년에 잠시 귀국한 것을 제외하곤 1945년 10월, 71세에 영구 귀국할 때까지 40년을 미국에서 살았다.

이처럼 이승만도 한때는 '열혈 운동권 청년'이었다. 한때 정의롭지 않았던 사람이 어딨나? 김민석이 변절했다고 너무 욕하지 마라. 정치인 변절의 역사를 쓰자면, 책 몇 권은 써야 한다.

1910년 한일 강제 병합과 함께 김옥균 부활하다

한편, 이렇게 암살된 김옥균은 1910년 한일 강제 병합과 함께 부활한다. 김옥균에겐 충달공이라는 시호가 추증됐고, 이후 일제와 친일파는 그를 동아시아의 선각자, 뜻을 이루지 못한 비운의 혁명가로 상징조작을 시도한다. 일본 도쿄 아오야마 공원묘지의 외국인 묘역에는 김옥균의 머리털을 묻은 무덤이 있다. 비석에는 친일파 유길준이 썼다는 그 유명한 비명이 새겨져 있다.

"비상한 재주를 갖고, 비상한 시대를 만나, 비상한 공도 세우지 못하고, 비상하게 죽어간, 하늘나라의 김옥균공이여!"

오늘날에도 김옥균에 대한 평가는 구구하다. 원조 친일파다. 아니다, 혁명가다. 국내 역사학계, 경제학계, 정치학계뿐만 아니라 북한 학계까지 그 평가는 천차만별이다. 식민지 근대화론자들은 이들을 근대화를 추구한 선각자로 높이 평가하는 경향이고, 내재적 발전론자들은 외세에 의존해 일제의 조선침략을 가속화한 무모한 세력쯤으로 낮게 평가하는 형국이다.

김옥균을 원조 친일파라 볼 수 있을까. 난 그렇게 본다. 박영효의 친일파로의 변신은 이미 언급했다. 박영효가 김옥균보다 도덕적으로 훨씬 우월했으면 우월했지, 도덕적 하자가 있어서 친일파가 된 게 아니다. 김옥균이라고 더 오래 살았더라면 달랐을 거라 보지 않는다. 사실 갑신정변의 칼잡이 행동대원이었던 유혁로, 정난교, 신응희는 조선총독부 중추원 참의를, 이규완은 일제시대의 함경남도 도지사를 지내는 등 모조리 친일파로 변신했다. 김옥균의 양아들도 친일파 집단인 중추원 참의까지 지냈다. 그를 암살하려다 오히려 그의 식견에 감동받은 송병준도 친일의 한획을 그었다.

■ 김옥균과 후쿠자와 유키치

1884년 갑신정변의 정강 정책은, 일제가 강제로 실시한 근대적 개혁인 갑오경장1894, 을미개혁1895에 고스란히 반영된다. 그래서 갑오경장과 을미개혁을 두고 일본이 아니었더라도 김옥균의 개화당이 1884년에 이미 시도하려고 했었기 때문에 우리 민족의 자체 역량이 반영됐다는 '눈물겹게 끼워 맞추려는' 견해도 있다. 그러나 1884년 김옥균 등 독립당이 갑신정변을 통해 추구하려 했던 개혁 내용 자체가 이미 후쿠자와 유키치의 가르침에 따른 것이었다.

요컨대 강화도조약1876, 갑신정변1884, 갑오개혁1894, 을미개혁1895, 을사늑약1905의 큰 흐름 속에서 조선은 일제의 식민지로 전락했다. 이 30년의 큰 흐름의 선두에 김옥균이 있다. 이렇게 한일 FTA 조약 30년 만에 조선은 외교권을 강탈당했다.

1881년 김옥균과 박영효는 일본의 원조보수이자 대사상가이자 이토 히로부미와 더불어 메이지 유신의 4인방으로 알려진, 후쿠자와 유키치를 만난다. 김옥균과 박영효의 눈엔 후쿠자와 유키치는 그야말로 신神이나 다름없었다. 조선이 갈 길을 하나하나 다 제시해 주지 않는가? 한일 FTA 이후 조선에서 가장 폭발적인 인기를 얻은 일제 제품이 뭔지 아나? '성냥' 이다. 그 당시의 성냥은 요즘으로 치면 아이폰인 셈이다. 세계 최빈국에서 성장하여 성냥 보고 놀란 김옥균과 박영효가, 이미 서구 유럽을 유학하고 온 대사상가에게 세뇌당하는 것은 당연한 것 아니겠는가.

후쿠자와 유키치의 삼화주의三和主義에 감동을 받은 김옥균은 이름도 스승의 견해인 삼화를 차용해, 이와다 미와嚴田三和로 바꾸었다. 삼화주의란, "중국·일본·조선이 서로 화합해서, 서양의 침공으로부터 아시아를 지키자"는 것이다. 이 논리로 일본은 조선을 침공하고 중국을 침공했다. 김옥균은 아마 후쿠자와 유키치와 이토 히로부미의 외교적 수사에 불과한 삼화三和의 '和'를 정말 "화합하다"로 생각했을 것이다. 결국은 김옥균과 박영효는 후쿠자와 유키치 손바닥에서 놀아난 것이다.

후쿠자와의 김옥균에 대한 의리

후쿠자와는 비록 제국주의자였지만, 인간적인 의리는 있었다. 김옥균이 갑신정변에 실패하고 일본으로 망명하여 제일 먼저 거처했던 곳이 후쿠자와 유키치의 집이었다. 김옥균의 상하이행을 적극 만류한 것도 후쿠자와였으며, 김옥균이 암살당하자 후쿠자와는 자신의 집에 위패를 안치하고 김옥균을 애도했으며, 김옥균의 처와 딸을 찾아내 살길을 마련해줬다.

나는 김옥균에게 배울 것은 딱 하나 있다고 본다. 청나라의 패악질에 부르르 떨면서 "이 개새끼들 다 쓸어버리겠어" 하고 다짐한 결기 하나는 배워야 한다고 본다. 오늘날은 다른가? 2012년 1월 17일 미국 국무부 이란·북한제재조정관 로버트 아인혼은 12월에 이어 한 달 만에 또다시 한국을 방문해 외교부, 지경부, 기재부를 순회하며 이란산 석유 수입을 50% 감축하라고 지시를 내리고 갔다. 이에 따라 원유 공급에 차질이 우려되자 기업은 당황했고, 하는 수 없이 정부는 총리 김황식을 오만과 UAE에 급파해 대체 원유 구입에 나섰다. 이게 독립 주권국가 대한민국의 현실이다. 국회의원이 299명이 되는데, 미 국무부 '듣보잡' 하급관리에 지나지 않는 로버트 아인혼을 향해 "우리가 이란산 원유를 수입하든 말든 니가 왜 사라 마라 지랄이야 개새끼야!" 하고 내지르는 국회의원 하나 없다. 486이 국회의원 하면 뭐하나? 골프치기 바쁜걸. 김옥균은 정말 한계가 많던 인물이다. 그러나, 그나마 김옥균 정도의 결기 있는 인물도 오늘날엔 찾아 볼 길이 없다. 건국대 신복룡 교수정치사의 김옥균에 대한 평가를 보자.

김옥균에 대해서는 사람에 따라 좋고 싫어함이 판이하다. 그를 개화기의 뛰어난 인물로 보는 학자들이 있는가 하면 한낱 친일의 무리로 비하하는 시각도 적지 않다. (…) 그가 난세에 태어나 일세를 풍미했으니 영웅임에는 틀림없겠지만 과연 후대에게 긍정적인 교훈과 업적을 남겼는지에 대해서는 나는 부정적이다. (…) 김옥균은 일생에 네 번 일본을 방문해 개명 지식인인 게이오 대학의 창설자 후쿠자와 유키치를 만난 것이 인생 행로에 중요한 고비가 되었다. (…) 김옥균은 세속적으로 말한다면 가무, 음주, 주색잡기에 능치 않음이 없었고, 서예는 망명지에서 생활비를 조달할 정도였으며, 바둑은 일본 바둑사에 기록될 정도였다. 혁명의 주역으로 갑신정변에 성공한 뒤에도 그는 스스로 이조참판에 머물렀다. 이는 그가 무욕의 불심에 달관했음을 뜻하는 것이니 실로 가

상한 일이다. (…)

그러나 경륜이라는 점에서 김옥균을 칭송하기가 어렵다. 스무 살 남짓한 대원 스물 몇 명으로 혁명을 성사하려 했던 무모함에 대한 비난을 면할 수 없을 뿐만 아니라, 동지들은 투옥 당하고 멸문의 화를 겪는데 자신은 일본으로 망명했다는 것은 삶과 죽음을 함께 하며 조국을 위해 싸우겠다던 동지로서의 의리가 아니었다. (…) 김옥균은 비범했음에는 틀림없으나 결국 재승박덕한 사람이었다. 그는 그릇에 넘치게 물을 담으려 했다. 그것은 허욕이고 오만이었다. 이러한 실수는 한 사람의 불행으로 그치지 않고 우리 역사를 누란의 위기로 몰아넣었다. 김옥균은 우리의 자식들이 읽을 영웅전의 주인공은 결코 아니다. 〈동아일보〉, 2001. 7. 20.

원세개의 조선 통치(1884~1894)

고종, 조선책략의 파탄과 인아거일로 선회

조선이 기사회생할 수 있는 마지막 기간

갑신정변1884~청일전쟁1894 사이의 10년이, 조선으로선 자체 역량을 키울 마지막 기회였다. 석파 이하응은 단 7년 만에 내정을 개혁하고, 군대를 양성하여 프랑스군을 박살내고, 미국의 침략을 저지하지 않았던가? 워낙 오랜 세월 부패했으므로, 10년이 충분하다고 볼 수 없었지만, 그래도 가능한 기간이었다. 일본은 갑신정변 실패 후 청나라와 전쟁 없이는 조선을 점령할 수 없다고 판단하고, 전쟁 준비에 국력을 쏟아 붓는다.

그 결과 1884~1894년까지 10년간 조선에는 일제의 공백기가 생긴다. 이 기간 동안 청나라 원세개는 비교적 일본의 간섭 없이 조선에서 마음껏 권력을 휘두른다. 일제의 입장에서 보면, 10년간 전쟁 준비하여 청나라에게 승리한 후1894, 1884년 갑신정변 때 도입하려다 실패한 친일 근대화정책들을 1894년 갑오경장에 그대로 도입한다. 결국 '1884년 갑신정변 → 1894년 갑오경장'으로 일본 침략의 큰 흐름이 이어지는 것이다.

조선의 실질적 통치자는 26세 핏덩이 원세개

1945~1948년까지 남한을 통치한 사람은 존 하지John Reed Hodge 미 군정장관이었듯, 갑신정변~청일전쟁 사이의 10년간 조선의 실질적 통치자는 원세개였다. 그는 '주차조선총리교섭통상사의'라는 직책을 갖고 사실상 식민지 총독 행세를 했다. 원세개가 1859년생이니, 그는 26세부터 36세까지 자신의 인생 10년을 조선을 통치한 것이다. 북한의 김정은이 30세이니 원세개에 비하면 어린 나이도 아니다. 우리 국사책에서 1884~1894년의 실질적 통치자가 원세개였다는 것을 가르치지 않는 것은 정말 수치스러운 일이다. 그러니 지금도 우리가 '엄청나게' 독립적인 국가였다고 착각하고 사는 거 아닌가? 일제만 식민지였다고 착각하고 사는 거 아닌가? 꼭 도장 찍고 사인해야만 그게 식민지인가? 원세개의 만행을 보자.

김정기 교수는 "원세개가 재부임하는 1885년부터 그가 퇴각하는 1894년까지 고종의 조정이 아니라 '원세개의 조정'이라고 불릴 정도로 청의 조선 침략은 일제를 압도하고 있었다"고 했다. 강준만著, 「한국 근대사산책 2」, 109p, 인물과사상사刊.

원세개는 외교관의 특권을 이용하여 인삼을 밀수함으로써 엄청난 치부를 했고 인사에도 간여했다. 또 원세개는 조선과 서양 각국 간의 교제와 무역을 제한했고, 해외에 나가 있는 유학생들을 소환해서 처형하거나 감금했을 뿐만 아니라, 국내에서의 근대 교육의 길을 막았으며 조선의 국방력을 약화시키기 위해 애를 썼다. 신복룡著, 『이방인이 본 조선 다시 읽기』, 78p, 풀빛刊.

원세개는 친일파 정치인을 향한 대대적 숙청에 돌입한다. 원세개의 안하무인을 말릴 수 있는 사람은 국내에는 없었다. 그나마 미국공사 알렌이 원세개에게 맞섰다. 외국 놈들끼리 서로 자국 국력을 믿고 남의 나라 청와대에서 서로 싸움박질한 것이다. 이때 개화당 정치인과 친분이 두터웠다는 이유로 윤치호도 신변의 위협을 느껴 중국 상해로 망명한다.

이 원세개는 10년간 조선에서 온갖 만행을 저지르고, 청일전쟁 직전에 변장하고 야반도주했다1894. 7. 19. 나라 꼬라지 참. 내정이 개판인 상태에서 고종과 민당이 생각한 것이라곤 또 다른 외세인 러시아를 끌어들여 영국, 청나라, 일본의 압제를 물리친다는 것이었다.

미국, 조선을 버리다 – 미국의 외교 및 영사법 통과

잠시 미국으로 가보자. 1883년 조영 신조약이 체결된 이듬 해, 미국은 '외교 및 영사법'을 통과시킨다1884. 7. 7. 이 법은 쉽게 말해 시장 크기에 따라 외교관의 위계를 결정하는 법이다. 이 법에 따라 미국은 조선의 전권특명공사를 태국 방콕과 같은 수준인 변리공사로 격하시켰다최문형著, 『러시아의 남하와 일본의 한국침략』, 172p, 지식산업사刊. 즉 워싱턴은 조선에 대한 관심을 버렸다는 뜻이다. 수교한 지 겨우 2년 만의 일이다. 왜 그랬을까?

조선은 돈이 안 됐다. 미국 상품을 구매해 줄 상품시장으로서의 가치가 전혀 없었다. 조세 금납화세금을 현물이 아닌 화폐로 내는 제도도 이루어지지 않은 상태이니 말해서 무엇하겠는가? 후일 미국이 러일전쟁, 을사늑약에서 일관되게 일본을 지지하는 것도 미개한 조선을 일본이 개조해 주는 것이 미국의 수출정책에 유리했기 때문이다.

개무시 당한 조선

그러나 조선은 미국은 아름다운 나라로 생각했다. 그래서 김옥균은 미국으로 보빙사를 보냈다. 보빙사의 미국행은 미국인 외교고문과 군사교관 초빙을 위한 목적이었다. 이 당시 미국인 외교고문과 군사교관을 초빙한다는 의미는 "미국의 식민지가 되겠다"는 뜻이다. 지금 조선을 사실상 통치하고 있는 묄렌도르프, 원세개, 마건충 대신 미국 놈을 앉히겠다는 뜻이다. 김옥균, 민비의 외교라는 게 다 이 수준이었다. 저놈 불러서 이놈 막고, 또 다른 저놈 불러서 이놈 막고……. 그러나 이미 조선의 형편없는 시장 가치를 눈치 깐 미국은, 보빙사로 미국에 들린 민영익, 홍영식, 유길준, 서광범을 개무시했다. 이렇게 미국에서 개무시당한 민영익은 귀국하자마자 김옥균의 개화당을 탈당하고 집권 여당인 민당에 입당, 과거의 동지였던 개화당 척결에 나선다는 것은 앞서 적었다.

김종필이 5·16 직후 미국을 방문하여 당시 법무장관이었던 로버트 케네디존 F. 케네디의 동생를 만났는데, 이 인간이 의자에 앉아 책상 위에 두 발을 올려놓고 김종필을 맞이했다고 한다. 의전을 생명으로 하는 고위 사신 간 만남에서 그랬다는 것이다. 1962년에도 그랬는데, 뭐 1880년대에는 오죽했겠나. 민영익이 미국에서 사람 취급이나 받았는지 모르겠다.

미국 정부의 한국 정부에 대한 시크한 무관심 vs 한국 정부의 미국 정부를 향한 무한 애정의 구도는, 정도의 차이가 있을지언정 지금까지 유효하다. 우리는 어떻게 평생 상대만 바꿔가며 짝사랑만 하는지 모르겠다. 취향 참 독특하다. 미국은, 길게는 가쓰라-태프트 밀약1905, 가까이는 닉슨-사토 공동성명1969에 이르기까지 일관되게, 오늘날에도 일본을 통해 한반도 안정을 관리하고 있다. 미국에게 일본은 아시아 대륙을 향한 징검다리이며 양보할 수 없는 이익선이다. 일본의 가치가 '100'이라면 한반도의 가치는 '10'이다. 미국이 오늘날 그렇게 기를 쓰고 한반도에 개입하는 것도 일본을 방어하기 위함이고, 이는 곧 미국의 이익선을 지키기 위함이다.

고종과 민비, '조선책략' 청산하고 '인아거일'에 올인하다

영국과 미국에게 급실망한 조선은, '조선책략' 외교노선을 2년 만에 청산하고 급속하게 러시아에 빨려 들어간다. 이제 러시아를 끌어들여 청나라를 견제하고자 했다. 이 결과 베베르 내한 불과 2주 만인 1884년 7월 7일 조러 수호통상협약을 맺는다. 앞서 겨우 16개월 만에 한미 FTA를 체결했다고 참여정부를 비판했는데, 민비는 2주일 만에 체결했으니 그에 비하면 참여정부는 양반이다. 이처럼 러시아와 조선은 급하게 눈이 맞았다.

러시아와 외교관계를 튼 조선은 영·청의 압제에 대항하기 위해 러시아에게 조선 땅을 일부 떼어주고조차지, 그 대가로 러시아의 군사교관을 초빙하여 군사훈련을 담당하게 하려는 조러밀약을 시도했다1885. 1. 사실상 러시아의 지배를 받겠다고 한 것이다.

이는 묄렌도르프가 앞장서 주일 러시아 공사관 서기관 스페이에르와 비공식적 접촉에 나서면서 시작됐다. 그리고 묄렌도르프는 갑신정변의 사과 사절로 일본을 방문한 기간을 이용해 1885. 2. 15~1885. 4. 5 주일 러시아공사 다비도프와 여러 차례 접촉을 가졌다. 묄렌도르프가 왜 자신의 임명권자인 청나라의 국익에 반하여 이런 짓을 했는지는 갑신정변Ⅱ편에서 적었다.

일본과 영국에게 들킨 조러밀약
– 소국의 이이제이 외교는 돌림빵 외교를 뜻한다

고종으로선 조러밀약을 통해 나름대로 이이제이 전술을 구사한 것이다. 그러나 그게 되겠나? 바로 일본에 의해 발각됐고, 이 사실을 알게 된 주일 영국공사도 즉시 본국에 보고했다1885. 3. 30. 결국 세계 최강 영국 손바닥이었다. 수없이 말했지만, 아무런 힘도 없는 놈이 이이제이 한다는 것은, 세상을 날로 먹으려는 것이다. 약소국의 되지도 않는 이이제이 전술은 오히려 강대국 간 전쟁터를 제공하여 우리 백성들을 고기밥으로 만들 뿐이다. 조러 비밀접촉은 일본과 영국이 사전 인지하는 바람에 실패했지만, 조선이 러시아에게 군사기지를 제공하려 했다는 것 자체가 영국, 일본, 청나라에게는 충격적인 사건이었다.

아니나 다를까. 조선의 실질적 통치자 원세개는 위 조러밀약 사건을 빌미로 고종을 갈아치울 생각을 했다. 그래서 그는 "고종이 러시아에게 '보호'를 요청했다"는 제2차 조러밀약 사건을 '조작'한다1886. 8. 그리고 조선 병합을 시도하였지만, 이홍장이 반대하는 바람에 유야무야 그냥 넘어가고 말았다. 즉 1차 조러밀약 사건에 분개한 원세개가, 있지도 않은 또 다른 조러밀약 사건을 조작하여 고종을 갈아치우려다 미수에 그친 게 소위 '제2차 조러밀약 사건'이다. 이게 갑신정편Ⅲ편에서 잠시 언급한 원세개의 조선병합론이다.

이처럼 조선은 영국한영 신조약, 미국보빙사 파견, 일본차관협상과의 외교에 잇따라 실패하자 러시아에게 손을 뻗었지만, 러시아 놈이라고 다르겠는가. 제국은 어디든 다 똑같다니까? 이 러시아 새끼들도 쪽발이 새끼들과 함께 1890년대 말 조선을 두고 수많은 비밀협상을 벌인다1896 고무라-베베르 각서, 1896 야마가타-로마노프 협정, 1898 니시-로젠 협정 등. 후술. 그러다 말로 안 되니까 조선을 두고 전쟁까지 벌인다러일전쟁 1904.

러시아 접근에 실패한 고종, 이번엔 미국에 접근하다

러시아를 끌어들여 영청英淸의 압제를 벗어나고자 했던 조선의 의도가 실패하자, 이번엔 미국에 줄을 서고자 했다. 진정한 '돌림빵 외교'라 할 수 있다. 박정양을 전권대사로 임명하고 미국에 상주사절을 파견한 것이다1887. 미국에 전권대사로 파견한 것 자체가 중국에 대한 반항이었다. 외교사절은 독립국끼리나 보내는 것인데, 조선은 청나라 식민지 아닌가? 중국에선 난리가 났다. 원세개는 고종에게 견미사절의 파견을 당장 중지할 것을 명령했지만, 고종은 밀어붙였다. 제2차 조러밀약 사건을 조작하여 '고종 폐위론'을 들고 나온 원세개에 대한 고종의 반발이었다. 고종이 거의 유일하게 누구한테 개겨본 사건이 아닌가 싶다.

청나라의 견미사절 파견 방해 – 영약삼단

청나라의 견미사절 파견 방해는 급기야 미국과의 외교 분쟁을 야기하게 됐다. 그러자 청나라는 '영약삼단'이라는 조건을 걸고, 이들의 미국행을 허락한다. 영약삼단이란, "첫째, 조선공사 일행은 미국 도착 즉시 청 공사관에 알린다. 둘째, 모든 외교 모임에선 청 공사 아랫자리에 앉는다. 셋째, 중대 사안은 청 공사와 먼저 의논한다"는 조건을 말한다. 오늘날엔 21세기판 영약삼단은 없을까? 생각해 보시라.

어쨌든, 박정양을 전권공사로 참찬관 이완용, 서기관 이상재, 번역관 이채연, 서기관 이하영은 1887년 12월 일본에서 미국을 향해 떠났다. 이들 중 이상재 하나를 제외하고는 후에 모두 친일파로 변절했지만, 이날 만큼은 청나라와 영국의 압제에서 벗어나야겠다고 각오한 독립투사들이었다. 이들의 미국행을 주선한 선교의사宣教醫師 겸 주한 미국공사 알렌의 기록을 보자.

이들 일행은 항상 선실을 어지럽혔고, 징 달린 신발로 심하게 바닥을 긁고 다녔다. 선실에서 줄담배를 피웠고, 씻지 않은 몸에서는 똥 냄새가 풍겼다. 일행의 선실에는 몸 냄새, 똥 냄새, 오줌 냄새, 담배 냄새 등이 어우러져 무시무시한 냄새가 났다. 나는 매일 박정양 공사의 방을 찾아 인사를 했지만, 악취 때문에 오래 머물지 못했다. 더러운 사내 이상재는 하인에게 식사를 타오게 해서 박정양 공사와 함께 객실에서 식사했다. 번역관 이채연은 얼간이였고 영어를 한 마디도 할 줄 몰랐다. 그나마 이완용과 이하영이 일행의 나쁜 인상을 상쇄해 주었다. (…) 그들은 변을 볼 때 변기에 서서 볼 것을 고집하여 항상 변기를 더럽히고 심하게 그들의 발자국을 남긴다. 이들은 샌프란시스코 팰리스 호텔에 도착하여 한 작은 방에 들게 되었다. 일행의 수에 비해 방이 작다고 그들은 생각했다. 그런데 놀랍게도, 그리고 두렵게도 방이 움직이기 시작했다. 그들은 몸을 떨었고 외국 땅에서 자기들을 괴롭히기 위해서 찾아온 지진이라고 소리쳤다. 엘리베이터가 어떻게 운영되고 있는가를 설명했으나, 그 뒤로도 그 한국인들은 계단을 사용했다. 강준만著, 「한국 근대사산책2」, 84p, 「알렌의 일기」 1887. 12. 26, 재인용, 인물과사상사刊.

당대 조선 최고의 엘리트들의 수준이 저 정도였으니, 일반 백성의 삶과 의식 수준은 말해서 뭐하겠는가? 아마도 오늘날 아프리카나 아마존 원주민보다 '조금' 나았다고 생각하면 크게 틀리지 않을 것이다.

영국의 거문도 점령 (1885. 4. 15)

한반도를 둘러싼
영국과 러시아의 충돌

19세기 유럽 빈체제 출범 – 프랑스 혁명 이전으로 돌아가자

당시 조선과 아시아 정세를 이해하기 위해서는, 19세기 서양사를 간략하게 살펴볼 필요가 있다. 19세기 서양사를 초간략으로 보자. 1800년대 초반 유럽은 나폴레옹전쟁 중이었다. 나폴레옹이 의도한 것은 아니지만, 나폴레옹 전쟁을 통해 '프랑스 혁명 이념'이 전 유럽에 전파되기 시작한다. 프랑스 혁명의 이념이 뭔가? 쉽게 말해, "국민은 왕의 모가지를 자를 수 있다국민주권"는 것이 프랑스 혁명의 핵심 이념이다. 따라서 프랑스 혁명의 이념이 전파되는 것에 대해 유럽 절대국가의 왕들은 식겁한다. 그래서 영국, 러시아, 오스트리아, 프로이센은 연합하여 나폴레옹을 찍어 누른다. 그리고 나폴레옹전쟁의 뒤처리를 위해 그 유명한 '빈Wien체제'를 출범시킨다[1815].

빈체제의 핵심은 "프랑스 혁명 이전으로 돌아가자 = 왕은 국민의 모가지를 자를 수 있다 = 왕권신수설 = 정통주의"이다. 반동적인 빈체제는 프랑스의 7월 혁명[1830], 2월 혁명[1848]에 의해 서서히 무너진다.

▋ 19세기 세계는 영국과 러시아의 대결

나폴레옹전쟁을 틀어막고, 빈체제를 출범시킨 유럽의 19세기 역사는, 영국과 러시아 간 대결의 역사다. 미국은 먼로선언[1823]을 통해, "우리도 유럽 간섭 안 할 테니, 유럽도 아메리카 대륙에 간섭하지 말라"고 선언해버린 후 자국 내실 다지기에 돌입한다. 미국은 이처럼 19세기 내내 보호무역주의를 통해 급성장하게 된다. 그리고 20세기 초반 제1차 세계대전 승리로 세계 4강에 들어서고, 2차대전 후 소련과 더불어 G2로 우뚝 성장하여 냉전외교를 주도한다. 그리고 20세기 말 소련의 붕괴로 세계 패권을 거머쥐지만 불과 20년도 못 가서 월가가 무너지고 세계는 또 다른 G2미국, 중국로 재편됐다. 어쨌든 19세기에는 세계 패권을 두고 영국과 러시아가 경쟁하게 된다.

당시 러시아에게 필요한 것은 ▲ 유럽화를 위한 서진정책 ▲ 부동항을 얻기 위한 남진정책이었다. 러시아의 부동항을 얻기 위한 노력은 세군데 방향으로 시작된다. 첫 번째가 바로 발칸반도로 진출해서 지중해로 나가는 방법, 두 번째가 일본 또는 조선으로 진출하는 방법, 세 번째가 인도로 진출하는 방법이었다세계지도 펴 놓고 보라.

러시아의 발칸 진출 시도 실패 - 크림전쟁

러시아는 첫 번째 발칸으로 진출을 시도했다. 러시아의 발칸 진출에 대해 영국과 프랑스가 강력 반발한다. 왜? 지중해는 바로 프랑스의 앞마당이요, 영국 식민지 인도로 가는 주요 길목이기 때문이다. 당연히 영국과 프랑스 입장에선 지중해를 러시아가 차지하도록 방치할 수 없었다. 말로 안 되니 어찌겠는가. 쿨하게 맞짱뜬다. 크림전쟁이다1853. 크림전쟁은 종교전쟁성지관할 문제으로 포장된 전쟁이지만, 사실은 러시아의 남진을 '영국 + 프랑스 + 오스트리아'가 저지한 러시아 왕따 전쟁이었다.

이렇게 크림전쟁에서 러시아는 깨진다. 러시아의 발칸을 통한 부동항 획득정책은 '나가리' 됐다. 그러나 이때 영불 연합군이 쉽게 이긴 것은 아니다. 전쟁이 교착상태에 빠지자 이를 타개하기 위해 영국은 전선을 동북아까지 확대한다. 즉 영국이 러시아의 주요 근거지를 박살내기 위해, 일본 열도 위쪽 캄차카 반도까지 와서 전쟁을 벌인 것이다1854~1856.

우리는 뭐하고 있었나? 우리 뒷마당에서 전쟁이 터지고 있었는데, 나무꾼 왕 철종은 여색질에 심취하고 계셨다. 집권여당인 안동 김씨는 양반질과 토색질, '투 트랙 울트라 캡숑 세도정치'에 올인하고 계셨다. 우리 뒷마당에서 영국과 러시아가 전쟁 중인 것도 당연히 몰랐다.

19세기판 등신외교 - 조선책략

크림전쟁 패배로 발칸 진출에 실패한 러시아는 일본 또는 조선 진출을 시도했다. 그러나 이게, 생각처럼 만만하지 않았다. 러시아는 우선 일본으로 진출을 꾀하여 대마도를 점령했다1861. 그러자 영국과 일본이 "전쟁할래?" 하고 러시아에 대응했고, 러시아는 슬그머니 꼬리를 내리고 말았다. 일본에 찝쩍대다 실패한 러시아는 이제 조선을 찝쩍댄다. 그러자 러시아 남하를 저지하는 데 이해관계를 같이 하는 영국, 청나라, 일본, 미국이 연대하여 외교 전략을 제시하는데, 그게 바로 『조선책략』이다.

앞서도 언급했지만, 『조선책략』은 당시 세계 패권국가 영국이 경쟁 국가였던 러시아의 남하를 저지하기 위해, 중국, 일본, 미국을 끌어들인 것이다. 물론 중국, 일본, 미국도 자국의 이해와 맞아 떨어졌기 때문에 이에 동의한 것이다. 조선도 조선 나름대로 신사의 나라 영국, 아름다운 나라 미국을 끌어들이면, 기존 깡패 청나라와 신흥 깡패 일본의 패악질에서 벗어날 수 있겠다는 '순진무구하고 백옥같이 나이브 한' 생각으로 뇌동했다. 그래서 1882년 당시 김옥균이 동시 다발적 FTA를 체결하여 미국, 영국, 독일과 외교 통상 관계를 튼 것이다. 그러나 알고 보니 영국이나 미국도 똑같은 놈들이었다.

어쨌든 조선책략은 세계 제1 패권국가 영국이 감독, 청나라 이홍장 주연, 주일 청국외교관 황준헌 조연, 조선인 김홍집은 행인 1 역할을 맡은 외교술이었다. 영국은 이 조선책략을 통해 러시아의 조선 침투를 2년간 지체시켰지만, 우리 입장에서 보면 영국, 청나라, 일본에 철저하게 농락당한 그런 외교였다. MB 정권 외교를 '등신외교'라고 한다지? 19세기판 등신외교가 바로 조선책략이었다. 형식은 '조선책략'이었지만, 실질은 '영국책략'이었다.

다른 열강들은 뭐하고 있었나

러시아와 영국은 서로 힘의 사용을 자제하면서 상대방의 움직임을 예의주시하고 있었다. 다른 열강은 뭐하고 있었나? 청나라는 러시아와 영토분쟁 중이었고이리분쟁 1871, 프랑스는 베트남 침략에 열중했고, 독일은 비스마르크의 철혈정책과 보불전쟁에 올인하고 있었고, 미국은 남북전쟁 뒷수습 중이었다. 이러한 열강의 힘의 공백기1860~1880를 예리하게 이용, 조선을 선점한 것이 바로 일본의 '한일 FTA 조약강화도조약 1876'임을 앞서 언급했다.

러시아의 중앙아시아 진출 시도

발칸과 극동 진출에 실패한 러시아는 세 번째로 인도 진출을 꾀한다. 러시아가 겁도 없이, 아프가니스탄 지역의 영국군 기지 일부를 점령한 것이다1885. 3. 30. 당시 아프간은 파키스탄이 생기기 이전으로 인도와 국경을 맞대고 있었다. 그런데 인도는 바로 영국 식민지 아닌가? 영국의 식민지 바로 코앞에, 그것도 '영국 훈련기지'에 러시아 군대가 들이닥친 것이다. 세계 최강 영국에게는 모욕이었다. 영국은 발끈한다. "업계 룰도 안 지키는 양아치 새끼들을 봤나~. 나와바리는 존중해줘야 할 거 아냐, 이 새끼들아!" 하고 말이다.

그런데 하필 이렇게 예민한 국제정치적 상황에서, 조선은 러시아에 보호를 요청하고 그 대가로 영흥만을 러시아에 해군기지로 제공했다는 소위 '조러밀약설'이 떠돌았다. 세계전략 차원에서 러시아 남하를 저지해야 할 영국은 큰 충격을 받는다. "러시아 새끼들~, 그냥 뒀다간 한반도를 먹어치우겠구나" 하고 말이다. 영국 상황은 급박했다.

영국, 러시아 남하 저지 위해 조선의 거문도 무단 점령

이제 영국은 더 이상 러시아를 좌시할 수 없었다. 바로 전쟁 준비에 돌입한다. 그리고 러시아 블라디보스톡을 박살내기 위한 기지로 조선의 '거문도전남 여수 앞바다에 있는 섬'를 지정한다. 곧바로 청나라에 통보하고 일본에 정박하고 있던 항공모함을 움직여 거문도를 점령한다1885. 4. 15. 이게 영국이 벌인 거문도 점령 사건의 전말이다.

조선은 자신의 땅이 영국에 의해 점령당한 사실을 청나라를 통해 한 달이나 지나서야 통보받았다. 이젠 욕하기도 힘들다. 영국은 조선 땅을 점령하는데 왜 청나라에 통보했을까? 영국 눈에는 조선은 청나라 땅이었다이게 지금까지도 미국과 유럽 주류 세력의 한반도에 대한 시각이다. 우리가 G20이라고? 아직 멀었다. 당시 조선의 외교통 김윤식은 "공법에 투철한 나라가 어찌 남의 영토를 무단점령하느냐?"고 항의했지만, 이러한 항의는 세계 패권 권력 앞에서는 무력한 것이었다.

영국은 이렇게 2년 동안이나 거문도를 불법 점령하다가 1887년 2월 27일에 이르러야 철군한다. 이처럼 영국은 러시아의 조선 점령을 '사전 봉쇄' 한다는 명분으로 거문도 점령이라는 만행을 저질렀다. 마치 부시의 '선제 외교'를 떠올리는 패악질을, 130년 전 영국도 조선 땅에서 했던 것이다. 강대국은 다 이렇다.

영국은 왜 거문도에서 물러갔을까?
– 영국과 러시아의 빈틈을 비집고 들어간 이홍장

그렇다면 왜 영국은 거문도에서 물러갔을까? 간단하다. 군사기지로 요긴할 것으로 예상했던 거문도가, 점령하고 보니 영 아니었다. 19세기 러시아와 일본 외교 분야의 최고 전문가 최문형 명예교수의 말을 들어 보자.

(영국이) 철군하게 된 진정한 이유는 따로 있었다. **"거문도는 많은 경비를 들여 요새화하지 않는 한, 블라디보스토크 공격기지로서 가치가 없다"** 는 자국 해군 당국의 부정적 판단 때문이었다. 최문형著, 『러시아의 남하와 일본의 한국침략』, 206p, 지식산업사刊.

그렇다고 세계 최강 영국이 군사 행동을 결정하고 거문도를 점령했는데, 무 하나 자르지 못하고, 아무 명분 없이 그냥 철군하면 그게 세계 최강인가? 쪽팔리는 거다. 영국에겐 철군 명분이 필요했다. 철군 명분을 찾아 2년을 그냥 뭉개고 있었다.

선수는 선수를 알아보는 법. 이때 영국의 의도를 간파하고 그 틈을 비집고 들어가는 선수가 있었으니, 바로 청나라 이홍장 선수다. 청나라 북양대신 이홍장은 영러 관계를 본인이 중재한다며 개입을 자처하고 "청나라도 한국을 병합하지 않겠으니, 러시아도 한국에 발을 들이지 마라"라는 합의를 이끌어내 한반도가 전쟁터가 되는 것을 막았다1886. 10. 이게 소위 '이홍장-라디젠스키' 합의였다. 이 합의를 명분삼아 영국은 거문도에서 철수했다. 그리고 이 합의를 이끌어낸 대가로, 청나라는 영국으로부터 조선종주권을 더욱 보장받았다.

이 시기에 원세개가 조선에서 일제를 능가하는 패악질을 할 수 있었던 것도 다 이런 국제정치적 배경하에서 가능했던 것이다. 이로써 거문도 점령 사건은 청나라의 조선종주권만 확인시키고 막을 내렸다. 조선은? 할 수 있는 게 뭐가 있겠나. 협상 과정을 바라볼 수 있으면 그나마 다행이고, 그마저도 몰랐을 것이고.

거문도 사건이 러시아에 준 충격

이 분야의 최고 전문가 한양대학교 최문형 명예교수의 견해를 보자.

러시아에게도 거문도 사건은 큰 충격이었다. 자국 해군의 전략적 약점이 극명하게 드러남으로써 러시아는 **동아시아령에 대한 그들의 방위 정책을 전면 수정**할 수밖에 없게 되었기 때문이다. 즉 아직까지 **해군력에 의존하던 동아시아령 방위를 육군력 의존으로 바꾸게 되었고, 그럼으로써 시베리아철도 건설 문제가 현안으로 제기**되기에 이른 것이다. 러시아 중심부에서 블라디보스토크까지 약 9,300킬로미터에 달하는 장거리 철도의 건설은 당시로서는 몽상과도 같은 일이었기 때문이다. (…) 1891년 5월 31일 동아시아를 여행 중이던 23세의 황태자후일 니콜라이 2세가 참석한 가운데 블라디보스토크에서 마침내 기공식을 거행했다. 최문형著,

『러시아의 남하와 일본의 한국침략』, 211p, 지식산업사刊.

최문형 교수의 주장을 쉽게 설명하자면, 러시아는 영국의 거문도 점령으로 인해 "해군력으로 영국과는 상대가 안 되는구나~"는 점을 깨닫고, 동아시아 방위정책을 '기존 해군력 의존정책에서 육군력 의존정책'으로 전면수정하게 됐다는 거다. 그래서 '몽상'에 불과하다고 생각했던 시베리아철도 착공에 착수했다.

시베리아철도와 육군력이 무슨 관계가 있다는 말인가? 시베리아철도가 개통되면 모스크바에 있는 대규모 병력을 아시아로 신속하게 파병할 수 있다. 육로를 통해 아시아로 갈 수 있는 나라는 청나라를 제외하면 러시아밖에 없다. 시베리아철도의 착공은 영국의 제해권에서 벗어날 수 있는 유일한 길이었다. 그래서 러시아는 이 '몽상' 같은 시베리아 철도 건설에 착수했다.

거문도 점령의 나비 효과 – 러일전쟁의 서곡

러시아가 시베리아철도에 착공하자, 일본은 사실상 러시아와의 전쟁 준비에 들어간다. 러시아가 시베리아철도에 착공한다는 말은 아시아특히 만주로 진출하겠다는 뜻인데, 이는 일본의 대륙만주 침략정책과 부딪힐 수 밖에 없다. 물론 아직 청일전쟁도 발생하기 전이지만, 이미 이 당시 일본에게 청나라는 관심대상이 아니었다. 청나라는 날만 잡으면 언제든 꿇릴 수 있는 잠자는 돼지에 불과했다. 결국 영국의 거문도 점령은 러시아의 동아시아정책의 선회를 초래했고, 그 결과 시베리아철도 착공을 서두르게 됐으며, 이는 러시아 아시아정책과 일본의 대륙정책의 충돌을 야기했다. 러일전쟁의 서곡은 이렇게 20여 년 전부터 일어나고 있었다.

이처럼 '군사 거점'이라는 것은 이렇게 예민하고 무서운 것이다. 우리나라 사람들도 어디에 있는지 잘 모르는 '거문도'라는 조그만 섬 하나에 영국군 기지가 들어선 것이, 동북아 정세에 심각한 영향을 미쳤다. 상권 태조 편에서 언급했듯, 거문도보다 훨씬 큰 제주도 최남단에 해군기지가 건설되고 있다. 대다수의 군사 전문가들은 미 해군이 이 기지를 사용할 것이라고 예측한다. 내가 30년 이내에 이 기지가 동북아 분쟁의 불씨가 될 것이라고 말하는 게, 근거 없이 해 보는 말이 아니다.

철도의 중차대한 정치, 경제, 사회적 의미 – DJ의 탁월한 통찰력
최문형 교수의 글을 보자.

철도 건설에서 비테시베리아 철도를 적극 추진한 러시아의 재무상–필자**가 노린 것은 군사 면만 아니었다. 그는 처음부터 그 경제적 중요성도 아울러 고려했다.** 당시 추진 중이던 산업혁명으로 생산한 철강 제품으로 철도를 깔고, 그 철도를 이용해 다시 면직물 등 산업혁명의 또 다른 제품을 아시아에서 팔겠다는 것이 그의 계획이었다. 그리고 실업자를 시베리아로 대거 이주시켜 경제적 목적과 함께 사회 문제까지도 한꺼번에 해결하겠다는 것이 그의 계산이었다. 최문형著, 『러시아의 남하와 일본의 한국침략』, 234p, 지식산업사刊.

이처럼 철도가 갖는 군사적·경제적·사회적 의미는 상상을 넘어서는 막강한 것이다. DJ는 2000년 6월 15일 정상회담을 성공한 후, 3개월 만에 바로 경의선 연결 기공식을 시행했다. 무엇보다도 열차를 잇는 데 집중했다.

DJ가 탁월하다는 게 바로 이런 점이다. 그는 '선택과 집중'을 할 줄 알았고, 우선순위가 무엇인지 알았다. 철도를 따라 자본이 들어가고, 이념이 들어가고, 시장이 들어가고, 공산품이 들어가고, 사람이 들어가고, 문화가 들어가고, 종교가 들어가고, 풍습이 들어가고, 군대가 들어간다. 북한 정권을 무너뜨리는 게 개방이 아니라, 철도를 까는 것이 곧 개방이자 혁명이다. DJ가 기공식에서 "경의선이 연결되면 한반도는 대륙과 해양의 물류중심지가 되고 유라시아와 태평양을 연결하는 접점으로서 세계경제

중심축이 되는 한반도시대가 열리게 된다"고 했던 말이 결코 빈 말이 아니다. 그러나 참여정부는 하늘이 준 천재일우의 기회를 대북송금 특검을 통해 허무하게 날려 버렸다. 이제 우리에게 그런 기회가 다시 올지 기약도 없다.

1939년 이전에는 열차로 부산에서 유럽 전역까지 갈 수 있었다. 평양을 거쳐, 압록강을 건너 하얼빈으로 들어가, 거기에서 시베리아 횡단 철도를 경유하여 모스크바까지, 그리고 레닌그라드에서 하루를 묵고 프라하, 베를린, 파리까지 갈 수 있었다. DJ 정신 이어받아 목포와 시베리아 철도를 연결하고, 부산과 중국 대륙횡단 철도를 연결하고, 그렇게 시베리아철도, 만주횡단철도, 몽골횡단철도, 중국횡단철도와 연결했더라면, 그렇게 대륙으로 뻗어갔더라면, 우리 경제가 이렇게 곤경에 처하진 않았으리라. 도요토미 히데요시는 한반도를 통해 중국과 인도로 뻗어가고자 조선을 침략했고1592, 야마가타 아리토모는 부산과 신의주를 거쳐 인도로 가겠다고 청일전쟁을 도발했다1894. 그런데 왜 우리는 그 천혜의 실크로드를 활용하지 못하나? 북한과 척을 지고, 무변광대한 대륙으로 뻗어가는 길을 차단하고, 남한 스스로를 고립된 섬으로 만들어 태평양만 바라보면서 대체 누구와 미래를 도모하겠다는 것인지 이해할 수 없다. 한홍구의 말을 들어 보자.

김대중이 IMF 사태라는 개혁 기회를 날렸다 하더라도, 그래도 그는 6·15 공동 선언을 이끌어냈고 또한 노무현 정권이 들어설 수 있는 토양을 일궈냈다. 그러면 노무현 정권은? 대북송금특검으로 6·15 선언이 성과를 이어나가지 못하게 손발을 묶고, 앞장서서 이라크에 파병하고, 그리고 한미 FTA에 올인하고 있다. 김대중은 누가 뭐라고 해도 6·15 공동선언을 만든 대통령으로 역사에 기록될 것이다. 그가 IMF 사태 직후의 기회를 상실한 것은 참 안타깝지만, 다음 주자가 얼마든지 만회할 수 있는 문제였다. 한홍구 著, 『대한민국사4』, 47p, 한겨레출판사刊.

제 4 장

자유무역에 의한
열강의 이권 침탈

망국

동학농민운동(1894. 2~1894. 12)

조일 연합군에 의해
몰살당하다

▌또 외세를 끌어들이는 고종

▌앞서도 여러 번 지적했지만, 자국의 내란을 스스로 진압하지 못하고
외세를 끌어들이는 정권은 차라리 그냥 망하는 게 민족의 앞날을 위해
옳은 일이다. 고종은 임오군란 때도 청나라 군대를 끌어들여 조선을 청
나라 식민지로 전락시킨 바 있다. 그런데 이 인간은 동학농민전쟁이 발
발하여 이를 진압할 능력이 안 되자 또다시 청나라를 끌어 들였고, 덩달
아 일본까지 끌어들여 한반도를 전쟁터로 만들었다. 그리고 결국엔 최종
승리자인 일본의 식민지가 된다.

청일전쟁과 동학농민전쟁의 경과

동학농민운동은 고부군수 조병갑의 탐학에 저항하는 과정에서 발생했다1894. 2. 15. 그리고 다음 달인 3월 27일 청나라에서 김옥균이 홍종우에게 암살당하고, 이 소식을 들은 고종은 청와대에서 민자영와 광란의 술 파티를 벌인다. 한편 그 사이 동학농민군은 무장 봉기 4개월 만에 전라도 일대를 모두 장악한다1894. 6. 정부는 안 되겠다 싶어서 종주국인 청나라에 군사 지원을 요청한다. 자신들 때문에 외국 군대 출병이 있음을 알게 된 동학군은 자진 해산한다. 이게 전주화약이다1894. 6. 11. 그러나 전주화약에도 불구하고 청나라 군대 3,000명은 그 다음 날인 1894년 6월 12일 아산만에 개입한다. 그리고 4일 후6. 16 갑신정변의 후속조치인 텐진天津조약에 의거 일본군 7,000명도 인천항에 개입한다.

동학군이 자진 해산한 상태에서 조선 주둔의 명분을 찾지 못한 일본은 청나라에게 조선 내정을 공동 개혁하자고 제안한다. 그러나 청나라는 일본 제안을 거절한다. 10년간 청나라와의 전쟁 준비에 절치부심한 일본은 청일전쟁의 개전 시기를 저울질한다. 이처럼 동학농민전쟁, 청일전쟁, 갑오경장은 한 묶음으로 진행됐다. 나라 꼬라지가 막장이다.

일본의 외교전과 30분 만에 장악된 청와대

한반도에 진입한 일본은 청나라와의 일전이 중요했다. 우선 청나라를 제거해야 조선을 접수할 수 있기 때문이다. 1894년 6월 16일 조선에 진입한 일본은 7월 23일 개전하기까지 약 40여 일을 청나라 군대와 대치하면서 기다렸다. 사전 정지 작업으로 열강의 동의를 구해야 했기 때문이다. 열강은 숨가쁜 외교전을 펼쳤다. 1894년 7월 7일 일본 주미공사 다테노 고조는 미 국무장관 그레섬의 엄정 중립의사 약속을 받아냈다.

이때 조선공사 이승수는 전쟁만은 막아달라면서 미국의 바짓가랑이를 붙잡고 늘어졌지만, 미국은 거절했다. 국제관계에서 촌스럽게 무슨 눈물 바람이냐~. 아마 미 국무장관은 이승수에게 그랬을거다. "평화를 사랑하는 우리 미국은 귀국의 분쟁이 원만하고 평화롭게 해결되기를 하느님과 함께 기도하겠습니다." 니 뽕이다. 임마. 그리고 1894년 7월 16일 일본은 '영일 통상항해조약'을 체결하여 영국의 간섭마저 배제한다. 일본의 외교력은 거의 뭐 예술 수준이다. 일본의 외교력을 칭찬하자는 게 아니다. 일본뿐만 아니라 제국만을 믿어서는 안 되며, 우리 외교 역량 강화가 시급하다는 뜻이다.

드디어 7월 23일 일본군은 청와대경복궁에 침입, 단 30분 만에 청와대를 장악한다. 임진왜란 때는 20일 만에 서울을 내주고, 병자호란 때는 일주일 만에 서울을 내주더니, 아주 날로 일취월장(?)한다. 권력의 최고 핵심부가 30분 만에 적군에게 접수된 사례가 있는지 모르겠다. 있으면 가르쳐 주시라. 이게 무슨 나라냐. 조폭들도 30분은 버티겠다.

청와대 접수한 지 이틀 후인 1894년 7월 25일에 청일전쟁이 발발한다. 바로 경기도 풍도제부도 근처의 섬이다 앞바다에서 포격전이 벌어진다. 그러나 청나라는 일본의 상대가 안 됐다. 해전에서도 완벽하게 박살났고, 결정적으로 1894년 9월 15일 평양성 전투에서 청나라군은 일본군에게 전멸 당하고 사실상 꼬리를 내린다.

동학농민군 진압

청일전쟁이 발발하고 소강상태에 있던 동학농민군은 일본군의 승세가 굳어지자 일본 제국주의에 맞서 전쟁을 시작했다1894. 10. 26. 그러자 1894년 11월 8일 조선 정부의 김홍집, 김윤식, 어윤중 등은 일본 공사관을 찾아가, 조선에 부임한 일본 거물정객이자 주한 일본공사 이노우에 가오루이등박문의 친구이자 동지다에게 동학농민군 진압을 요청한다. 이노우에는 'OK' 한다. 그렇게 '조일 연합군'과 조선 양반 유생이 조직한 '민보군'까지 가세한 진압군에게 동학군은 우금치 전투에서 전멸하고 만다 11~12월. 조선 양반 유생은 외적에게는 단 한 번도 싸워본 적이 없는 놈들이, 외적이 침입하면 발이 땅에 닿지 않게 빛의 속도로 도망가는 놈들이, 동족을 진압하기 위해 민보군까지 결성하는 역사상 유례없는 일을 했다. 아! 일본 놈을 욕해야 하나, 조선 놈을 욕해야 하나? 아니면 조선의 특권 세력인 양반을 욕해야 하나? 일본군과 합세해서 동학군을 학살하고 처형한 사람들은 다름 아닌 조선의 개화파 관료와 양반 유생이었다. 4·19 혁명이나 광주민주화항쟁을 한국군과 주한미군이 합세하여 진압했다고 상상해 보라.

시모노세키 강화조약 – 청나라는 일본에 무릎 꿇고, 일본은 열강의 신데렐라로 부상하다

1894년 9월 평양성 전투에서 사실상 청나라를 굴복시킨 일본은 조선 고종을 회유하여 홍범 14조를 선포하게 한다. 그리고 청국과의 관계를 공식적으로 단절한다1895. 1. 7. 인조가 남한산성에서 청 태종에게 '이마 빡' 찍으면서 식민지가 된 지 약 260년 만의 일이다. 지긋지긋한 청나라 똘마니 노릇이 끝나니, 이제 일본 똘마니 노릇이 시작된다.

그리고 청일전쟁의 강화조약으로 이홍장과 이등박문 사이에 시모노세키에서 협상이 진행됐다1895. 4. 17. 이는 중국 역사상 최초로 일본에게 굴복한 굴욕적 강화 협상이었다. 이 조약 1조가 바로 "조선이 완전한 독립국임을 확인한다"는 내용이었다. 이 내용은 강화도조약, 홍범 14조, 시모노세키 조약에 다 들어 있다. 이로서 조선은 일본에 의해 청나라로부터 독립한다. 중국은, 버마는 영국에, 베트남은 프랑스에, 대만은 일본에게 넘겼고, 마지막 남은 식민지 조선마저 '독립'을 승인하게 된 것이다. 이처럼 한때 세계 최강대국이었던 청나라는 '개방 50여 년'만에 '글로벌 호구'로 전락하고, 조선시대판 '글로벌 스탠다드'였던 '중화질서'도 막을 내린다. '개방'은 이렇게 무서운 것이다.

당시 〈독립신문〉은 위 시모노세키 조약 내용을 보고 우리가 청나라로부터 독립을 승인받았다고 좋아했다. 그러나 세상에 그런 게 어딨나? 일본은 뭐 땅 파서 장사하나? 피값은 공짜가 아니다. 누차 말했지만, 독립은 스스로 쟁취해야 독립이다. 우리 입장에선, 식민지 종주국이 청나라에서 일본으로 바뀌었을 뿐이다.

이 외에 이 조약에서 일본은 랴오둥 반도와 대만을 할양받았고, 배상금을 받아냈으며, 중국의 4개항을 개항시켰다. 일본은 전쟁 한 방으로 한반도, 요동반도, 대만을 한꺼번에 먹은 것이다. 일본 열도는 열광의 도가니에 빠졌다. 세계가 일본에 깜짝 놀랐다. 이 전쟁 한방으로 일본은 일약 열강의 신데렐라로 떠오른다.

갑오경장(1894)과 을미개혁(1895)

글로발 스땐다드인가,
침략의 발판인가

일본의 투 트랙 전략

청일전쟁 중 일본은 조선 내각을 장악, 1896년 2월 11일 아관파천이 있을 때까지 '갑오경장과 을미개혁'을 주도한다. 즉 밖으로는 청나라와 전쟁, 안으로는 조선 정부와 함께 동학농민군을 무자비하게 진압하고 민비를 시해하며 조선 정부를 장악했다. 투 트랙 전략이었다.

청일전쟁 개전 4일째 되는 1894년 7월 27일 경복궁을 점령한 일본은 조선 정권의 바지사장에 대원군을 끌어다 앉힌다. 대원군은 1863년 이후 10여 년, 임오군란 직후 한 달 집권한 후, 이제 3번째 집권한다. 대원군은 아직도 남아 있는 민씨 척족을 척결하고자 일본의 제의를 수락히지만, 그가 실권을 행사할 수 있으리라 생각한 건 오산이었다. 그는 바지사장에 불과했다. 제1차 갑오개혁은 이렇게 시작한다1894. 7. 27~12. 17. 이 갑오 정권은 이하응을 얼굴 마담으로 했지만, 실상은 일본이 후원하는 김홍집과 유길준의 친일 연립내각이었다.

갑오개혁의 자율성 논쟁

이 갑오개혁을 우리 스스로 자율적으로 추진했다고 주장하는 역사학자들도 있다. 그래서 갑오경장이라는 용어 대신 갑오개혁이라는 용어를 사용하자고 주장한다. 그 애국심이 가상하고 아름답기는 하다. 그렇지만 국제정치 역학관계상, 일본의 영향력을 무시하고 조선이 자율적으로 개혁했다는 건 원시적으로 성립될 수 없는 순박한 주장이다. 세상에 그런 공짜가 어딨나?

이들 갑오 정권은 군국기무처를 신설하여 주요 개혁 입법을 시행했다. 박정희가 5·16 직후 만든 국가재건최고회의, 전두환이 쿠데타 직후 만든 국가보위입법의회처럼 군국기무처는 19세기판 국가재건최고위 또는 국보위라고 보면 된다. 그리고 이 군국기무처를 통해 일본의 의도를 그대로 반영했다. 대원군은 허수아비다.

갑오경장의 개혁 내용 – 드디어 신분제도가 폐지되다

중요한 것만 보자. 동학농민전쟁에서 요구됐던 무명잡세를 폐지한다. 무명잡세란 말 그대로 온갖 잡다한 세금을 뜻한다. 무명잡세를 폐지하고 일원화했다. 갑오경장에서 눈에 띄는 부분이 바로 사회개혁 분야이다. 신분제 폐지, 노비제도 폐지, 과거제 폐지와 능력에 따른 인재 등용, 연좌법 폐지, 과부 재혼 허용, 경찰청 설치, 조세의 금납화, 도량형 통일 등이다. 일제가 폐지한 연좌제는 해방 이후 이승만에 의해 사실상 부활했으나, 전두환에 의해 공식 폐지됐다.

이처럼 500년 지속된 신분차별과 노비제도가 일본의 강압에 의해 '법적'으로 폐지됐다. 이걸 잘했다고 해야 하나 못했다고 해야 하나. 참나, 입장 곤란해진다. 그리고 우리의 의식 속에서 완전히 폐지된 건, 글쎄, 1970년대 이후쯤 될까? 한보그룹 청문회 기억나는가? 한보그룹 회장 정태수가 청문회 자리에 나와 계열사 사장 진술을 탄핵하며 "머심이 우찌 압니까?"하고 당당하게 말하는 것을. 아직도 재벌의 의식 속엔 머슴이 존재할 수도 있다.

3국간섭 – 일본, 러시아와 적대관계에 돌입하다

국내 상황도 어수선한데, 국제적으로도 어수선 한 일이 발생한다. 1895년 4월 17일 청일전쟁 강화 협상에서 일본이 조선, 요동반도, 대만을 먹기로 청나라와 합의가 됐는데, 이에 대해 러시아, 독일, 프랑스가 꼬장을 부리기 시작한 것이다. 일본이 너무 많이 먹었으니 토해내라는 거다. 일본은 하는 수없이 꼬리를 내리고 요동반도를 토해낸다. 일주일 만에 일본 열도는 싹 가라앉는다. 이 3국간섭에 분노하여 자결한 일본 군인만 40명이 넘는다. 우리는 수많은 식민지 조약을 체결하면서 몇 명이나 자결했나?

이때부터 일본은 러시아에 이를 갈기 시작한다. 러시아가 3국간섭을 주도했기 때문이다. 이제부터 10년간 일본은 러시아와의 전쟁 준비에 올인한다. 마치 갑신정변 실패 후 10년간 청일전쟁에 올인했듯이 말이다.

3국간섭의 후폭풍 – 우리도 좀 나눠줘

3국간섭으로 일본이 요동반도를 토해내자, 조선은 러시아의 위력에 새삼 놀란다. "오! 러시아, 센데?" 하고 말이다. 그래서 러시아에 급호감을 가진다. 또 쥐떼같이 우르르 러시아에 줄서기 시작한다. 일본의 이노우에에게 눌려 지내던 민비도 기쁨을 만끽한다. 이 틈을 놓칠세라 러·프·독·미 공사들은 외교부장관 김윤식에게 몰려와 조선의 이권을 일본이 독점할 것이 아니라 균분할 것을 요구한다. 이노우에도, 김윤식도 하는 수없이 이들의 제안을 수용했고, 1895년 6월부터 조선의 이권은 이들 5개국이 사이좋게 균분한다.

약소국의 정치적 운명은 이렇듯 바람에 흔들리는 갈대 같다. 민비가 일본에 반대한 것은 맞다. 그러나 그녀의 항일이라는 게인아거일책 引俄拒日策, 러시아를 끌어들여 일본을 거부한다, 러시아대사 베베르와 그의 처제인 럭셔리 걸 손탁의 부추김에 의해 민씨 세도정치 회복을 목적으로 조선의 각종 이권을 두부 자르듯 러시아의 베베르와 미국의 알렌에게 퍼준 거다. 이게 항일이라면 나도 하겠다. 지가 목숨 걸고 싸운 것도 아니고, 백성을 위한 것도 아니었다. 저렇게 쉽게 이이제이가 가능하면 누가 못 하겠는가? 약소국이 강대국을 상대로 이이제이 가능하지도 않거니와, 결국엔 돌림빵일 뿐이다. 베베르와 알렌도 마찬가지다. 살살 꼬시면서 뜯어가기만 했지, 조선을 위해 군바리 한 명이라도 보냈나?

3국간섭으로 조선 정계에 정동파(친러, 친미) 정치인 득세

러프독 3국간섭으로 일본의 입지가 약화된 틈을 타 조선 정계에는 정동파 정치인(이완용, 윤치호, 이채연, 이하영 등 친러, 친미파 정치인을 말한다)이 정국의 핵심으로 등장한다. 정동파의 등장은 3국간섭이라는 국제정치의 영향력 때문이었다. 이처럼 약소국의 정치는 강대국의 한 방에 훅 가기 마련이다. 민비와 정동파는 이때부터 서서히 박영효 등 친일파 공격에 나선다. 이완용은 박영효가 만든 친일정치인 단체인 조선협회를 해체한다. 이완용이 처음부터 친일파가 아니었다. 이완용은 이렇게 반일 → 친미·친러 → 반러 → 친일로 열심히 줄 갈아탄 자랑스런(?) 줄타기 달인이었다. 정동파 정치인들의 위협에 박영효는 위험을 느끼고 또다시 일본으로 망명한다.

일본의 거물 정객이자 조선 주재 일본공사 이노우에는 한국 생활이 우울하다. 3국간섭으로 조선 정계에서 일본의 입지는 줄어들지, 자신의 시다바리라고 생각했던 박영효는 말도 안 듣다가 일본으로 망명했지, 뭔가 수를 내야 했다.

을미사변 – 러시아에 대한 선전포고

3국간섭에 시달리던 일본은 1895년 7월 19일 강경태도로 돌변한다. 사실 3국간섭은 독일의 이탈로 두 달도 못 가서 깨졌다. 민비는 이 사실을 알지 못했고, 일본이 여전히 러시아에게 꼬리를 내리고 있다고 오판했다. 이 와중에 이노우에는 조선을 떠나고 칼잡이 미우라가 조선공사로 부임한다9. 1. 그리고 10월 18일 민비는 일본 엘리트 칼잡이들에 의해 피살된다. 민비 시해는 정동파의 몰락을 의미한다. 그리고 일본의 러시아에 대한 사실상 선전포고였다. 일본은 '반일 친러 친미 정책'의 배후로 민비를 지목하고 결국 살해한 것이다. 을미사변은 단지 양아치들의 독단적 범행이 아니었다. 민비 시해에 가담한 자들 중에는 하버드 대학 출신, 동경대 법대 출신의 최고 엘리트들이 끼어 있었다. 일본 정부 차원에서

기획되고 실행된 행위였다.

민비가 시해되고 고종은 사실상 '연금 상태'에 들어간다. 고종 주변은 미, 영, 러 공사 등 양놈들이 지키고 있고, 이완용, 이윤용, 이하영, 이채연, 민상호, 한흥택은 미국공사관으로, 이범진, 이학균은 러시아공사관으로 튀었다. 그리고 김홍집 친일 내각이 수립된다. 아~, 비참한 약소국 정치인들이여.

을미개혁과 단발령

을미개혁의 대표적인 게 바로 단발령이다. 수백 년 동안 안 자르던 머리를 자르라고 하니까 목숨 걸고 나선 것은 이해 못 할 바 아니지만, 그래도 참 조선은 딱했다. 조선이 머리 자르네 마네에 국력을 낭비할 때, 독일에서는 벤츠가 굴러다니고, 미국에선 포드가 굴러다니고, 아르헨티나에선 에스컬레이터가 오르내렸고, 영국에는 지하철이 다녔고, 영국 주식시장에선 주식매매로 활기에 넘쳤다. 머리 좀 자르라고 전국이 통곡하고 울고불고 난리치던 조선. 그놈의 성리학.

사실 단발령은 신분제의 약화를 의미하는 것인데, 백성들은 오히려 단발령에 반발했다. 단발령에 반발하여 을미의병이 일어났는데 이 '의병 나으리'들도 웃긴 게, 전장에서도 장유유서 따져서 서로 읍하고, 길 비켜주고, 양반 쌍놈 가리고, 적서 차별하고. 유인석 부대의 용감한 포수 출신 김백선은 유인석에게 서울로 진격하자고 대들다가 "어~디 쌍놈이 양반한테 대들어"하여 죽여버렸다. 보수성이 참 강한 '의병 나으리'들이셨다. 의병을 빙자하여 백성들의 재물을 약탈하는 경우도 있었다. 을미의병은 백성의 지지를 전혀 못 받았다.

갑오경장과 을미개혁의 의미
– 조선의 법, 제도, 문화, 관습을 일본식으로 개조

이 개혁은 일본의 의도에 따라 집행됐다. 일본의 의도를 충실하게 받들어 집행한 사람은 주로 김홍집이었다. 이들 개혁을 통해 일본은 조선 정부조직, 교육제도, 경찰제도, 군사제도, 사법제도, 사회제도를 일본식으로 개조했다. 좋게 말하면 '글로벌 스탠다드'로 바뀌었고, 나쁘게 말하면 일본의 조선 침투를 용이하게 개조한 것이었다. 즉 조선의 일본화를 의미한다. 최문형 교수의 글을 보자.

> 즉 갑오경장을 통해 한국의 전통적 기간 제도를 폐지하고 일본식 제도를 도입, 한국에 대한 **일본의 통치 기반을 마련**했던 것이다. 최문형著, 「한국 근대의 세계사적 이해」, 102p, 지식산업사 刊.

오늘날은 다른가? 100년 전 일본식 제도를 도입하여 조선을 식민지화했던 서인노론당의 후손들은 일제가 망하자 모조리 친미 매국주의자로 변신, 한미 FTA를 통해 대한민국의 근본 틀헌법, 법률, 제도, 사고방식, 문화, 관습, 통상 관행을 미국식으로 뜯어고쳤다. 국가적 창씨개명을 단행한 것이고 제2의 식민지화의 밑밥을 깐 것이다. 위 최문형 교수의 표현대로라면 '미국의 통치기반을 마련'한 것이다. 일제가 한일 FTA와 갑오경장을 통해 조선에 일본식 제도를 이식한 것은 '식민지 침략의 발판'이고, 미국이 한미 FTA를 통해 대한민국에 미국식 제도를 이식한 것은 '글로벌 스탠다드'라고 할 수는 없다.

참여정부의 통상교섭본부장 김현종은 한미 FTA의 본질에 대해 "한미

FTA는 **낡은 일본식 제도를 버리고** 미국식 시스템을 이식하는 것"이라고 '당당하게' 밝혔다. 영국과의 아편전쟁에서 패배한 중국은 영국과 굴욕적 남경조약을 맺었는데, 그 남경조약 첫 번째 조항이 바로 "치외법권과 **낡은 중국식 관행의 개선**extraterritoriality(foreign consular jurisdiction over foreign nationals), and **upgrading of an old Chinese practice**"이다. John king Fairbank/Merle Goldman 共著, 『CHINA, A New History』, Second Enlarged Edition, 200p

2006년 2월 3일 조지 부시 미 대통령은 한미 FTA 협상 출범 성명에서 "한국과의 자유무역협정은 **미국의 대**對 **아시아 개입**engagement**을 증대시키게 될 것**"이라는, 식민지 침략을 예고하는 무서운 성명을 냈다. 나는 저 성명을 보고 이토 히로부미의 조선 침략이 떠올랐다. 참여정부와 486들은 이 말이 얼마나 무서운 말인지 몰랐다. 아마 지금도 모르고 있을 것이다.

한미합방의 전사前史, 한미 FTA 협정

한미 FTA를 어떻게 규정짓느냐는 여러 측면에서 논해질 수 있다. 우선 정치권력과 자본의 측면에서 설명하자면, 한미 FTA 협정은, 대한민국 국민이 직접 선출한 정부가 자본과 공공公共을 통제하는 시대는 지나가고, 초국적 자본이 대한민국 정부와 공공을 통제하는 시대로 들어섰음을 뜻한다.

국제정치적인 측면에서 볼 때 한미 FTA 협정을 통해, 한국은 중국 견제를 위한 미국의 동아시아 거점 국가로 전락할 가능성이 크다. 따라서 한미 FTA 체결로 한국은 잘되면 멕시코, 잘못되면 한미합방의 전사前史가

될 가능성이 높아진 거다. 아니나 다를까, 최근 위키리크스 폭로에 따르면, 버시바우 후임으로 한국에서 총독 행세하는 캐슬린 스티븐스 주한 미 대사는 "한미 FTA는 다음 세대에도 한국을 미국과의 관계에 단단히 붙들어 매어두기 위한 도구"라고 발언한 것으로 알려졌다. 쉽게 말해 미국은 한국을 식민지로 생각하고 있다는 뜻이다.

오늘날 모든 역사책은 강화도조약을 "정치적·경제적·군사적 침략"을 위한 불평등조약이라고 한다. '개항 이후의 대외무역'을 설명하는 부분에서는 예외없이 '열강이 경제 침탈'이라는 제목과 연결돼 있다. 우연의 일치인지 모르겠지만, 지금 제주에 해군기지를 건설하고 있다. SOFA협정으로 미군은 이미 수십 년째 치외법권적 이익을 누리고 있다. 한미 FTA 협정으로 경제 침투의 발판까지 마련했다. 정치적·경제적·군사적 발판이 모두 완성돼 가고 있다.

경제적 침투는 정치적 침투의 전제조건이라는 건 역사적 사실史實이다. 가방 사 주고 연애 시작하는 거 아닌가? 그렇다면 이제 남은 것은 뭐겠는가? FTA가 '글로벌 스탠다드'라고? 미국과 FTA하면 동북아 균형자가 될 수 있다고? 차라리 조용기 목사님을 믿으면 천당에 갈 수 있다고 해라.

참고로 중국과 일본의 역사책은 열강에 굴복해 강제로 맺은 불평등 통상조약을 '치욕과 분노'로 기록하고 있다.

왕이 무슨 탈북자도 아니고…

연금 상태의 고종

을미사변이 일어난 후1895. 10. 18 고종은 연금 상태에 들어가고, 정계는 다시 친일 김홍집 내각이 들어선다. 그리고 김홍집 내각은 일본의 지도 아래 을미개혁을 단행한다. 여기서 단발령이 시행된다.

고종은 하루하루 살얼음판을 걷는 듯했다. 자신의 정치고문인 민비가 일본 놈들에게 무참하게 살해당했지, 잘못하다가는 자신도 목숨을 부지하기 어려울 수 있었다. 지금은 외국 공사들에 의지해 목숨을 보전하고 있지만, 언제까지 이럴 수는 없다. 방법을 내야 한다.

이 당시 조선 정치인들은 여러 가지 계보로 갈려 있었다. 서인노론당 후손들이 살 길 찾아 갈기갈기 찢어진 예다. 친일파, 친러파, 친미파, 친청파. 자주독립의 꿈은 버린 지 오래다. 확실한 안보 우산을 찾아, 그 밑으로 기어들어가 국체國體를 보존하고 자기의 목숨을 보전하는 일이 급했다. 일·청·러·미. 어느 나라를 택해야 하나? 고종은 고민했다.

러시아로 튀자

일단, 친일파를 내세워 갑신년 쿠데타갑신정변를 배후조종하고 자신의 부인마저 살해한 철천지원수 쪽발이는 맨 먼저 제외. 다음 청일전쟁에서 일본에 개박살나 잠자는 돼지로 전락한 청나라도 제외. 남은 것은 미국과 러시아뿐이다.

고종은 우선 미국을 택한다. 그리고 미국 대사관으로 도망칠 준비를 마쳤다. 정동파 정치인 이완용과 이범진이 아펜젤러와 언더우드의 도움을 받아 고종을 미 공사관으로 피신시키고 친일 내각을 타도하기로 했다. 그러나 거사 직전 친위대장 이진호의 배신으로 실패하고 만다. 이게 소위 '춘생문 사건'이다1895. 11. 28. 민비가 죽은 지 40일째 되는 날이었다.

미 대사관으로 도망치려는 계획이 실패하자, 고종은 춘생문 사건 두 달 보름 후, 전격적으로, 러시아 대사관으로 담치기를 한다. 이게 '그 유명한' 아관파천俄館播遷이다1896. 2. 11. 탈북자들이 정치적 망명을 시도하고자 외국 대사관 담을 목숨 걸고 넘어가는 뉴스를 본 적 있는가? 고종이 그랬다. 무슨 탈북자도 아니고 한 나라의 임금씩이나 되는 인간이 외국 대사관으로 기어들어가 정치적 망명을 한, 역사상 유례없이 쪽팔리는 사건이다. 이 아관파천을 주도하여 친일내각을 무너뜨린 사람이 바로 이완용과 이범진이다. 이때만 해도 이완용은 친미파 정치인으로, 목숨 걸고 고종을 러시아 대사관으로 피신시켰던 충신이었다.

친일내각의 몰락

아관파천의 뜻풀이는, '임금이 러시아 대사관으로 피신했다'는 뜻이지만, 국제 정치적으로는 종주국이 일본에서 러시아로 바뀐 것을 의미하고, 국내 정치적으로는 친일파 정치인의 몰락을 의미한다.

고종과 정동파 정치인들은 친일내각의 총리대신 김홍집, 내무대신 유길준, 농상공부대신 정병하, 군부대신 조희연을 잡아들일 것을 명령했다. 이들 중 김홍집과 정병하는 단발령에 분노한 백성들에게 광화문에서 돌 맞아 죽었고, 어윤중은 도망가다 죽었다. 유길준은 광화문에서 빠져나와 일본 공사관으로 잽싸게 튀어 구사일생으로 살아 일본으로 망명했다. 백성들의 삶이 달라질 건 하나도 없다. 친일파 정치인들이 몰살당하고, 정동파친미, 친러 정치인들이 정권을 잡았을 뿐이다. 그것도 러시아 대사관에서. 그 정권이 제 정권이겠는가? 고종과 정동파 정치인들은 친일파 유길준의 『서유견문』을 금서로 지정한다.

약방의 감초 김홍집의 죽음과 한때는 충신이었던 이완용

이들 중 김홍집은 갑오경장부터 을미개혁까지 여러 차례 정권이 바뀌지만 그때마다 빠지지 않고 약방의 감초처럼 등장한다. 이를 두고 색깔 없고 줏대 없다는 부정적 평가도 있으나, '비오는 날 나막신' 같이 국가위급상황에 유효적절하게 수완을 발휘했다는 평가도 있다. 왜 그런 정치인들 있지 않은가? 정세균처럼 지도자 감은 아니지만 무색무취한 관리형 정치인으로 장수하는 사람 말이다. 대권을 꿈꾼다는 분에게 너무 박한 평가였나. 김홍집에 대한 임종국의 평가를 보자.

김홍집은 밖으로 나가지 말라는 일본 군인의 충고에 대해 "시끄럽소! 일국의 총리로서 동족의 손에 죽는 것은 천명이야. 남의 나라 군인의 도움으로 살아남고 싶은 생각은 없소이다!"라고 호통쳤다. 김홍집의 최후가 이토록 숙연하거늘, 어느 누가 그를 친일파라고 욕하겠는가? 일국의 총리가 동족에게 죽는 것이 천명이라고 갈파한 살신성인의 투철한 정치 책임으로 일본의 앞잡이가 될 수 있는 것인가? 이런 점에서 김홍집은 한말의 위대한 정치가였다고 할 수는 있을 것도 같다. 임종국著, 『실록 친일파』, 66~67p, 돌베개刊.

김홍집이 '애국자'는 못 돼도 '위대한 정치가'였다는 임종국의 평가에 일단 동의한다. 꼴 같지도 않은 나라였지만, 어쨌든 일국의 총리가 흥분한 군중 속으로 들어가 죽음을 선택하는 게 요즘 정치인들 같으면 가능하겠는가? 김홍집은 그렇게 '책임'이라도 지고 갔다.

아관파천 기간 당연히 친러파가 득세하고, 러시아공사는 베베르에서 스페이어로 바뀌면서 러시아는 더욱 강력하게 조선을 협박한다. 이완용은 고종을 보필하며 강력한 반러주의자로 러시아에 저항한다. 이완용도 한때는 이렇게 충신이었다.

일본의 절치부심과 베베르의 립서비스

아관파천으로 친일내각이 무너지자 일본은 충격을 받았다. 그러나 왕권 국가에서 왕이 러시아 대사관의 보호를 받고 있으므로, 일본도 어쩔 수 없었다. 청일전쟁으로 피를 뿌려가며 조선의 새로운 종주국이 됐던 일본은 러시아에 분노한다. 일본은 사사건건 조선 진출을 가로막는 러시아에 대해 또 한 번 이를 갈기 시작한다. 1904년 발생하는 러일전쟁은 사실 이때 이미 예고된 것이나 마찬가지다. 길게는 시베리아 철도 건설부터, 짧게는 청일전쟁 직후 3국 간섭, 아관파천 등으로 러시아에 대한 일본의 분노는 극에 달했고, 일본은 민비를 시해함으로서 미래의 러일전쟁을 사실상 예고했다.

한편 러시아공사 베베르는 고종에게 "고종 황제 폐하! 아무 걱정 마시고, 내 집처럼 편안하게 쉬시옵소서. 저희 러시아는 조선을 핏줄의 정으로 성심성의껏 최선을 다해 보필하겠사옵니다" 하고 립서비스를 마구 날렸지만, 이 기간부터 1897년 2월 20일 경운궁으로 환궁할 때까지 1년간 조선은 러시아 지배를 받게 된다. 즉 조선에 대한 각종 이권을 러시아가 강탈해 간 것이다. '주고 받기'를 기본 틀로 하는 국제정치의 세계에서, 공짜가 어딨나? 소말리아 해적에게 잡힌 선원들 꺼내오는데도 수백억 원이 드는데, 하물며 왕조국가의 왕을 보호하는 대가가 있어야 할 것 아닌가?

러시아 전성시대가 열리다

러시아 대사관의 조선 조정은 사실상 러시아공사 베베르와 일자무식 천민 출신 러시아 통역관 김홍륙이 장악한다. 김홍륙은 당시 조선에서 러시아어를 구사하는 유일한 사람이었으며, 고종을 구워 삶아 실권을 행사하고 있었다. 나중에는 분수도 모르고 고종을 협박하기도 했다. 오늘날에는 안 그럴까? 외교통상부 북미국에 제2, 제3의 김홍륙은 없을까? 당시 상황에 대해 사학계의 거목 이기백의 말을 들어보자.

국왕이 러시아 공사관에 있는 1년 동안 정치는 러시아의 강한 영향력 밑에 놓였다. 각 부의 일본인 고문과 병사를 훈련하던 일본인 무관은 모두 파면되고, 새로 러시아인 고문과 사관이 초빙되었고, 러시아의 무기가 구입되었으며, 러시아어학교가 설립되었다. 이때 탁지부오늘날의 기재부-필자의 러시아인 고문인 알렉세이에프는 마치 재무장관과 같은 느낌을 줄 정도였다. **한편, 각종 이권이 러시아로 넘어갔다.** 러시아의 이권 획득은 열강을 자극하여 이익의 평등을 요구하게 되었고, 이에 따라서 아관파천 이후 많은 이권이 외국인의 손으로 넘어갔다. 이기백著, 『한국사신론』 한글판, 322p, 일조각刊.

어찌했든 아관파천으로 일본의 침략의도를 저지했다는 자신감에 찼던 고종은, 베베르의 주선으로 민영환을 전권공사로 임명하여 러시아 황제 니콜라이 2세의 대관식에 파견, 러시아의 군사지원과 재정지원을 요구한다. 민영환은 러시아 외무장관 로바노프와 협상을 하여, 군사 12명장교 2명, 하사관 10명과 약간의 차관을 꾸는 데 성공한다1896. 6. 러시아는 이때 파견한 군사고문을 통해 조선의 군사권을 장악한다. 조선군은 또 러시아 군복으로 갈아입는다. 군복만 벌써 몇 번째인가. 그리고 영국은 총세무사 브라운이 부임한다. 국방장관은 러시아 놈, 기재부장관은 영국 놈이다. 이게 나라인가?

뛰는 조선 위에 나는 일본

그러나, 일본은 바보인가? 러시아 황제 니콜라이 2세의 대관식에 참석한 외교관은 민영환만 있는 것이 아니었다. 일본의 전권공사 야마가타 아리토모는 민영환과 협상했던 러시아 외무장관 로바노프와 한반도 운명을 놓고 비밀협상을 벌인다. 그 유명한 야마카타-로바노프 협정이다 1896. 6. 이 이야기는 러일전쟁 편에서 자세히 언급하겠다.

러시아에 실망한 고종은 또다시 영국의 지원을 얻고자 빅토리아 여왕 대관식에 민영환을 파견했다. 영국 외무차관 커즌은 "조선의 독립을 지지한다"고 마구마구 립서비스를 날렸으나, 후에 알게 되듯 영국은 일본과 영일동맹을 체결해서 "조선은 일본이 먹고, 인도와 중국은 영국이 먹자"는 데 합의한다. 커즌의 "조선의 독립을 지지한다"는 립서비스는 당시 영국의 제1의 적대국 러시아의 남하에 대한 경고였을 뿐이지, 액면 그대로 조선의 독립을 지지하는 것으로 믿었다면 바보다. 열강은 조선을 능멸한 것이다.

그렇게 러시아에게 아낌없이 퍼 주고, 고종은 1년 만에 경운궁으로 복귀한다1897. 2. 10.경복궁으로 가지 않은 것은 혹시 무슨 일이 생겼을 때, 경운궁 주변의 미·영 공사관의 보호에 의지하려는 의도였다. 나라는 개판인데 지 몸 하나는 아주 알뜰하게 챙긴다.

대한제국(1897. 10. 12)과 독립협회(1896. 7. 2)

과장된 평가

간판만 바꾼 조선

아관파천 후 땅에 떨어진 조선의 위신을 살리고자 조선은 국호를 대한 제국으로 바꾼다1897. 10. 12. 그러나 민자당을 신한국당으로 바꾸고, 신한 국당을 한나라당으로 바꾼다고 그 당이 달라지겠나? 사장과 주방장이 그 대로인데 간판 바꾼다고 달라지나? 대한제국도 마찬가지다. 본질에서는 조선 왕조의 친러 수구 정권이 그대로 유지되는데, 간판만 바꾼다고 달 라지나?

학계에선 이 대한제국의 광무개혁과 이 당시 야당시민단체 역할을 했던 독립협회에 대한 평가는 그야말로 천차만별이다. 정말 학자마다 다 생각 이 달라서 어느 것이 정설이라고 말하기도 어렵다. 물론 국사책이 정설이겠지만, 요즘엔 근현대사의 경우 출판사마다 그 입장이 제 각각이다. 일단 사학계의 거목 이기백의 주장을 들어 보자.

> 이러한 **독립협회의 활동 방향은 한국 근대화의 기본적인 과제들을 해결하는 것으로써 높이 평가되어야 할 것**이다. 최근 독립협회의 운동을 낮추어 평가하고, 이에 대하여 정부에 의한 소위 광무개혁을 높이 평가하려는 주장이 대두되고 있다. 그러나 소위 광무개혁이란 것은 과장이며, 그것이 우리 근대사 발전의 주류가 될 수는 없다. 이기백著, 『한국사신론』, 326p, 일조각刊.

이처럼 이기백은 광무개혁은 낮게 평가하고, 독립협회 활동은 높게 평가한다. 그러나 나는 광무개혁도 독립협회도 모두 다 과장됐다고 생각한다.

광무개혁? 글쎄올시다
- 낮에는 영국 놈이 장관, 밤에는 러시아 놈이 장관

대한제국 이전과 이후가 달라진 게 아무 것도 없다. 정치제도가 바뀌길 했나, 의회제도가 생기길 했나, 토지개혁이 이뤄지길 했나. 국사책에는 이런저런 개혁 성과를 써넣고 있으나, 사실 낯간지러운 수준이다. 광무개혁의 성과라고 하는 것들은 국사책을 참고하시라. 나는 비판적 입장에서 두 가지만 지적하겠다.

이 시기에 개방과 열강의 이권침탈은 더욱 확대됐다. 1897년 기존 부산, 인천, 원산에 더하여 목포, 진남포가 개항한다. 그리고 평양1898, 마산, 군산1899, 용암포1906, 청진1908, 신의주1910 등을 대책 없이 개방하고, 각종 개발 이권을 외세에 넘긴다.

또한 그 당시 조선의 총세무사는 영국인 브라운J. M. Brown이었다. 그런데 러시아에서 파견한 알렉세예프가 브라운의 비리를 고종에게 일러 바쳤고, 고종은 브라운을 해임한다. 그렇게 브라운 대신 알렉세예프가 조선의 재정을 장악한다1897. 10. 25. 러시아 놈에게 밀린 영국 놈이 가만히 있겠는가? 브라운이 실각하자 주한 영국공사 조든J. N. Jordan은 영국 해군을 제물포로 끌어들여 한국을 협박한다1897. 11. 27. 하는 수 없이 한국은 브라운을 복직시켰고, 한국 정부에는 영국의 브라운와 러시아의 알렉세예프라는 2명의 외국인 재정고문이 공존하는 '코미디' 같은 상황이 벌어졌다. 생각해 보라. 자국의 대통령이 자국민을 장관으로 임명하지도 못하고, 외국인 두 놈이 서로 자기가 기재부장관이라고 자리싸움하고 있는 상황에서, 광무 '개혁'이라는 것이 가당키나 했겠나? 이때도 고종은 러시아의 압제에서 벗어나기 위해 주한 미국공사 알렌에게 '미관파천'을 제의했으나, 알렌은 이를 거절한다. 이 인간은 툭하면 남의 나라 대사관으로 뛸 생각만 했다.

▌독립협회? 글쎄올시다~

▌과장되기는 독립협회도 마찬가지다. 독립협회를 과장한 건 이들의 후손이 바로 대한민국의 '주류 세력'이니까 그럴 것이다. 독립협회는 원조 친미파의 총본산이었다. 그래서 독립협회에 대해선 좋은 말만 있다. 교과서를 봐도, 자주독립 역설, 외세 간섭 배제, 근대 민권 사상 주장 등등. 그러나, 주장은 누구는 못 하나? 주장이야 할 수 있지 뭐~. 한나라당도

'서민'을 위한 정당이라고 하지 않나? MB도 얼굴에 철판 깔고 '공정사회' 떠들고 다니지 않나?

독립협회가 자주독립을 역설했다는데, 자주독립이야 이하응도 역설했고, 청나라 침공 때 3학사도 역설했다. 독립협회만 자주독립을 역설했겠나? 이완용 빼곤 다 했겠지. 외세의 정치적 간섭을 배격했으며 강력한 반러 투쟁을 했다고 하는데, 물론 맞다. 독립협회가 반청, 반러 투쟁 한 것은 맞다. 그러나 친영, 친미, 친일 단체였던 것도 사실 아닌가? 교과서를 보자.

그러나 독립협회의 외세 배척 운동은 주로 러시아를 대상으로 추진되고, **미국, 영국, 일본에 대해서는 우호적인 태도를 취하는 한계성**을 가지고 있다. 『한국근현대사』, 84p, 중앙교육진흥원刊.

독립협회, 친미, 친영, 친일의 전진기지

결국 독립협회의 독립은 청나라와 러시아로부터의 독립을 의미할 뿐이었다. '미국, 영국, 일본에 대해서는 우호적인 태도를 취했다'는 애매한 말로 얼버무렸지만, 사실 독립협회는 미국에 대해서는 거의 찬양 수준이었다. 러시아와 청나라가 이권을 가져가는 것은 '침탈'이고, 영미일이 가져가는 것은 '친미, 친영, 친일'인가? 똑같은 이권침탈일 뿐이다. 독립협회는 친미파의 총본산이었다. 독립협회를 주도한 서재필이 이미 미국 국적을 가진 미국인이었다. 독립협회가 외세를 배격했다고 말하는 건 50%만 말하는 거다. 독립협회 회장, 위원장 등을 지낸 안경수, 이완용, 윤치호 등은 모두 대표적 친일파로 변신한 것도 놀랄 일이 아니다.

로젠-니시 협정에 따라 경부선 철도부설권을 할양받는 목적으로 이토 히로부미가 방한했을 때, 독립협회는 윤치호 회장 등이 그를 직접 환영하기도 했다1898. 8. 24.

독립협회의 보수성 - 갑오농민군과 의병은 토벌대상

그다음 민권운동을 했다는 데, 이게 참 애매~하다. 민권운동이 뭔가? 사실 독립협회는 공화제는 고사하고, 입헌군주제도 지향하지 못했다. 의회설립운동도 그렇다. 전제황권을 인정하는 기반 위에서 의회 개설을 주장, 그 절반은 관선으로25명 나머지 절반은 독립협회 회원으로 채우고자 했다. 결국 기존 관료를 50% 물갈이하고, 그 자리에 자신들이 들어가겠다는 수준이었다. 그들은 국민주권론에도 반대했고, 독립협회 회원 외에 국민의 참정능력도 부정했다. 하원 설립도 부정했다. 국민은 무식하다는 이유였다.

그 외에 독립협회는 갑오농민군과 의병을 토벌 대상으로 보고 철저하게 비난했다. 불법폭력시위는 검경을 동원해 엄단하겠다는 대한민국 정부의 국화빵 같은 멘트는 이미 독립협회 시절부터 있었다. 이런 독립협회의 보수적 성격을 이어 받은 세력이 바로 애국계몽운동 세력이다. 이들 역시 의병을 비도匪徒로 보았다. 이들 입장에선 의병은 일본의 실력을 모르는 무식한 놈들이나 하는 짓이었고, 따라서 일본을 이기기 위해서는 교육, 언론, 종교 등 교육 문화 활동을 통해 실력을 양성해야 한다고 주장했다. 뭐 좋게 얘기해서 그런 것이고, 사실상 일본의 품 안인 보호국 체제 안에서 투쟁하자는 것이다. 그게 되겠는가? 이권 양도 문제에 대해서도 모두 반대한 게 아니었다. 특히 독립협회의 기관지인 〈독립신문〉은

"광산과 철도를 외국에 준 것을 시비하나 그것으로 나라가 망할 리 없다"고 전제하고, 외국의 기구·법률·규제 등을 배워서 정치를 일신해야 한다고 주장하기도 했다1898. 9. 15.

한편, 이 독립협회가 주관한 만민공동회에서 이승만이 러시아 규탄 연사로 데뷔해서 정계에 입문한다1898. 3. 10. 그의 나이 24세 때였다.

러일전쟁(1904. 2. 8)

일본의 조선 지배권 획득

러시아의 진정한 속셈은 조선이 아니라 만주

일본에 굴복하여 굴욕적으로 문호를 개방한 조선은 이후에도 친청, 친러, 친일, 친미를 번갈아 가면서 정권 유지에 급급했고, 결국 식민지로 전락한다. 개항 이후의 우리 역사는 사실 우리 역사가 아니라 세계 열강이 통치한 역사였다.

아관파천 이후 조선은 러시아가 장악했다. 독립협회는 만민공동회를 개최하여 강력한 반러 투쟁을 개시했고, 그 결과 러시아 세력이 조선에서 물러갔다. 그러나 이게 100% 사실이면 얼마나 좋겠나? 세상에 그런 게 어딨나? 조선을 장악한 세계 열강이 독립협회가 투쟁했다고 순순히 물러났다? 그럴만한 사정이 있으니 물러났겠지. 독립협회가 반러 투쟁한 것도 사실이고, 러시아가 철수하는 데 기여한 것도 사실이지만, 결정적이라고 보는 건 한참 '오바'다.

러시아는 아관파천으로 조선을 장악했지만, 그러나 조선에 사활적 이익을 갖고 있지 않았다. 조선에 사활적 이익을 갖고 있는 건 일본이었다. 러시아는 느끼한 말로 조선을 살살 꼬셔가면서 각종 이권을 편취 또는 갈취하면 됐지, 언제든 버릴 수 있는 곳이었다. 러시아의 진정한 속셈은 '만주'에 있었다. 만주를 지키기 위해서 조선을 일본과의 협상 지렛대로 활용하면 그만이었다.

고무라-베베르 각서

청일전쟁 승리로 사실상 조선을 손에 넣은 일본이 삼국간섭1895. 4. 23과 아관파천1896. 2. 11으로 러시아에 일격을 당하자, 러시아에 절치부심했다. 그래서 친러정책의 배후조종자 민비를 시해하는 을미사변을 일으켜 러시아에게 도발했다1895. 10. 18. 그러나 아직 전쟁을 할 때는 아니었다. 그래서 일본은 일단 러시아와 외교전을 통해 조선에서의 영향력을 유지하고자 한다. 일본은 이처럼 상대가 아무리 '적국'이라도, 자국의 이익을 위해서라면, 장기목표를 갖고 단계별 협상과 타협을 주저하지 않았다. 그래서 일본이 강국이다. 우리처럼 북한에 대한 감정적 적개심으로만 가득 차 대륙으로 뻗어가는 길을 스스로 차단하고, 미국과 일본에게는 민족적 자존심까지 다 퍼주는 짓은 안한다.

그 첫 단추가 고무라-베베르 각서 체결이었다1896. 5. 14. 그러나 이 협상은 일본으로선 실패한 협상이었다. 조선에서의 러시아 우위를 인정했기 때문이다. 다만 일본은 반일 친러 강경파 이범진의 실각을 요구, 관철한다. 이 협상은 두 달간 서울 한복판에서 이루어졌는데도, 조선 정부는 새까맣게 몰랐다. 김정일 사망 사실을 일반 국민하고 똑같이 뉴스를 보고 안 MB나, 한말의 고종이나 뭐가 다른가? 자가용 끌고 다니고 아파트 살고 있으니 선진국 다 된 줄 아는가? 아직 멀었다.

■ 로바노프-야마가타 의정서

일본의 2단계 접근이 시작됐다. 고무라-베베르 각서에서 러시아에 밀린 일본은 불과 한 달도 안 돼, '그 유명한' 야마가타-로바노프 의정서를 체결한다1896. 6. 9. 이 협상에서 일본은 "조선에서 양국의 권익을 대등하게 한다"는 합의를 이끌어 내 아관파천, 고무라-베베르 각서 등 악화일로에 있던 조선에서 자국 세력의 완전 후퇴를 일단 틀어막았다. 일본의 외교력은 이렇게 대단했다.

러시아 황제 니콜라이 2세 대관식 와중에 러시아는 무려 3개국과 '동시다발적 비밀협상'을 벌인다. 상대는 조선의 민영환, 일본의 야마가타 아리토모, 청나라의 이홍장이었다. 우선 조선의 민영환에게는 러시아 대사관에 모신 고종 폐하를 성심성의껏 보필하겠다고 마구마구 립서비스를 날리며 '돈 몇 푼' 쥐어준다앞서 아관파천 부분에서 잠시 언급했듯 이때 민영환은 십여 명의 러시아 군인과 약간의 차관을 꾸는 데 성공했다.

민영환이 로바노프와 흐뭇해하는 동안 옆방에서는 러시아의 비테와 청나라의 이홍장 사이에 일본을 공동의 적으로 하는 '비밀 공수동맹'이 체결됐다. 그리고 민영환에게 느끼하게 립서비스를 날렸던 로바노프는 그날 밤 쪽발이 야마가타를 만나 조선 처리를 두고 흥정을 벌인다. 이 회담에서 야마가타는 로바노프에게 '조선 39도선 분할점령안'을 제안했는데, 로바노프는 이를 거절했다. 로바노프와 야마가타가 회동했던 옆방에는 비테러-이홍장청 사이의 '비밀 공수동맹비밀 러청동맹'이 체결됐는데, 그 회담에서 조선의 영토보전을 약속했기 때문이다.

국제정치의 냉정함

이처럼 러시아는 조선왕을 볼모로 잡고 온갖 감언이설로 이권을 편취하면서도, 뒤에서는 일본 사신과 함께 조선 분할을 논의하고, 청나라 사신과는 또 다른 비밀협상을 했다. 러시아뿐 아니라 모든 국제관계는 다 똑같다. 오늘날 6자회담에서는 이렇지 않을 거라고 단언하지 마라.

이 로바노프-야마가타 의정서가 체결된 시점은 아관파천 시기였다. 고종과 조선의 엘리트 정치인들은 러시아가 조선을 보호해 줄 것이라고 철석같이 믿었던 시절이었다. 야마가타-로마노프 비밀협정 체결 사실도, 두 달 후, 일본 외상 오쿠마 시게노부가 조선과 러시아를 이간질하기 위해 그 내용을 고종에게 공개한 덕에 알았다. 일본 외상이 알려주지 않았다면 새까맣게 몰랐을 일이다.

지금은 안 그렇다고 자신할 수 있나? 만약 미국과 중국 간 비밀협정이 있다면, 또는 미국과 일본 간 비밀협정이 있다면, 미국, 일본, 중국에서 알려주지 않으면, 우리가 알 수 있을까? 알기는 개뿔. 김정일 사망도 나하고 똑같은 시간에 안 놈들이.

로젠-니시 협정으로 한반도에서 러시아 퇴장하다

이제 '그 유명한' 로젠-니시 협정이 체결된다. 1897년 4월 13일 러시아 신임 외상에 취임한 무라비요프는 '만주 무력 점령론자' 였는데, 이

무라비요프를 자극하는 일이 발생했다. 독일이 불을 댕겼다. 독일이 천주교 신부 살해 사건을 빌미로 산동성 교주만을 점령하여 99년간 조차에 성공한 것이다1897. 11. 14. 독일도 하는데 러시아가 못 할 건 뭐냐며 러시아도 중국을 침략한다. 즉 무라비요프는 1897년 12월 18일 요동반도를 침략하여 여순 대련을 점령, 부동항을 조차한다.

세계가 발칵 뒤집힌다. 자기 영토를 침략당한 청나라는 이홍장-비테 사이에 체결된 비밀공수동맹 위반이라며 강력 반발했고, 일본은 한때 청일전쟁의 전리품이었던 요동반도를 러시아가 점령하자 열 받았고, 세계 전략 차원에서 러시아 남하 저지에 외교력을 집중하던 영국은 그야말로 뻥쪘다. 영국은 곧바로 러시아 남하를 저지하기 위해 제물포에 동양함대를 파견한다이때 영국인 총세무사 브라운도 복직한다는 것은 앞서 얘기했다. 일본도 대한해협에 함대를 출동시켜 러시아에 대항해 영국의 전선을 뒷받침했다. 러시아 남하에 대한 사실상 영일동맹이 이루어진 것이다.

영·일의 합동 저지에 당황한 러시아는 영·일을 떼어 놓아야 했다. 그래서 생각한 것이 한반도에서의 이익을 일본에게 대폭 양보하자는 것이었다. 이게 소위 일본 외상 니시-주일 러시아공사 로젠 사이에서 맺어진 '로젠-니시 협정'이다1898. 4. 25. 이로써 일본은 한반도에서의 '경제적' 기득권을 상당부분 인정받았다. 결국 아관파천 이후 조선에서 러시아에게 속절없이 밀리고 있던 일본은 약 2년에 걸쳐 러시아와 비밀협상을 통해 고무라-베베르 각서, 야마가타-로마노프 협정을 거쳐, 마침내 니시-로젠 협정에서 조선에서의 '경제적' 기득권을 인정받았다.

이 로젠-니시 협정으로 조선에서 러시아는 사실상 퇴장했다. 한 2년 넘게 '알뜰하게' 해먹고 나갔다. 러시아가 한국에서 물러난 것이 독립협회 때문이라고 말하는 것은 과장이다. 러시아의 퇴장은 로젠-니시 협정이라는 국제정치적 상황 때문이었다. 로젠-니시 협정은, 러시아가 보는 조선의 중요성과 일본이 바라보는 조선의 중요성은 달랐기 때문에 가능했다. 일본에게 조선은 사활의 문제이나, 러시아는 만주를 방위하기 위한 완충지대에 불과했다.

열강에 찢기는 청나라, 의화단의 난 발발하다

일본의 대륙만주침략을 위한 최대의 주적은 러시아였다. 조선? 상대가 아니다. 청나라? 역시 상대가 아니다. 한편 영국은 러시아가 남하하여 중국의 여순, 대련항을 조차한 것에 분노했지만, 지들도 똑같은 놈들이었다. 본인들도 구룡반도를 100년 간 조차한 것이다1897. 결국 독일은 산동반도, 러시아는 요동반도, 영국은 구룡반도, 프랑스는 광주만을 조차했다. 중국의 통치권이 미치지 않는 '외국인 거주구역 및 경제자유구역' 으로 만든 것이다.

위와 같은 열강과의 동시다발적 FTA 체결에 수탈당한 중국 국민들이 참다 참다 내란을 일으키는 데 바로 '의화단의 난' 이다1897~1901. 이 와중에, 존 헤이 미 국무장관은 '중국문호개방정책' 을 발표한다1899. 9. 6. 미국은 필리핀, 남미에 대한 문호는 '폐쇄' 하고, 열강들에게는 중국 문호 '개방' 을 촉구한 것이다. 필리핀은 혼자 먹겠지만, 중국은 나누어 먹자는 미국님의 고매한 뜻이 담긴 게 '문호개방정책' 이다.

만주를 둘러싼 러시아와 일본의 충돌

의화단의 난이 일어나자, 러시아, 일본, 독일, 영국, 미국, 이탈리아,

오스트리아, 프랑스 8개국이 파병, 베이징을 포함한 양자강 이북 지역을 대부분 점령했다. 이 8개국 중 주력부대가 바로 '일본군' 이었다3.6만 명 중 2.2만 명이 일본군이었다. '만주'의 이권을 둘러싸고 러시아와 대립 중인 일본이, 영미의 지지를 얻기 위해 대규모 파병을 한 것이다. 일본 애들은 이렇게 파병하면서도 확실한 자기 이익을 챙긴다. 우리는 미국 요구에 따라 파병하면서 '개평'이라도 받았나? 하여튼 이 의화단의 난을 진압하는 데 일본군은 눈부신 능력을 발휘했다.

이미 일본은 조선을 점령한 상태이고, 러시아는 만주를 점령한 상태다. 러시아는 만주를 점령하기 위해 조선을 지렛대 삼아 일본과 '밀당' 협상으로 재미를 봤으나, 조선에서 완전히 밀려난 러시아는 일본과 협상할 지렛대도 없다. 그런데 일본은 조선에 만족하지 못하고, 만주 점령을 원하고 있다. 러시아는 조선을 버릴 수는 있어도, 만주는 버릴 수 없다. 그렇다면 이제 남은 것은? 전쟁뿐이다. 러시아와 일본은 그렇게 한판 뜬다.

러시아의 만주 점령

의화단의 난이 만주로 파급되자, 이를 구실로 러시아는 3개월에 걸쳐 만주를 점령했다1900. 7~10. 일본은 강력 반발하면서 한마디 한다. "야~ 새끼들아. 애들 빼." 그러나 러시아는 자신들의 만주 점령은 청나라의 질서 회복을 위한 일시적인 것이니, 진정성을 믿어달라고 말한다. 그리고 일본에게 새로운 제안을 한다. 바로 '한반도 중립안'이다.

러시아의 제안은 "한반도 중립화에 동의한다면, 일본에게 행정고문, 재정고문, 경찰총감의 파견권을 주겠다. 대신 일본은 만주에서 러시아의 우위를 공식적으로 인정하라"는 내용이다1901. 7. 25. 로젠-니시 협정에서 일본에게 조선에서 경제적 우위를 인정했던 러시아가 상당 수준의 '정치적 우위'까지 인정하겠다는 뜻이다. 그러나 조선은 러시아가 인정하고 말고 할 게 아니라는 게 일본 생각이었다. 강경파 전쟁내각이었던 가쓰라 내각은 러시아의 '한반도 중립안'을 거부한다.

일본의 전쟁을 위한 사전 외교

일본의 외교력은 치밀하다. 특히 전쟁을 하거나, 침략을 위한 전 단계로서 사전 정지 외교는 예술이다. 러시아의 '한반도 중립안'을 거절한 지 6개월 만에, 가쓰라 내각은 런던에서 "한반도에서 일본 지위 인정과 중국에서의 영국 지위 인정"을 내용으로 하는 제1차 영일동맹을 체결하여 세계를 '깜짝' 놀라게 한다1902. 1. 30.

영일동맹은 러시아를 공동의 적으로 한 동맹이었다. 일본과 러시아는 조선과 만주를 사이에 두고 대립관계에 있었으며, 영국은 러시아의 남하정책을 저지하여 청나라에서 자국 이익을 보전해야 할 입장이었다. 영국으로선 일본에게 조선에 대한 재량권을 인정하는 대신, 러시아 남하를 저지할 책임을 떠넘긴 것이다.

영일동맹의 체결로 동양의 약소국이 서양 강대국과 동맹을 체결했다는 사실에 일본 열도는 영국 국기를 내걸며 감격의 눈물을 흘렸다. 오늘날도 영국 사람들이 일본 사람을 무지 좋아하는 것도 다 이런 역사적 전통 때문이다. 한편, 영일동맹으로 러시아 외상 람스도르프는 크게 당황한다. 영일동맹은 상상도 못 했는데……

일본의 최후통첩

1903년 10월 14일 일본 외상 고무라는 러시아에 '만선교환론'으로 최후 협상 조건을 제시한다. "만주는 러시아가 먹고, 조선은 일본이 먹자"고 한 것이다. 일본은 이 이상 절대 양보하기 어렵다고 했다. 그러나 러시아는 일본의 제안을 거부한다. 조선이라는 지렛대를 상실하면, 만주도 지킬 수 없다는 건 상식이기 때문이다. 남은 건 전쟁밖에 없다.

국제 정세가 급박하게 돌아가자, 제 몸 하나는 알뜰하게 생각하는 고종은 1904년 1월, 주미공사 알렌에게 러일전쟁이 발생하면 미국 대사관으로 피신하고 싶다고 말을 던졌으나, 알렌은 송구스럽다면서 거절한다. 친일국가 미국이 고종의 정치적 망명을 허용할 수는 없었다. 고종이 미국 대사관으로 튈 생각하고 있을 때, 미국 대통령 시어도어 루스벨트는 러일전쟁 시 '일본에 호의적 중립'할 것임을 선언한다1904. 1. 12. 사실상 일본 지지였다. 러시아의 만주독점은 미국의 '문호개방정책'에 반하는 것이었으므로, 루스벨트의 일본 지지는 당연한 것이었다. 이렇게 사전에 영국과 미국의 지지를 이끌어 낸 일본은 1904년 1월 16일 러시아에 최후통첩한다.

개전과 한일 공수동맹조약 체결
– 세계가 우리 역사를 바라보는 시각도 가르쳐야 한다

일본은 전통적으로 일단 저지르고 나서 선전포고를 한다. 이때도 그랬다. 일본은 제물포 해상에서 러시아 군함 2척을 격침시키고1904. 2. 8, 이틀 후에 러시아에 선전포고를 했다. 만주에 양국 병력 200만이 집결, 전쟁을 시작한다. 러일전쟁이 발발하자 조선 조정은 충격에 싸여 고위관리들은 늘 그랬듯 발이 땅에 닿지 않게 빛의 속도로 도망가고, 1904년 2월 20일 고종은 알렌을 접견하여 또다시 주미 공사관에 숨겨달라고 요청한다. 한 달 전에 이미 곤란하다고 거절했는데, 또 매달린 것이다. 벌써 몇 번째냐. 매번 거절하는 알렌도 죽을 맛이었을 거다.

웃긴 게, '한반도와 만주'를 두고 러시아와 일본이 '한반도와 만주'에서 전쟁을 하는데, 정작 당사자인 청나라와 조선은 중립을 선언한다. 푸하. 기막힌 현실이다. 또한 우리 국사책은 러일전쟁에 대한 언급이 거의 없다. 내가 갖고 있는 고등학교 한국 근현대사중앙교육진흥연구소刊 교과서에는 러일전쟁은 아예 한 줄도 없다. 애국심인가? 말 그대로 러일전쟁이므로 조선과는 관계가 없다는 뜻인가? 이게 어떻게 조선과 관계가 없나? 러일 간 개전 후, 한국과 일본은 전쟁 수행에 필요한 병참기지 사용과 각종 자원 징발 목적으로 '한일 의정서'를 채택한다. 사실상 일본과 '공수동맹국'이 된 것이다1904. 2. 23. 어떻게 러일전쟁이 한국과 관련이 없다고 할 수 있겠나?

한국사, 특히 근대사 전공 학자들 중 일부는 국제정치, 서양사를 '제국주의 학문'이라고 비판한다. 서양식 해석은 제국 중심이며, 제국주의의 개입으로 한국 근현대사가 왜곡되고 분단됐다고 한다. 맞다. 그러나 제국 침략이 없었던 시절의 한국사는 왜곡이 없나? 제국의 침략이 없던 시절의 한국사에, 지배 세력이 사회적 약자를 진심으로 배려하면서 살았던 적이 단 한 번이라도 있었나? 조일전쟁, 인조반정, 정묘호란, 병자호란, 신해박해, 한일 FTA강화도조약, 임오군란, 갑신정변, 청일전쟁, 동학전쟁, 갑오경장, 을미개혁, 대한제국, 아관파천, 러일전쟁, 한일병합, 해방과 한국전쟁, 4·19와 5·16, 5·18과 6·10을 거쳐 지금까지 단 한 번이라도 우리가 믿는 '정의'가 실현된 적이 있었나? 더구나 국제정치는 약육 강식의 '자연상태'이다. 사자에게 잡아먹히는 토끼가 '도덕, 윤리, 정의, 공법질서' 운운해 봐야 허무한 것이다. 우리가 우리 역사를 바라보는 시각만큼, 세계가 우리 역사를 바라보는 시각도 배우고 익혀야 한다.

일본, 출혈이 너무 컸다

이 전쟁은 러일전쟁의 외피를 썼지만, '러시아 vs 일본 + 영국 + 미국'의 전쟁이었다. 일본은 총력전을 펼치면서 전세를 유리하게 이끌었지만, 출혈이 너무 컸다. 외견상 승리하는 듯했지만, 사실 전쟁을 이끌 물자도 병력도 돈도 바닥나 가는 상태였고, 러시아는 아직 여유가 있었다. 전쟁이 조금만 더 장기전으로 갔으면 일본이 패배했을 것이라는 게 많은 학자들의 견해다. 이때 때마침 적절한 시기에 미 대통령 루스벨트가 러일전쟁을 중재하겠다고 나서자, 일본은 복음을 얻은 것처럼 기뻐했다. 사실 러시아는 강화에 반대했다. 그러나 국제 여론과 국내 여론이 불리하게 돌아가자 하는 수 없이 강화 협상에 나섰다. 일본은 청일전쟁의 약 7배의 돈을 러일전쟁에 썼고, 청일전쟁 전사자가 1만 명도 안 된 것이 비해, 러일전쟁은 전사자만 14만 명이었다. 출혈이 너무 컸고, 나라가 휘청댔다.

영·미·일
3각 동맹의 산물

러일전쟁기의 내정 – 일본의 투 트랙 전략

러일전쟁의 공식적 개전은 1904년 2월 10일, 강화 협상의 공식 타결은 1905년 9월 5일이니, 이 기간이 약 19개월이다. 전쟁 와중에 일본은 제1차 한일협약을 체결하여, 조선의 외교, 재정관계는 일본인 고문과 사전에 협의하라는 '고문정치'를 시작한다1904. 8. 22. 청일전쟁 와중에도 조선 궁궐에 침공해서 군국기무처를 띄우고 갑오경장에 나서지 않았던가? 이번에도 전쟁 와중에 일본, 미국 출신 장관을 낙하산으로 떨어뜨린다.

1882년 이후 청나라 고문, 러시아 고문, 영국인 고문, 미국인 고문이 번갈아 가면서 조선을 통치해 왔는데, 이제 일본인 고문이 그 자리에 들어선 것이다. 제1차 한일협약에 따라 외교권은 미국인 스티븐스가 행사하고, 재정권은 쪽발이 메가타 다네타로가 행사했다. 사실상 기재부장관인 메가타는 전환국을 폐쇄하여 화폐발행권을 빼앗았다. 이제 일본 세상이 됐으니, 전국에 일본어학원이 우후죽순으로 생겨나고, 일본어 능력이 취업의 주요수단이 됐다. 사실상 외교부장관인 스티븐슨은 해외 조선공사 소환부터 착수한다. 이에 반발하여 영국 주재 공사 이한응은 현지에서 자살하고 만다.

이처럼 일본은 미국과 함께 조선의 재정과 외교를 장악한다. 이 당시 외교고문사실상 외교부장관이다으로 활약했던 친일파 스티븐스는 1908년 미국에서 장인환, 전명운 의사에 의해 저격당해 사망한다. 이때 미주 한인들은 전명운, 장인환 의거를 변호하기 위해 십시일반하여 이들의 재판을 도왔는데, 법정 통역을 이승만에게 요청하였으나 이승만은 "예수교인으로 살인자들의 통역을 원치 않는다"며 법정 통역을 거절했다.

국내에서는 일본과 미국의 고문정치가 시작되고, 해외에선 일본의 승전보가 연이어 들린다. 러시아가 점령하고 있던 여순을 함락시켰고1905. 1. 1, 러일전쟁 수행을 위해 필요하다는 이유로 독도를 점취한다1905. 2. 22. 그리고 일본은 동해에서 러시아 발트 함대를 격파한다1905. 5. 27. 이렇게 외견상 일본이 러시아를 압도하고 있었으나, 속으로는 골병들어가고 있었다. 러시아는 청나라가 아니었다. 일본은 다급해진다. 전쟁을 마무리 짓지 못하고 더 이상 지체한다면, 승리는 장담할 수 없다. 그래서 미국을 끌어들인다. 5월 27일 동해해전 승리를 기화로 주미 일본공사 다카히라는 비밀리에 미 대통령 루스벨트에게 러일 강화조약 주선을 요청한다1905. 6. 1. 일본은 더 이상 전쟁을 지속할 여력이 없었다. 그렇게 두 달 후 강화 협상은 시작된다1905. 8. 9.

한국, 미국의 바짓가랑이를 붙잡다

친미파 민영환과 한규설은 이승만을 밀사로 미국에 파견하여 미국의 도움을 요청한다. 스티븐스가 조선의 사실상 외교부장관으로 내정돼, 사실상 재무부장관 행세하고 있는 메가다와 패악질을 하고 있으면 눈치까야지, 아직도 미국이 조선을 도와줄 거라고 기대를 한 것이다. 1904년 12월 31일 워싱턴에 도착한 이승만은 주한공사1887~1890를 지낸 딘스모어를 찾아간다. 시골 촌놈이 명함 한 장 들고 서울 올라가는 격이다. 딘스모어와의 만남은 성과가 없었다.

이때 미국 식민지 필리핀으로 향하던 윌리엄 태프트가 중간 기항지인 하와이에 잠시 머물게 됐는데1905. 7. 14, 그곳에서 태프트는 윤병구와 이승만에게 루스벨트 대통령을 만날 수 있는 소개장을 써 준다. 그리고 뒤에서 보듯, 자신은 일본에 들러 가쓰라-태프트 밀약을 맺는다.

친일파 주미공사 김윤정

윤병구와 이승만은 미 대통령 루스벨트와 면담하면서 조선의 독립을 청원하였다1905. 8. 4. 이에 루스벨트는 이 두 젊은이들을 격려하며, 한국공사관을 통해 정식으로 독립청원서를 제출해달라고 요청한다. 그러나 이승만, 윤병구가 루스벨트와 면담하고 있을 때는 이미 도쿄에서 가쓰라-태프트 밀약이 끝난 뒤였다. 뼛속까지 친일파였던 루스벨트가 조선을 갖고 논 것이다.

그러나 루스벨트의 말을 순진하게 믿은 이승만은 주미 한국공사관을 통해 미 정부에 제출하려 했지만, 이미 일본에 의해 포섭된 주미 한국공사 김윤정은 본국조선 정부의 훈령이 없다는 이유로 독립청원서 제출을 거부했다.

　우리는 김윤정에게서 하기 싫을 때는 '규정'이 없다는 이유로 묵살하고, 자신의 이익에 부합하면 '대통령 훈령'도 묵살하는 우리나라 보수 외교통상 관료의 모습을 볼 수 있다. 이승만은 분노했지만 그게 현실이었다. 김윤정은 세상물정 모르는 이승만이 가련했을 것이다. 루스벨트에게 당하고, 동족 외교관에게 당하고, 세상물정 느끼면서, 미국의 힘을 체득하면서, 국제정치의 역학관계에 눈을 뜨면서, 이승만도 서서히 김윤정을 닮아갔을 것이다.

영·미·일 3각 동맹에 의한 조선 해체

이승만이 미국 바짓가랑이 붙잡으려 할 때 영국, 미국, 일본은 뭐하고 있었나. 위에서 언급했듯, 이들이 루스벨트와 면담하기 보름 전 이미 미국은 가쓰라-태프트 밀약을 통해, '일본의 조선 지배-미국의 필리핀 지배'를 교차 승인했다1905. 7. 19. 그리고 미 대통령 루스벨트는 이 가쓰라-태프트 밀약이 성립했음을 주미 영국대사 듀랜드Durand에게 통보한다1905. 8. 2. 영·미·일 3각 동맹이 완성된 것이다. 나아가 1905년 8월 8일 러일전쟁의 후속조치인 포츠머스 강화 협상을 개시해 "조선을 일본에 넘긴다"는 것을 공식화한다. 시어도어 루스벨트는 이 회담을 중재했다는 공로로 1906년 노벨평화상을 수상한다. 그리고 일본은 8월 12일 영국과 제2차 영일동맹을 맺어, "인도는 영국이 먹고, 조선은 일본이 먹자"고 합의한다. 이 모든 일들이 한 달도 안 된 사이에 벌어진 일이다.

일본의 치밀한 외교와 친일 국가 미국

이제 1905년 9월 5일 러일전쟁의 강화조약인 포츠머스조약에 따라 일본은 조선에 대한 정치, 군사, 경제적 우월권이 일본에 있음을 러시아로부터 승인받는다. 4일 후 미 대통령 루스벨트는 일본 외상 고무라에게 "일본이 조선의 외교 관계 전부를 인수하는 것에 동의한다"고 밝힌다. 러시아의 승인, 미국의 승인까지 모두 끌어낸 것이다.

그 당시 루스벨트는 러시아의 만주침략 저지를 동북아 외교의 제1 목표로 삼았고, 일본을 통해 러시아의 만주지배를 견제하고자 했다. 루스벨트는 소국인 일본이 대국 러시아에 맞서 싸우게 하기 위해선, 그래서 일본이 (미국 대신) 러시아 견제임무를 수행하기 위해선, 일본의 조선 병합을 도와주는 것이 당연하다고 생각했다. 또 조선을 일본식으로 개조하는 것이 미국의 통상정책에도 부합했다. 그것이 동북아 안정과 평화, 미개한 조선인을 위한 미국의 '고독한 결단'이었다. 미국판 이이제이이자 균세전략이었다. 이게 오늘날까지도 미국 주류 세력의 사고방식이다.

루스벨트가 친한파 알렌을 해임하고 새로 파견한 친일파 주한 미국공사 모건은 서울 땅 한복판에서, 조선 주재 일본 기자들을 모아 놓고, "조선에 대한 일본의 탁월한 권리는 미국뿐 아니라 세계 각국이 인식하고 있으며, 그 권리를 방해한다는 것은 미국으로선 상상할 수 없는 일"이라고 일본 기자단에게 설명했다. 이 얼마나 치욕적인 일인가? 그런데도 미국에 보낸 이승만으로부터 미국이 조선 독립지원을 결정했다는 되지도 않는 소식이 오길 기다렸을 조선 고위 관료들을 생각하면 안쓰럽다.

미국은 잠시 태프트 정권이 반일을 표방하여 일본과 긴장관계에 들어가기는 하지만 그것도 잠시, 1941년 태평양전쟁이 발생할 때까지 미국은 일본을 적극 지원한다. 일본의 만주침략1932, 일본의 중국침략1937 당시에도 미국은 중립을 빙자하며 일본에게 전략 물자를 계속 지원했으며, 국제사회의 일본 제재 움직임도 막았다. 그런 미국이 1941년 일본과 태평양전쟁을 결심한 것은, 일본이 분수 모르고 아시아를 혼자 다 먹으려고 했기 때문이다. 제2차 대전은 세계유럽 전선도 있었지만, 사실상 태평양과 아시아 패권을 둘러싼 미일전쟁이었다. 일본이 이렇게 무서운 나라다.

을사늑약은 영·미·일 삼각동맹과 국제공조의 산물
– 앨리스의 치맛자락을 붙잡은 고종

위에서 보았듯, 일본의 조선 외교권 박탈은 당시 세계 최강 영국의 승인2차 영일동맹, 영국과 미국의 상호 양해루스벨트-듀랜드 회담, 미국과 일본의 상호 양해가쓰라-태프트 밀약, 루스벨트-고무라 회담이 있었기 때문에 가능했던 것이다. 요컨대, 을사늑약은 영미일 3각 동맹의 산물이고, 프랑스와 러시아의 승인까지 고려하면 모든 열강들의 긴밀한 공조 아래 이루어진 사건이다.

1905년 9월 19일 루스벨트 미 대통령 딸 앨리스가 아시아 여행차 서울에 도착하는 일이 생겼다. 가쓰라-태프트 밀약이 있는 줄도 몰랐던 고종은 앨리스의 치맛자락이라고 붙잡고자, 성조기를 흔들며 그녀를 환영했다. 고종의 특명에 따라 전 정부 관료들이 머리 털나고 처음 양복 입고 앨리스와 만찬도 했다. 그러나 거기까지였다. 이제와서 생각해 봐도 참 눈물나게 안쓰럽다. 이젠 고종에게 분노가 아니라 그냥 연민이 느껴진다. 손세일의 평가를 보자.

이때에 고종이 앨리스에게 보인 환대는 민망스러울 정도였다. **앨리스는 이전에 방문한 다른 나라 왕족 이상의 대접을 받았다.** 일행이 지나가는 큰길가에는 사람들이 빽빽하게 늘어서서 청홍장명등과 성조기를 흔들었다. 도착한 이튿날 고종은 앨리스 일행을 접견하고 오찬을 베풀었는데, 그는 앨리스와 같은 테이블에 앉았다. 오찬에 참석한 정부 고관들 가운데는 양복을 처음 입어 보는 사람들이 많았다. 강준만著, 「한국 근대사 산책4」, 151p에서 재인용, 인물과사상사刊.

하야시-박제순 을사조약 체결

드디어 1905년 11월 18일 하야시 주한공사-박제순 외무대신 사이에 을사늑약이 체결된다. 뭐 새삼스러울 것도 없다. 이미 외교권, 재정권은 외국 놈에게 넘어간 지 오래되지 않았는가? '글로벌 스탠다드'에 맞게 형식을 갖춰 계약서에 도장 찍자는 것인데 뭐 찍어주지, 뭐. 을사조약이 체결되자 한국과 가장 먼저 외교 관계를 수립한 미국은 가장 먼저 외교 관계를 단절하고 주한 미 공사관을 철수했다1905. 11. 28. 그 외 모든 열강들이 잇따라 외교 공관을 철수했다영국, 독일, 러시아, 프랑스, 청나라. 이제 조선을 보호해 줄 나라는 아무도 없게 됐다.

을사늑약도 5:2 다수결로 날치기 통과됐다. 1905년에는 그 현장을 일본군 헌병이 지켰다면, 2011년 11월 22일 한미 FTA 비준 날치기 때는 국회 경위들이 지켰다는 차이가 있을 뿐, 다수결 날치기로 통과된 점도 똑같다. 1905년에는 7명 중 2명이 반대했으니한규설, 민영기 28.5%가 반대한 셈이다.

2011년 11월 22일 우리 국회의원 299명 중 한미 FTA 비준을 저지하겠다는 국회의원이 28% 될까? 내가 알기로는 한미 FTA에 반대하는 의원은 탁탁 털어봐야 40명 남짓, 전체 의원 299명 중 14%가 안 되는 숫자다. 이게 대한민국의 현실이다.

한일 강제 병합(1910. 8. 29)

러·일·영·불
4각 동맹의 산물

조선병합의 걸림돌, 러시아와 미국

조선이 헤이그에 밀사를 파견하고 의병 투쟁을 벌인 내용은 국사책을 참고하시고, 나는 다른 이야기를 하겠다. 수차례 언급했듯 1876년 이후 우리 역사는 외세를 언급하지 않고는 논할 수 없다. 이 시기에 외세가 어땠는지 연구하고 그 성과물을 가르쳐야 한다. 우리 역사를 깎아 내리자는 게 아니다. 열강 사이의 분쟁의 소용돌이 속에서 우리가 얼마나 부족했고 미흡했는지도 가르쳐야 하는 것 아닌가? 이것 빼고 저것 빼고 우리끼리만 내재적으로, 자주적으로 발전했다고 하면 그게 와 닿나?

조선을 보호국화한 일본이 조선을 병합하기까지는 5년의 시간이 필요했다. 당시 일본의 조선병합 최대 걸림돌은 러시아와 미국이었다. 이 외교적 걸림돌을 제거하는 데 5년이 걸린 것이다. 전쟁에 패하긴 했지만, 러시아는 일본에 대한 적개심으로 가득했기 때문에, 대가 없이 일본의 조선병합을 용인할 수는 없다는 입장이었다. 미국도 러시아가 만주를 독식하는 것을 막기 위해 러일전쟁에서 일본을 지원했지만, 이제 러일전쟁의 승리로 일본이 만주를 독식할 상황이 되자, 적극적으로 일본 견제에 나섰다. 특히 만주를 일본 혼자 뜯어먹는 것은 절대 묵과할 수 없다면서 연일 일본을 압박했다.

▍일본, 러일전쟁의 상대국 러시아를 끌어들이다

"만주를 갈라 먹자"는 미국의 압력에 시달린 일본은 할 수 없이 전쟁 상대였던 러시아를 우호 세력으로 끌어들여 제1차 러일협상을 체결한다 1907. 7. 30. 일본 놈들이 대단하다는 게 이런 거다. 우리 같으면 상상이나 할 수 있겠나? '미국님'은 하느님과 동격인데, 미국을 배제하기 위해, 더군다나 한때 전쟁까지 치른 '적국'과 외교협상을 벌인다는 상상을 할 수 있겠나? 하여튼 이 협상에서 일본은 만주를 남북으로 갈라서, "북만주와 외몽고는 러시아가 먹고, 남만주를 일본이 먹자"고 합의한다.

학자들은 이 제1차 러일협약이 진정한 의미의 '러일전쟁 강화조약'에 해당한다고 한다. 그리고 "만주를 나눠 먹자"는 미국의 문호개방원칙에 대한 러일의 "엿이나 드세요"라는 대답이기도 했다.

한편, 영국은 뭐했는가? 1900년대가 되면서 영국은 독일과 무역 및 해군 증강 경쟁에 돌입했다. 따라서 독일 팽창에 맞서 대독 포위망 구축을 완성하려던 영불은 러일의 지원이 절실했고, 따라서 영불은 러일의 제휴를 크게 반겼다. 이와 같은 러일협상 와중에 고종은 헤이그에 밀사를 파견하나, 만국평화회의 의장인 넬리도프는 한국인의 회의장 입장을 거부했다. 넬리도프는 러시아인이었다. 러일협약이 한창인데, 협상에 찬물을 끼얹을 수 있는 한국인을 입장시켰겠나? 일본은 이미 러시아, 네덜란드개최국와 협의를 통해 고종의 밀사에 대한 대응방침을 정하고 있었다.

▌미국, 러시아에 접근하다

일본의 태도를 괘씸해 하던 미국에서는 반일 태프트 정권이 출범한다 1909. 3. 4. 친일 정권이었던 전임 루스벨트와 달리 태프트는 반일 외교노선을 취하면서 줄곧 '만주 개방'을 역설했다. 국제관계는 이처럼 피도 눈물도 없는 것이다. 그러면서 미국도 러시아에 접근해서 러시아를 살살 구슬리기 시작한다. 미국의 입장에선 만주에서 떡고물이라도 챙기려면 '러일'을 갈라놓아야 하고, 일본 입장에선 만주를 지키기 위해선 '미러'가 뭉치는 것은 무슨 일이 있어도 막아야 했다.

미국의 러시아 접근은 효과를 보였다. 급기야 미러 제휴 가능성이 구체화되자 일본은 크게 당황한다. 당시 러시아 내부에도 미국과의 제휴를 주장했던 재무상 코코프초프와 친일파였던 이즈볼스키 외무상의 주장이 대립했다. 이때 이토 히로부미가 러시아의 친미파 코코프초프를 만나서 미국과의 제휴를 차단하고 러일 '앙탕트'를 구축하기 위해 하얼빈을 방문했다가 안중근 의사의 응징에 의해 죽는다1909. 10. 26. 결국 미러 간 제휴는 러시아의 친일파 외무상 이즈볼스키의 저지로 성공하지 못했다1909. 11. 18.

제2의 3국간섭, 미국의 달러 외교와 제2차 러일협약

그러나 미국은 끈질겼다. 만주를 쉽게 포기하지 않았다. 미러 제휴에 실패하자 미 국무장관 녹스는 '만주철도 중립화안'을 열강에 제안한다 1909. 12. 이 방안의 요점은 만철을 러시아와 일본만이 갈라 먹을 게 아니라, 영미일러불독 6개국이 나눠 먹자는 것이다. 이는 달러를 탄환으로 일본을 만주에서 뿜어내겠다는 것으로 소위 '달러 외교'라고도 한다. 만주를 일본과 러시아가 갈라 먹는 것은 죽어도 못 보겠다는 뜻이다. 미국의 압박에 위협을 느낀 러일 양국은 미국에 대항하여 급속하게 접근한다. 즉 태프트와 녹스의 집요한 만주 이권 요구에 대해, 러시아와 일본이 똘똘 뭉쳐 공동전선을 구축한다. 그리고 미국에게 "엿이나 쳐 드세요" 하고 결정타를 날린다. 이게 바로 제2차 러일협약이다 1910. 7. 4.

이 과정에서 일본은 제1차 세계대전을 앞두고 대독 포위망 구축이 절실했던 영불의 지원을 얻어냈다. 일본의 외교력이 이 정도로 대단하다. 미국의 압력을 물리친 것이다. 그것도 불과 5년 전 '전쟁 상대'와 협상을 통해서 말이다. 이 협약에서 일본은 만주에서 미국의 위협을 제거했을 뿐만 아니라, 러시아로부터 조선병합에 대한 양해도 받았다. 1타 2피를 쳤다. 이로서 조선 합병을 위한 모든 걸림돌이 제거됐다. 이것으로 조선은 끝이다.

1876년 불평등 FTA 조약의 끝은 식민지

강화도조약은 불평등조약이다. 오늘날 이에 대해 이의를 제기하는 사람은 단 한 명도 없다. 그러나 이 말도 시간 지났으니 속 편하게 하는 소리다. 그 당시 조선 정계는 한일 FTA 찬반양론으로 확연하게 갈렸지만,

찬성론이 훨씬 우세했다. 이러한 불평등조약의 끝은 우리 모두가 알고 있듯 식민지였다. 강화도조약을 체결한 지 불과 35년 만의 일이다. 도장 찍고 사인하는 데 35년 걸렸다 뿐이지, 조선은 이미 1876년 잘못된 통상 조약으로 미래를 외세에게 저당잡힌 나라였다. 나아가 서구 열강과의 동시다발적 FTA를 체결하여 조선은 서구 열강에 의해 '동시다발적'으로 이권을 침탈당했다. '글로벌 호구'가 된 것이다. 이 기간 동안에 국민은 내란, 전쟁, 쿠데타 등 살육과 경제난으로 신고_{辛苦}했다. 물론 일제 식민 지가 된 덕분에 근대화의 발판이 마련됐고, 그 결과 오늘날 대한민국이 있다고 주장하는 식민지 근대화론자에 따르면 1876년 한일 FTA는 축복 일 것이다.

이처럼 조선은 1876년 내용도 모르는 불평등 FTA 조약을 맺어 일본 의 대륙침략의 거점을 허용했고_{강화도조약}, 그 결과로 양극화가 심화되자 군인과 도시빈민이 폭동을 일으켰다_{임오군란}. 청나라는 임오군란 진압을 대가로 개입하여 조선과 FTA를 체결, 일본과 함께 조선을 뜯어 먹었다. 조선을 혼자 뜯어 먹던 일본은 청나라에 반발, 조선의 친일파 정치인을 이용하여_{이이제이} 친일 정권 수립 쿠데타를 도모하지만 실패한다_{갑신정변}. 갑 신정변 실패 후, 10년간 전쟁 준비에 올인한 일본은, 1894년 청나라를 찍어 누르고 조선을 공식 접수한다_{청일전쟁}. 그리고 마침내 일본은 조선에 일본식 제도를 이식한다_{갑오경장, 을미개혁}.

이게 당시 '글로벌 스탠다드'였다. 이로 인해 일본인은 1등급, 조선인 은 2등급 취급을 받자, 이럴 바엔 차라리 합방하여 조선인도 일본인과 똑같은 대우를 받자는 견해가 나온다. 고려 말 입성책동처럼 말이다. 그렇게 강화도조약_{한일 FTA 조약} 30년 만에 외교권을 일본에 넘기고₁₉₀₅, 35년 만에 한일 양국은 매국에 합의한다1910. 이렇게 조선은 끝났다.

오늘날도 마찬가지다. 한미 FTA에 대하여 찬반양론으로 확연하게 갈리지만, 그리고 찬성론이 우세하지만, 난 100년 후 후세 사가들은 "한미 FTA는 정치적·경제적·군사적 침략을 위한 불평등조약이었다"고 서술할 것이라 '확신' 한다. MB 정부는 나아가 중국과의 FTA 체결에 나섰다. 어떻게 하는 짓이 130년 전과 똑같은지 한심할 뿐이다. 대가리에 뭐가 들었는지. 한국 정부의 세계 GDP 1, 2, 3위를 기록하고 있는 열강미국, 중국, EU과의 동시다발적 FTA는 동북아를 격랑으로 몰고 갈 것이다. 제주 해군기지는 동북아 분쟁의 시발점이 될 것이다. 130년 전 조선이 열강과 동시다발적 FTA를 체결하여 내란, 쿠데타, 열강의 이권침탈, 열강 간 전쟁터가 됐듯, 향후 50년은 한반도의 이익을 갈취하기 위한 미, 중, EU 간 경쟁으로 상시 위기 상태가 초래될 것이고, 양극화로 인한 사회불안은 격증할 것이다.

다시 한 번 강조하건대, 1876년 불평등조약의 끝은 식!민!지!였다. 그렇다면 2011년 불평등조약의 끝은 무엇일까? 아직도 모르겠는가? 한마디만 덧붙이겠다. 역사는 미래를 가늠할 수 있는 거울이다.

인물 열전 I

이하영과 알렌

이하영 대감의 영어 출세기

이하영이라는 특이한 인물이 있었다. 이하영은 1904년 외무대신, 을사
늑약 당시 법무대신을 지낸 인물로, 그의 손자가 1951년 한국전쟁 당시
육군참모총장을 지낸 일본 육사출신 이종찬 장군이다. 1952년 전쟁 중,
대통령 이승만은 직선제 개헌을 통해 영구집권 꿈꾸었고, 이를 위해 비상
계엄을 선포하고 전방부대 1개 사단을 임시수도인 부산으로 이동시킬 것
을 명령했으나, 이종찬은 이를 거부했다. 그래서 이종찬을 정치적 중립을
지킨 참군인의 표상으로 이야기한다. 뭐, 그렇게 볼 수도 있다.

그러나 나는 이종찬이 정말 정치적 중립을 지키기 위해 그랬을 것이라
고 보지 않는다. 그 당시는 미국의 이승만 제거 계획이 한창 진행되던 시

기였다. 이종찬은 원조 친미파인 할아버지 이하영의 영향으로, 미국의 정세변화에 민감하게 반응하고 있었을 것이다. 이승만의 명령보다는 워싱턴의 의도에 더 안테나를 세우고 있었을 것이고, 그것이 결과적으로 정치적 중립이라는, 의도하지 않았던 망외의 결과를 가져왔다고 본다. 서울대 국제대학원 박태균 교수의 『한미관계의 두 신화, 우방과 제국』을 참조하시라.

천민출신 이하영, 알렌과 운명적 만남

이하영은 부산 동래의 일본인 가게 점원이었다고 한다. 그렇다면, 사농공상의 맨 끄트머리에 있는, 천민이나 다름없는 신분이었다. 일자무식 장돌뱅이가 일본인 가게에서 서바이벌 일본어와 장사 수완을 익힌 후 도일, 그러나 조선인 동업자의 배신으로 빈털터리가 돼, 다시 조선으로 온다. 이때 조선으로 오는 배 안에서 선교의사 알렌과 운명적인 만남을 갖는다. 알렌은 중국 선교에 실패하고, 조선으로 눈을 돌리던 참이었다. 배 안에서 만난 동갑내기 이하영과 알렌은 금방 친해졌다. 오고 갈 곳이 없었던 이하영은 알렌의 요리사 겸 간호사 겸 청소부 겸 문지기 등으로 취직한다.

1882년 조미수교 당시 지구상에는 영어와 한국어를 동시에 구사하는 사람이 단 한 명도 없었다. 1년 후인 1883년 떠듬떠듬한 수준이었지만 한 명 생긴다. 바로 일본 유학 중 네덜란드공사에게 영어를 6개월 배운 윤치호다. 따라서 1883년 보빙사로 미국에 갈 때 민영익은 영어할 줄 아는 중국 놈, 조선말 할 줄 아는 중국 놈, 영어할 줄 아는 일본 놈, 조선말 할 줄 아는 일본 놈, 총 4명의 도움을 받았다. 이 두 국가의 이중 번역을 비교해 가면서 적당하게 의사소통을 한 것이다. 외교가 은밀한 것인데, 이렇게 했으니 그게 제대로 됐겠나. 그게 우리 수준이었다.

알렌, 민영익을 수술하여 조선의 스타로 떠오르다

사정이 이러하므로 장돌뱅이 이하영이 알렌과 지내면서 배운 영어는 당시 조선 최고 수준이라고 해도 손색이 없었다. 모국어는 천한 장사치의 말을 사용하는 이하영이 영어는 고급영어를 사용했을 테니 그것도 아이로니컬하다. 게다가 일본인 상점에서 7년간이나 알바를 했으니, 일어도 능했다. 갑신정변 때 독립당원의 칼에 맞아 모두 죽었다고 생각한 민영익을 수술하여 살린 알렌은, 일약 조선의 스타 의사 겸 선교사 겸 외교관으로 떠오른다. 알렌은 자신이 민영익을 수술한 날을 개신교 선교 사상 가장 '획기적인 날'로 표현한다.

상투 댄디dandy 이하영

병 걸리면 나뭇잎사귀나 달여 먹던 시절에 칼 맞은 사람을 외과 수술로 살린 것은, 조선인 눈에는 그야말로 죽은 사람을 살린 것이나 마찬가지였다. 동래 노점상 출신 장돌뱅이 이하영은 그렇게 알렌과 더불어 벼락출세를 시작하고 주미 한국공사로 남아, 잘생긴 외모와 현란한 춤 솜씨로 미 외교가와 사교계에서 '상투 댄디'로 이름을 날린다. 이하영의 자리주미 한국공사는 이완용이 이어 받는다. 영어 하나만을 출세의 자본으로 삼아 '코리언 드림'을 이룬 이하영의 에피소드는 '이하영 대감의 영어 출세기' 편을 참고 하시라전봉관著, 『럭키 경성』, 살림刊.

알렌은 조선에 와서 많은 유익한 일을 했다. 병원도 설립했고제중원, 선교사업도 했고, 미개한(?) 조선 정치인들을 미국 정계에 소개도 해주었다. 공짜였을까? 에이~ 내가 매번 말하지만 세상에 공짜가 어딨나? 1887년 견미사절 파견을 알선한 대가로 고종은 알렌에게 조선 최고의 금광인 평안북도 운산의 금광 채굴권을 무상 양도한다. 어휴~ 정말. 저런 게 왕이었다니.

사업가 알렌

알렌은 8년 후1895 운산의 금광채굴권을 미국인 모스에게 넘기고 수억 내지 수십 억 달러를 챙긴다. 알렌은 그 후에도 경인철도 부설권을 따내서 일본 놈들에게 팔았고, 서울 시내 전차가설권, 수도가설권 등 초대형 국책사업을 따내면서, 엄청나게 해 먹었다. 요즘도 제중원의 후신인 연세대학교 세브란스 병원에서는, 병원 창립기념일에 알렌의 후손들을 국내에 초청하여 거~ 하게 대접한단다. 제주대학교 김정기 교수와 상명대학교 주진오 교수의 견해를 잇따라 보자.

일본과 서양 열강들이 조선의 이권을 침탈하는 데 국가적인 지원이 따랐음을 감안할 때 **알렌의 성과는 타의 추종을 불허하는 고독한 성공담이었다.** 또한 고종의 미국 짝사랑이 잉태한 대표적 결과였다. 그는 복음 전파의 **선교사와 제국주의 외교관의 절묘한 화합물**이었다. 김정기著, 「1882년 조미 수호통상조약과 이권침탈」, 30p, 역사비평刊.

고종은 금과 이권을 미국인에게 주면 미국이 조선 문제에 관심을 가질 것이라는 알렌의 기만에 속아 넘어간 것이다. 이때 체결된 계약조건은 어처구니없을 정도로 미국인들에게 유리하게 작성되었다. 그것은 하나의 사기 계약이라고 할 수 있을 정도였다. (…)

어떤 이들은 미국인들이 조선에 학교, 병원, 교회를 세워주었다고 감사하고 고마운 은인으로 생각한다. 그러나 이러한 시설에 대한 투자는 그들 자신의 목적을 위한 것이라는 점과 함께 그들이 운산 금광을 비롯한 한국의 재원을 약탈한 것이 훨씬 더 많은 액수라는 점을 우리가 인식해야만 할 것이다. 이들은 운산 금광을 경영함에 있어 그 전에 이미 그것을 채굴하고 있었던 조선인들에게 한 푼의 보상도 하지 않았으며, **조선인들을 극도로 낮은 임금으로 착취**하였다. 그리고 연료나 금광시설을 위해 필요한 목재를 마음대로 벌채했으며 살인행위를 범하고도 오히려 그 책임을 뒤집어씌우기까지 했다. 이 모든 과정에서 문명인임을 자처하고 복음을 전파한다는 **선교사들 역시 조선인들을 동정하기는커녕 광산가들과 한 패거리가 되어 그들의 행동을 합리화**하고 있었다. 강준만著, 「한국근대사2」, 347~348p 간접인용, 인물과사상사刊.

정치경제적 후진국에 학교를 지어주고, 병원을 지어주고, 교회를 지어주고, 경제적 원조를 하는 것은, 자유주의 경제학의 관점에서 볼 때, 초덤핑 투자이다. 덤핑 판매가 무역시장을 교란시키듯이, 제국주의적 무상원조는 국제정치질서를 교란한다. 내가 말하고자 하는 핵심 요지는, "세상에 공짜는 없다"는 것이다.

이완용과 김종훈

합리와 실용

미리 명확하게 말해둔다. 난 이완용을 두둔하려는 게 아니다. 내 주장은 그 당시 이완용 정도의 인물은 널렸는데, 이완용 혼자 매국의 업을 뒤집어썼다는 것이다. 국민 정서상, "이완용은 합리적이고 실용적인 인물이었다"와 같은 말은 꺼낼 수도 없다. 그러나 근래 한겨레출판에서 『이완용 평전』이 출간됐는데, 책의 부제가 '극단의 시대, 합리성에 포획된 근대적 인간' 이다김윤희著.

위 이완용 평전의 저자는 이완용을 관통하는 키워드로 '합리와 실용'을 내내 강조했다. 일제시대는 이완용 혼자 매국노이고, 전 국민은 다 독립운동한 것처럼 가르치고 있다. 우리나라를 사랑하는 그 마음은 알겠지만, 정말, 그건 아니다. 아프지만, 인정하고 싶지 않지만, 그건 팩트가 아니다. 오늘날을 보라. 매국조약인 한미 FTA 협정을 찬성하는 여론조사가 더 많지 않은가? 지금처럼 언론·출판이 발달하고, 국민의 교육 수준이 높은데도 한미 FTA의 침략성을 파악하지 못하고 있는데, 1900년대 초에는 오죽했겠나? 그 당시 일반 국민들은 한일 FTA강화도조약에 대해 아예 알지도 못했고, 고위 관료들도 관심 없었다고 보는 게 솔직하다.

합리와 실용은 일상에서 참 좋은 어휘다. 그러나 정치판에서 합리와 실용은 '사쿠라'를 뜻한다. 그러나 세상에 실용적이지 않은 정부가 어딨나? 합리와 실용은 수단 개념이다. 수단이 목적이 될 수는 없다. 즉 무엇을 위한 실용인지가 있어야 한다. 무엇을 위한 실용인지는 없고, 그저 실용, 중도실용, 실용중도만을 오락가락하다 열린우리당이 폭삭 망하지 않았던가. 정치인의 '합리와 실용'은 매우 기회주의적인 용어임에 유의해야 한다. 정치인이 뚜렷한 자기 철학없이, 그저 주어진 상황을 운명처럼 받아들이고 그때그때 상황에서 최선을 다했다는 합리적·실용적 태도를 가진다면, 이완용 같은 자기합리화에 능한 기회주의로 귀결될 수밖에 없다.

이완용이 나쁜 놈인 건 맞다. 그러나 이완용이 어떤 인물이었는지는 제대로 알려하지 않는다. 그래서 이완용은 머리에 뿔 달린 놈 수준으로 생각하고, 오늘날의 관료나 정치인은 이완용과 엄청 다르다고 생각한다. 그런 분들은 위의 책 『이완용 평전』을 한번 읽어보시라. 대한민국의 외교통상관료와 이완용이 크게 다르지 않다. 몇 가지만 인용한다. 우선 주한미국공사 알렌의 이완용에 대한 평가를 보자알렌은 이완용과 윤치호를 매우 높이 평가했다

그는 **강력하고 일관성 있는 인물**로 아무런 두려움 없이 임무를 수행하며, 필요한 경우에 '아니오'라는 말로 용감하게 맞설 수 있다. 이러한 자질은 조선의 다른 정치가들이 거의 구비하지 못한 것이다. 그가 비운 자리_{외부대신}를 채울 수 있는 적절한 인물은 없는 것 같다. _{김윤희著, 『이완용 평전』 144p, 한겨레출판사刊.}

이처럼 알렌은 이완용을 일관성과 결단력을 갖춘, 대체재가 없는 인물이라고 극찬했다. 김종훈을 보라. 얼마나 일관성 있나. 김종훈은 노무현정부 시절부터 지금 현재까지도 한미 FTA에 대한 확고한 신념과 일관성이 있다. 참여정부 시절 한미 FTA에 적극 찬성했다, 지금은 아무런 반성도 없이, 슬그머니 반대쪽에 숟가락 얹고 있는 수많은 민주개혁진영 정치인이나 입장 정리를 하지 못해 눈치보면서 몸사리고 있는 '한때' 민주투사들보다 차라리 낫다.

반일 → 친미 → 반러 → 친일로 줄기차게 줄을 갈아타면서 변절을 거듭한 이완용이 무슨 일관성이냐고 할 수도 있다. 그러나 '황실의 안녕과 보존'이라는 일관된 목표를 지켜내기 위해, 양육강식의 현실 국제정세하에서 열심히 줄을 갈아탔을 뿐이라고 변명할 수도 있다. 1897월 1월 〈독립신문〉의 이완용 평가를 보자.

지금 외부대신 이완용 씨가 1년 동안 한 고생을 밖의 사람들은 알 수가 없지만 (…) **조선과 같은 나라에서 외국과 탈 없고 모양이 흉하지 않도록 교제하는 것이 그리 쉬운 일이 아니요**, 이 씨가 1년 동안 한 일을 보면 자기 힘껏 자기 재주껏 평화토록 조선에 큰 해가 없도록 일을 조치하여

갔다. _{앞의 책, 145p.}

이처럼 〈독립신문〉도 이완용의 외교적 중재 능력을 높이 평가했다. 지방관리의 탐학이 절정에 이르렀던 시기에₁₈₉₈ 이완용은 중앙 정계에서 밀려 전북 관찰사로 부임했는데, 이 시기의 이완용에 대한 평가를 보자.

이완용은 부조리한 사회의 구조와 관행이라는 거대한 힘에 맞서 승산 없는 싸움을 할 만큼 분노와 투지를 가진 인물은 아니었다. **그렇다고 지방 향리 및 양반 토호와 한패가 돼서 진흙탕 속에 자신을 내던질 만큼 탐욕스러운 인물도 아니었다.** _{앞의 책, 157p.}

앞서 헌종 편에서 언급한 조선 문벌가의 처신과 똑같다. 얼마나 흔하게 볼 수 있는 한반도의 고위 관료인가? 우리의 모습이 이완용의 모습일 수도 있다. 세상에 맞서 싸울 투지는 없지만, 그렇다고 토호와 한 패가 돼 탐욕스러울 수도 없는, 독자와 나의 모습일 수도 있다. 오늘날 흔하게 볼 수 있는 합리적 관료의 모습이다. 더 보자.

이완용은 **현실 상황에 맞춰 자신의 입지를 정하는 매우 합리적인 사람**이었고, **그 상황에서 조금이라도 유리한 방향으로 결과를 이끌어 내려고 노력하는 매우 실용적인 사람**이었다. 국가적 위기 앞에서 울분과 분노에 치를 떨기보다는, 또 현실을 바꾸려고 몸부림치기보다는 상황에 자신을 맞출 수 있는 합리성과 실용성을 갖춘 관료였던 것이다. _{앞의 책, 207p.}

위 이완용의 스탠스와 "한미 FTA 체결은 피할 길이 없는 현실의 문제"라는 어느 젊은 친노 정치인이 뭐가 다른가? 사실 위와 같은 이완용의 합리적 실용주의는 당시 대한제국 지식인 사이의 보편적인 견해였으며, 이로 인해 소위 '실력양성론'이 나오기 시작했다. 당시 조선 지식인들은 보호국은 식민지와는 전혀 다르다고 한일병합을 합리화했으며, 실력양성만 한다면, 보호국 지위에서 벗어나 주권을 되찾을 수 있다는 모순된 주장을 했다. 이 견해가 그 당시 우리 사회의 주류적 주장이었다. 사실 지금도 인정하고 싶지 않지만, 한미 FTA를 찬성하는 견해가 주류적 견해이며 다수견해이다. 그때나 지금이나 달라진 게 없다. 계속 보자.

다른 한편 이완용이 매국행위의 정점에 자리하게 된 배후에는 철저한 현실주의와 실용주의적인 인생철학이 있었다. (…) 을사조약과 한일병합조약 체결 때 대세를 어쩔 수 없다는 발언을 했던 점을 미루어 볼 때 그는 역시 철저한 현실주의자였다. 그러면서 **그는 그 현실 가운데서 모든 것을 포기하기보다는 최대한 또는 최소한 얻을 수 있는 것을 생각하는 실용주의적 면모**를 갖고 있었다. **을사조약을 맺을 것이라면 수정할 수 있는 것을 요구해야** 하고, **한일 병합조약을 체결할 것이라면 얻을 수 있는 것을 얻어내야 한다는 것**이 그의 생각이었다.

그는 한일 병합조약에 조인하면서 데라우치에게 3가지 조건을 내걸었다. 첫째로 민심이 불복하지 않도록 인민의 생활 방도에 힘쓸 것, 둘째, 황실에 대한 대우가 민심을 움직이는 변수가 되므로 이들을 후하게 대우할 것, 셋째, 조선인이 일본인에 비해 열등한 지위에 떨어지지 않도록 교육에 관한 행정기관을 설치하여 일본인과 동일한 교육을 실시할 것. 병합 조건으로 내건 세가지는 평소 그가 나라의 발전을 위해 필요하다고 생각했던 교육과 경제 문제였다. **그는 주권이 없더라도 황실과 국민이 편안하다면 그것이 더 나은 선택**이라고 보았다. 명분, 대의, 정의보다는 실리를 추구하는 근대적 실용주의적 사고를 갖고 있었다. 앞의 책, 259p.

김종훈은 국회 한미 FTA 끝장 토론에서 "한미 FTA는 한미 간 공동선을 위해 우리 주권 일부를 잘라내는 것"이라는 무시무시한 발언을 했다. 김종훈의 이런 주장이 "주권이 없더라도 황실과 국민이 편안하다면 그것이 더 나은 선택"이라고 생각했던 이완용과 뭐가 다른가? 사람들은 이완용은 엄청나게 매국한 놈인데, 어떻게 21세기 개명천지의 대한민국 관료를 이완용과 비교하냐고 하겠지만, 그렇지 않다. 지금도 다를 게 없다. 물론 그때보다 한국이 잘사는 건 맞다. 미국 덕에 한국이 안보 걱정 안 하고 경제성장에 매진할 수 있었던 것도 맞다. 그러나 일제시대에도 그랬다. 외교안보는 일제에 맡기고, 우리는 경제성장개화에 열중하자고. 그리고 실제 눈부신 GDP 증가도 있었다. 이게 당시 주류 지식인들의 인식이었고, 오늘날 주류 지식인의 인식이기도 하다.

그러나 그게 공짜였나? 엄청난 대가를 치렀고, 치르고 있는 중이다. 요컨대, 외교 관료의 의식 수준은 19세기 말이나 지금이나 큰 차이가 없다.

오늘날 대한민국 정부가 한미 FTA로 인해 피해가 예상되는 계층에 대해 피해대책을 세우겠다는 얘기와, 민심이 불복하지 않도록 인민의 생활방도에 힘쓸 것, 조선인이 일본인에 비해 열등한 지위에 떨어지지 않도록 일본인과 동일한 교육을 실시할 것을 요구한 이완용과 무슨 차이가 있나?

이 저자의 이완용에 대한 최종 평가를 보자.

이완용이 매국노라는 오명을 쓴 것은 인간성을 상실한 그의 탐욕때문이 아니라 현실을 인정한 가운데서 나름대로 '합리적인 실리'를 추구했던 그의 사고 때문이었다. **무모하게 분개하거나 실리 없는 의미만을 고집하는 태도를 버리고, '어쩔 수 없는 상황'에서 최대한 얻을 수 있는 이익을 위해 자신이 할 수 있는 일을 더 중시**했던 그는 100년 전 다른 양반 관료들과 달리 선진적이고 합리적이며 실용적인 사고를 가진 인물이었다. 그래서 그는 망국의 현장을 떠날 수 없었다. 마찬가지로 **3·1 운동으로 민족의 분노가 표출되었을 때도 그는 일본의 식민 지배에 분노하는 군중의 모습을 안타까워했다.** 차별, 불평등, 억압에 분노하기보다는 그 현실을 받아들이고, 그 속에서 실리를 추구했던 그의 태도 가운데서 우리는 부조리한 현실에서 최대한의 이익을 얻는 것이 합리적인 선택이라고 믿는 현대인의 태도를 발견하게 된다. 앞의 책, 299p.

보이는가? 매국적 한미 FTA 조약에 대해 분노하는 어리석은 군중의 모습을 안타깝게 바라보는 MB, 김현종, 김종훈의 눈빛이.

아시아 젊은이들을 뒤흔든 일본
– 손문도, 호치민도, 타고르도 찬양했던 나라

이완용이 한일 병합에 사인할 당시 일본은 지금의 일본과 다르다. 물론 지금의 일본도 강국이지만, 그 당시 일본은 더욱 강국이었다. 떠오르는 샛별이었다. 손문도, 타고르도, 호치민도 찬양했던 나라가 일본이었다. 아시아 젊은이들의 마음을 사로잡았던 나라가 일본이었다.

조선의 종주국 청나라를 찍어 누른 나라가 바로 일본이다. 당시 조선인에게 청나라는, 지금 우리에게는 미국이다. 조선의 정신세계를 지배하는 나라가 청나라였다. 생각해 보라. 오늘날, 개국한 지 40년밖에 안 되는 동양의 어떤 작은 신흥국가가, 예컨대 인도네시아 같은 신흥국가가, 오늘날 한국인의 정신세계를 지배하고 있는 미국을 전쟁으로 찍어 눌렀다고 생각해보라. 아마 한국의 지배 세력은 혼비백산할 것이다. 자신들은 절대 친미파가 아니라고 주장할 것이며, 영어는 알파벳도 모른다고 주장할 것이다. 당장 인도네시아 말 배우기 시작할 것이다. 안 그럴 것 같은가.

일본에 깜짝 놀란 열강

일본은 청나라를 찍어 누르고 청나라의 마지막 내란 '의화단의 난' 도 찍어 누르고 미국도 감당하지 못했던 공포의 북극곰 러시아까지 무력으로 찍어 눌렀다러일전쟁. 세계가 일본에 깜~짝 놀랐다. 미국 대통령이 되는 시어도어 루스벨트는 일본을 찬양하기까지 했다. 그리고 일본은 그 당시 세계 최강, 해가 지지 않는 나라, 영국과 동맹관계를 맺은 아시아의 유일국가였다. 이 상황에서, 이미 두 차례나 미국공사를 지낸 이완용은 그나마 조선인 중에서는 미국과 세계정세에 밝았고, 미국이 일본을 찬양하는 것을 보고 경외를 느꼈을 것이다.

청나라와 러시아를 박살내고, 제1차 세계대전 중 산동반도에서 독일군을 박살내고, 지중해까지 파병을 하고, 태평양전쟁과 제2차 세계대전 기간 중 영국을 박살내고, 프랑스를 박살내고, 네덜란드를 박살낸 나라가 바로 일본이다. 딱 하나. '미국'한테만 졌다. 동양에서 서구 국가에 맞선 전쟁에서 모두 승리하고 딱 하나 미국한테만 진 나라가 바로 일본이다. 일본은 무서운 나라다.

1945년 일본이 미국에게 원자탄 맞고 뻗었으니 망정이지, 만약 그렇게 되지 않았다면, 일본이 욕심을 부렸으니 망정이지, 만약 일본이 1920년대 '워싱턴 체제동아시아에서의 미일 관리체제'를 계속 준수하고 미국과 아시아 나눠먹기라는 외교적 타협 노선을 취했다면 우리 국사책은 이완용을 국부로 서술하고 있었을 것이다. 이완용이 죽은 건 1926년이었고, 그때는 일본이 대정大正 데모크라시로 한창 잘나갈 때이니, 이완용은 죽을 때까지도 자신의 판단이 옳았다고 자부하면서 죽었을 것이다. 어쨌든 조선 개화파 정치인들이 일본과 FTA를 체결할 당시는 일본은 욱일승천하는 나라였다. 그러나 오늘날의 미국은 어떤가?

미래가 불투명한 미국

2008년 월가 파산으로 미국의 1극체제도 파산선고를 받았다. 중국이 욱일승천하고 있다. 이미 세계는 G2로 재편됐다. 지금 미국은 돈이 없어서 주 4일 수업을 하고 있다. 돈이 없어 교도소 재소자를 조기 석방하고 있다. 주식인 쇠고기 먹을 돈이 없어 미국 중산층에선 닭을 키우기 시작했고, 급기야 LA 시의회에선 가구당 1마리만 기르도록 조례안을 제정했다. 아스팔트 정비할 돈이 없어 자갈로 교체하고 있고, 대한민국 전체 인구에 해당하는 5천만 인구가 보험이 없어 병원에 가지 못하고 있다. 지니

계수는 악화돼 세계 최고의 빈부격차 국가가 됐고, 빈곤층 숫자는 사상 최고를 기록하고 있다. 국가부채는 이미 연간 GDP를 초과했고, 연간 재정적자는 10%에 육박한다우리나라는 3% 수준에서 관리되고 있다. 미국 지방 정부의 재정 상태는 더욱 심각하다. 지방 정부 파산이 법적으로 금지돼 있으니 망정이지, 이미 미국 주 정부는 파산했어야 한다. 연방 정부재정과 지방 정부재정에 관한 분식粉飾회계 수준은 상상을 초월한다. 급기야 2012년 1월 5일 '미국의 글로벌 리더십 유지: 21세기 국방 우선순위' 라는 국방전략을 발표, 10년간 약 4870억 달러565조 원의 국방비 감축을 선언하며 사실상 세계경찰 역할을 포기했다.

미국 GDP가 세계에서 차지하는 비중은 10년 넘게 우하향하고 있으며, 반대로 중국은 10년 넘게 우상향하고 있다. 이미 중국 GDP가 세계에서 차지하는 비중은 2위다. 일본과 독일을 앞지른 지 벌써 몇 년이 됐다. 1700년대 세계 패권 국가 청나라는 세계 GDP의 30%를 생산했다오늘날 미국 GDP는 세계 GDP의 20% 수준이다. 중국은 청나라 시절의 영광을 재현할 기세다. 이에 대해 중국은 빈부격차가 심하고 급격한 성장의 부작용 때문에 미국의 대안이 될 수 없다는 주장도 있으나, 설득력은 떨어진다. 미국은 빈부격차 없나? 위에서 말했듯 5,000만 명이 병원에 못 가는 나라가 미국이며, 세계에서 양극화가 가장 심한 나라 중 하나가 미국이다.

21세기 대한민국, 17세기 조선과 다른가?

광해군은 1608~1623년까지 15년간 명나라와 청나라 사이에서 줄타기 실리 외교를 펼쳤다. 그러나 인조의 쿠데타인조반정로 조선은 망해가는 명나라를 선택하고친명배청, 쇄국노선을 확고하게 재확인하여, 망국의 아스팔트로 들어섰다. 금융위기 수렁에서 4년째 헤매고 있는, 향후 전망도 밝지 않은 미국으로 달려가는 2011년 대한민국이, 17세기 초 망해가는 명나라에 달려갔던 인조반정과 무엇이 다른가? 한미 FTA는 한말 친일파의 외교노선인 북방남개론北防南開論 북쪽을 막고 남쪽을 열어야 한다의 21세기판 버전이다. 우리는 지금 북방남개론이 필요한 것이 아니라, 북개남개론北開南開論 북쪽도 열고 남쪽도 열어야 한다이 필요하다. 미국과 유럽의 국력이 하루가 다르게 쇠퇴해 가고, 중국의 욱일승천 기세가 하늘을 찌르는데도 기어코 미국에 줄서고 말겠다는 태도는 지혜로운 처신이 아니다.

미중 간 패권교체기에 들어섰다. 주변 강국의 패권교체기는 한반도에게 중차대한 위기다. 어디에 줄 서야 하나? ▲ 재조지은의 은혜를 갚기 위해 우하향하고 있는 미국에 줄 서 한미 FTA를 매개로 미국과 통합해야 할까? ▲ 아니면 중국에 줄을 서야 할까? ▲ 아니면, 4대강국미일중러 선린 외교와 WTO체제 속의 다자 간 자유무역을 통해 짱눈치을 보면서 힘을 키워야 할까? 나는 마지막 선택이 대한민국의 미래를 위한 길이라고 확신한다. 이삼성의 말을 인용하면서 글을 맺는다.

당장 가장 강한 것처럼 보이는 우리의 주변 세력은 상상 가능한 미래에까지 그 강함이 지속될 것처럼 생각되게 마련이다. 그래서 지금 최강의 세력의 힘과 문화에 대한 정신적인 종속은 실용적인 것처럼 보인다. 그것은 아예 세계관이 되고 우주론으로 화한다. 그 결과 이 질서의 경계선이나 바깥에 있는 세력과 그 문명이 가진 잠재력과 역동성에 대해서는 가벼이 보고 그들과의 관계를 경영하는 문제를 깊이 사유하지 않는다. 19세기 중엽 이전까지 약 1천 년에 걸쳐 한반도의 지식인들이 길들여겨 온 정신적 구조의 한 측면이다. 20세기 중엽 이래 한국의 정신적 지평은 팍스 아메리카나의 구조 속에서 또 한 번 당장의 질서에 붙박이로 되는 정신구조를 답습하고 있지는 않은지 자문하게 된다이삼성著, 『동아시아의 전쟁과 평화1』, 510p, 한길사刊

강만길著, 『고쳐 쓴 한국 근대사』, 창작과비평사刊.

강만길著, 『고쳐 쓴 한국 현대사』, 창작과비평사刊.

강만길著, 『우리역사 왜』, 서해문집刊.

강만길著, 『우리 역사를 의심한다』, 서해문집刊.

강정구著, 『전환기 한미 관계의 새판짜기』, 한울刊.

강준만著, 『한국 근대사산책1~5』, 인물과사상사刊.

강준만著, 『한국 현대사산책1~18』, 인물과사상사刊.

강준만著, 『한국인 코드』, 인물과사상사刊.

경향신문著, 『특별취재팀, 민주화 20년 지식인의 죽음』, 후마니타스刊.

곤도 시로스케著, 이인숙 譯, 『대한민국 황실비사』, 이마고刊.

구대열著, 『삼국통일의 정치학』, 까치刊.

권영성著, 『헌법학원론』 개정판, 법문사刊.

권태훈 외 7인 共著, 『미국과 맞짱뜬 나쁜 나라들』, 시대의 창刊.

김기진著, 『청년 김옥균』, 문학사상사刊.

김대식 외 3인 共著, 『경제학원론』, 박영사刊.

김대중著, 『김대중 자서전1,2』, 삼인刊.

김동인著, 『운현궁의 봄』, 문학사상사刊.

김봉중著, 『카우보이들의 외교사』, 푸른역사刊.

김삼웅著, 『친일정치 100년사』, 동풍刊.

김수행著, 『알기 쉬운 정치경제학』, 서울대학교출판부刊.

김영호著, 『한국 자본주의와 제3의 경제』, 비봉출판사刊.

김용구著, 『세계관 충돌과 한말 외교사』, 문학과지성사刊.

김용구著, 『세계외교사』, 서울대학교출판부刊.

김윤희著, 『이완용 평전』, 한겨레출판刊.

김정균, 성재호 共著, 『국제법』 제5개정판, 박영사刊.

김정기著, 『1882년 조미 수호통상조약과 이권 침탈』, 역사비평刊.

김정환著, 『한국사 오딧세이』, 바다출판사刊.

김종현著, 『경제사』, 경문사刊.

김창현著, 『신돈과 그의 시대』, 푸른역사刊.

김충식著, 『슬픈열도』, 효형출판刊.

김태기, 김신행 共著, 『국제경제론』, 법문사刊.

김홍균, 한기흥 共著, 『김대중, 희망을 위한 여정』, 고즈윈刊.

노대환著, 『조선의 아웃사이더 : 소신에 목숨 건』, 역사의아침刊.

노용필, 류창규 共著, 『개화기의 지방사람들1』, 어진이刊.

노용필, 이용배 共著, 『개화기의 서울사람들1』, 어진이刊.

노태우著, 『노태우 회고록(상)(하)』, 조선뉴스프레스刊.

다테노 아키라編著, 오정환, 이정환 옮김, 『그때 그 일본인들』, 한길사刊.

동아일보 특별취재팀著, 『김대중 정권의 흥망』, 나남출판刊.

류시민著, 『대한민국개조론』, 돌베개刊.

민석홍著, 『서양사개론』, 삼영사刊.

박광용著, 『영조와 정조의 나라』, 푸른역사刊.

박노자, 허동현 共著, 『열강의 소용돌이에서 살아남기』, 푸른역사刊.

박노자, 허동현 共著, 『우리역사 최전선』, 푸른역사刊.

박시백著, 『조선왕조실록1~10』, 휴머니스트刊.

박은숙著, 『갑신정변 연구』, 역사비평사刊.

박은숙著, 『김옥균 역사의 혁명가 시대의 이단아』, 너머북스刊.

박은식著, 『한국통사』, 범우사刊.

박지향 외 3인 共著, 『해방전후사의 재인식1,2』, 책세상刊.

박찬욱, 김병국, 장훈 공편, 『국회의 성공조건』, 동아시아연구원刊.

박태균著, 『우방과 제국 한미관계의 두 신화』, 창비刊.

박태균著, 『한국전쟁』, 책과함께刊.

배영수著, 『서양사강의』, 한울아카데미刊.

백지원著, 『왕을 참하라(상)(하)』, 진명출판사刊.

변정수著, 『법조여정』, 도서출판 관악사刊.

변태섭著, 『한국사통론』, 삼영사刊.

복거일著, 『보이지 않는 손』, 문학과 지성사刊.

복거일 외 3인 共著, 『한국의 자유주의』, 자유기업원刊.

브레진스키著, 김명섭譯, 『거대한 체스판』, 삼인刊.

브루스 커밍스著, 남성욱譯, 『김정일 코드』, 따뜻한 손刊.

브루스 커밍스著, 차문석譯, 『악의 축의 발명』, 지식의 풍경刊.

서울대정치학과 독립신문 강독회 著, 『독립신문 다시읽기』, 푸른역사刊.

서울문화사학회編, 『조선시대 서울사람들1,2』, 어진이刊.

서중석著, 『이승만의 정치 이데올로기』, 역사비평刊.

서중석著, 『한국현대사』, 웅진刊.

성낙인著, 『판례헌법』, 법문사刊.

성재호著, 『국제경제법』, 박영사刊.

손낙구著, 『부동산 계급사회』, 후마니타스刊.

송건호 등 共著, 『해방전후사의 인식1~6』, 한길사刊.

송병락著, 『글로벌 시대의 경제학』 개정판, 박영사刊.

시오노 나나미著, 오정환譯, 『나의 친구 마키아벨리』, 한길사刊.

신복룡著, 『이방인이 본 조선 다시 읽기』, 풀빛刊

신채식著, 『동양사개론』, 삼영사著.

심지연著, 『한국정당정치사』, 백산서당刊.

안국신著, 『경제학 길잡이』, 율곡출판사刊.

안병직, 이영훈 共著, 『대한민국 역사의 기로에 서다』, 기파랑刊.

역사학자 18인著, 『역사의 길목에 선 31인의 선택』, 푸른역사刊.

연시중著, 『한국정당정치 실록1,2』, 지와사랑刊.

우경윤著, 『청소년을 위한 세계사-동양편』, 두리미디어刊.

유달승著, 『이슬람 혁명의 아버지 호메이니』, 한겨레출판사刊.

유현석著, 『국제정치의 이해』, 한울아카데미刊.

워렌 코헨著, 하세봉譯, 『미국은 동아시아를 어떻게 바라보는가』, 문화디자인刊.
이강무著, 『청소년을 위한 세계사-서양편』, 두리미디어 刊.
이기담著, 『공민왕과의 대화』, 고즈원刊.
이기백著, 『한국사신론』 한글판, 일조각刊.
이광린著, 『개화기의 인물』, 연세대학교출판부刊.
이덕일著, 『교양 한국사3』, 휴머니스트刊.
이덕일著, 『당쟁으로 보는 조선역사』, 석필刊.
이덕일著, 『사도세자의 고백』, 휴머니스트刊.
이덕일著, 『역사에게 길을 묻다』, 이학사刊.
이덕일著, 『조선왕 독살사건1,2』, 다산초당刊.
이덕일著, 『한국사로 읽는 성공한 개혁, 실패한 개혁』, 마리서사刊.
이덕주著, 『조선은 왜 일본의 식민지가 되었는가』, 에디터刊.
이동진譯, 『군주론』, 해누리刊.
이삼성著, 『동아시아의 전쟁과 평화1,2』, 한길사刊.
이영희著, 『동굴 속의 독백』, 나남刊.
이영희著, 『전환시대의 논리』, 창작과 비평사刊.
이이화著, 『한국사 이야기1~22』, 한길사刊.
이장규著, 『경제는 당신이 대통령이야』, 올림刊.
이정전 외 3인 共著, 『토지 문제에 대한 올바른 이해』, 박영사刊.
이종욱著, 『화랑세기로 본 신라인 이야기』, 김영사刊.
이종원著, 『한국경제론』, 박영사刊.
이준구著, 『미시경제론』, 법문사刊.
이진著, 『참여정부, 절반의 비망록』, 개마고원刊.
이태진, 김재호 共著, 『고종황제 역사청문회』, 푸른역사刊.
이한기著, 『국제법』 신정판, 박영사刊.
이해영著, 『낯선 식민지 한미 FTA』, 메이데이刊.
이해영, 정인교 共著, 『한미 FTA, 하나의 협정 엇갈린 진실』, 시대의창刊.
이헌주著, 『개화기의 지방사람들2』, 어진이刊.
임영태著, 『대한민국 50년사1,2』, 들녘刊.
임동원著, 『피스메이커』, 중앙북스刊.
장성민著, 『전환기 한반도의 딜레마와 선택』, 나남刊.
장하준著, 『사다리 걷어차기』, 부키刊.
장하준著, 『국가의 역할』, 부키刊.
장하준著, 『Bad Samaritans』, BUSSINESS BOOKS刊.
장하준, 정승일著, 『쾌도난마 한국경제』, 부키刊.
전봉관著, 『경성기담』, 살림刊.
전봉관著, 『럭키경성』, 살림刊.
정기문著, 『한국인을 위한 서양사』, 푸른역사刊.
정욱식著, 『동맹의 덫』, 삼인刊.
정운찬著, 『거시경제론』 5판, 율곡출판사刊.
정태영著, 『조봉암과 진보당』, 후마니타스刊.
조재곤著, 『그래서 나는 김옥균을 쏘았다』, 푸른역사刊.

조유식著, 『정도전을 위한 변명』, 푸른역사刊.

존 킹 페어뱅크著, 『동양문화사(상)(하)』, 을유문화사刊 .

차하순著, 『역사의 본질과 인식』, 학연刊.

차하순著, 『서양사총론1,2』, 탐구당刊.

최문형著, 『러시아의 남하와 일본의 한국침략』, 지식산업사刊.

최문형著, 『명성황후 시해의 진실을 밝힌다』, 지식산업사 刊.

최문형著, 『유럽이란 무엇인가』, 지식산업사刊.

최문형著, 『한국 근대의 세계사적 이해』, 지식산업사刊.

최영순著, 『경제사 오딧세이』, 부키刊.

최재천著, 『한미 FTA 청문회』, 향연刊.

프란체스코 귀치아르디니著, 이동진譯, 『통치자의 지혜』, 해누리刊.

학술단체협의회 엮음, 『해방 60년의 한국사회』, 한울아카데미刊.

한겨레 정치부 취재, 『김대중 집권비사』, 한겨레신문사 刊.

한명기著, 『광해군』, 역사비평사刊.

한홍구著, 『대한민국사1~4』, 한겨레출판刊.

함성득著, 『김영삼 정부의 성공과 실패』, 나남출판刊.

허 영著, 『한국헌법론』 전정2판, 박영사刊.

홍기빈著, 『투자자—국가직접소송제』, 녹색평론사刊.

홍성방著, 『헌법학』 개정6판, 현암사刊.

1990. 국사 국정교과서 (상)(하).

2008. 고등학교 세계사, 교학사刊.

2008. 고등학교 역사부도, 교학사刊.

2008. 고등학교 역사부도, 금성출판사刊.

2008. 고등학교 한국근현대사, 중앙진흥교육연구소刊.

나카다 아키후미著, 이남규譯, 『미국 한국을 버리다』, 기파랑刊.

小島晉治·丸山松幸著, 박원호譯, 『중국근현대사』, 지식산업사刊.

Bruce Cumings著, 『Korea's Place In The Sun』, Norton刊.

Erik S. Reinert著, 『How Rich Countries Got Rich and Why Poor Countries Stay Poor』, PublicAffairs刊.

Homer Bezaleel Hulbert著, 『The Passing of Korea』

Jae Ho Chung著, 『Between Ally and Partner』, Clumbia University Press刊.

John King Fairbank, Merle Goldman 共著, 『CHINA, A New History』, The Belknap Press of Harvard University Press刊.

Joseph E. Stiglitz著, 『Globalization and its discontent』

Scott Snyder著, 『China's Rise And The Two Koreas』

Samuel S. Kim著, 『The Two Koreas and The Great Powers』, Cambridge刊.

Zbigniew Brzezinski著, 『The Grand Chessboard』, Basic Books刊.